좌전
명문장
100구

左傳

左傳

원칙과 실용이 어우러진 고전의 본보기

좌전 명문장 100구

계욱승 기획 | 문심워크숍 지음 | 신원철 옮김

LT2
미디

내용이 풍부하고 글이 아름다워 사색의 기회를 제공하며 법도를 익히게 하는 고전의 본보기, 좌전

우리는 독서를 통해 옛사람과 사귀고 이전 사람의 경험에서 지혜를 얻는다. 같은 맥락에서 경학의 깊은 뜻을 이해하고 옛글의 아름다움을 감상 및 분석하기 위해 『좌전(左傳)』을 열심히 읽는 것은 전통사상을 습득하는 가장 빠른 지름길이다.

중국 문화에서 중요한 위치를 차지하는 『좌전』은 내용이 풍부하고 글이 아름다워 사색의 기회를 제공하는 한편 법도를 익히게 하는 고전의 본보기다. 송대(宋代)의 진덕수(眞德秀)는 『문장정종(文章正宗)』에 『좌전』을 포함시켰고, 청대(淸代)의 방포(方苞)는 『고문약선(古文約選)』에서 사람으로서 지켜야 할 도리를 다룬 것 중 『좌전』과 『사기(史記)』만 한 것이 없다고 했다. 그만큼 『좌전』은 여러 선현에게 일찌감치 그 가치를 인정받은 것이다.

그런데 『좌전』은 13경 중 가장 글자가 많고 문자의 뜻이 깊은 데다 인물이 복잡하고 사건이 어지럽게 나타난다. 그뿐 아니라 편년체로 되어 있어 읽기에 난해한 편이다. 비록 적지 않은 주석본이 있지만 분량이 많고 글의 뜻을 헤아리기 어려워 사람들의 독서를 방해한다. 분명 힘써 읽어야 하는 것이지만 그 안으로 들어가기가 쉽지 않아 그저 보물 산만 갖고 있을 뿐 손에 쥐지 못한 것이다. 더구나 그 문언(文言)과 어체의 차이도 우리가 극복해야 할 문제였다.

5

다행히 『좌전 명문장 100구』는 100가지의 핵심적인 구절을 선별하고 관련 어문 지식과 역사적 비화를 보충함으로써 이해를 돕고 있다. 그 덕분에 독자는 언어를 깊이 이해하는 것은 물론 그 뛰어나고 우아한 사건의 맥락을 파악해 고전 운용에 익숙해질 수 있다. 조용히 에둘러 말하는 서사적 기교는 '글'을 써서 '이치'로 들어가는, 다시 말해 그물을 펼치는 효과가 있어서 시간과 노력을 절약해준다.

　나는 『좌전』을 강의하면서 늘 어떻게 하면 그 중요한 뜻을 분석해 입신처세의 규범으로 삼고 인륜세도를 관찰하는 시각과 배움, 양성(養成)이 함께 내는 효과에 이를 수 있을까를 고민했다. 이를 위해 시범적으로 경학, 사학, 문학 등 다른 시각에서 깊이 들어간 적도 있다. 이러한 입문 단계로 『좌전 명문장 100구』이 세상에 나온 것에 감사하며 그 뜻과 체제가 내가 생각하던 것과 합치하므로 이를 추천하는 바다.

　　　　　　　　　　　　　　　－ 진봉원(陳逢源, 정치대학 중문과 교수)

차례

수 없다

제4장　"나는 탐내지 않음을 보물로 여기고, 그대는 이 옥을 보물로
여깁니다"

일러두기

1   이 책은 대만 상주출판사(商周出版社)의 중문경전100구(中文經典100句)「좌전(左傳)」을 번역한 것으로,
    춘추시대 좌구명(左丘明)이 지었다고 전해지는「좌전(左傳)」에서 핵심적인 구절 100개를 가려내어 그 뜻과
    그 속에 담긴 역사적 사건을 설명하고 역사적으로 쓰인 용례를 정리한 책이다.

2   책명은「 」으로 묶어 표기하고, 편명은「 」로 묶어 표기했다.

제 1 장

슬퍼해야 할 때 슬퍼하고
즐거워해야 할 때 즐거워하지
못하면 재앙이 닥친다

사람이 옳지 않은 일을 많이 하면 반드시 망한다

001

公曰: 姜氏欲之, 焉辟¹害?
공왈 : 강 씨 욕 지, 언 벽¹해 ?

對曰: 姜氏何厭²之有? 不如早爲之所³,
대 왈 : 강 씨 하 염²지 유 ? 불 여 조 위 지 소³,

無使滋蔓! 蔓, 難圖⁴也.
무 사 자 만 ! 만, 난 도⁴야.

蔓草猶不可除, 況君之寵弟乎?
만 초 유 불 가 제, 황 군 지 총 제 호 ?

公曰: 多行不義, 必自斃, 子姑待之.
공 왈 : 다 행 불 의, 필 자 훙, 자 고 대 지.

—은공(隱公) 원년

---

1 辟(벽): 피하다.
2 厭(염): '염(饜)'과 같은 글자로 만족함을 뜻한다.
3 所(소): 장소, 지방을 뜻한다.
4 圖(도): 꾀하다. 대응하다. 도모하다.

▶ 정장공(鄭莊公)이 말했다. "이는 어머니 강씨의 뜻으로 내가 어찌 화를 피할 수 있 겠습니까?" 제중(祭仲)이 말했다. "강씨의 욕망이 어찌 만족할 때가 있겠습니까? 일 찌감치 그대의 동생을 막아 후환을 면하느니만 못합니다. 덩굴이 자라도록 내버려 두지 마십시오. 덩굴은 정리하기 어렵습니다. 덩굴도 완전히 제거할 수 없는데 하물 며 임금의 동생이 벌인 일은 어떻겠습니까?" 정장공이 말했다. "한 사람이 옳지 않 은 일을 많이 하면 반드시 스스로 망합니다. 그대는 잠시 기다리시오."

『좌전』에 가장 먼저 등장하는 인상 깊은 사건은 '정백(鄭伯)이 단을 언에서 무찔렀다(鄭伯克段於鄢)'로, 이는 노(魯)나라 은공(隱公) 원년 에 일어난 일이다. 『좌전』은 이에 앞서 일어난 일을 기록해 사건의 전 말을 상세히 설명하고 있다.

주천자(周天子)가 동쪽으로 옮겨간 후, 정무공(鄭武公)은 왕실의 경 사(卿士)로서 천자를 보좌하며 많은 공을 세웠다. 그가 다스리기 시 작하면서 정나라는 점점 강성해졌다. 나라를 다스리기 전 정무공은 성이 강(姜)씨인 신(申)나라의 여성을 아내로 맞이했는데, 결혼 이후 그녀는 당시의 관습에 따라 이름을 무강(武姜)으로 바꿨다.

첫아이를 임신했을 때 무강은 아기가 태내에 거꾸로 들어서는 바 람에 온갖 고초 끝에 아기를 낳았다. 전하는 말에 따르면 아기가 다 리부터 나오는 바람에 무강이 첫아이를 좋아하지 않았다고 한다. 이 때문에 아이의 이름을 오생(寤生)이라고 지어 출생할 때부터 남달랐 음을 나타냈다.

그로부터 3년 후 무강은 또 한 명의 아들을 낳았는데 이번에는 출산 이 순조로웠다. 그의 이름은 단(段)으로 사람들은 그를 대숙단(大叔

段)이라 불렀다. 단을 편애한 무강은 정무공에게 대숙단을 후계자로 삼으라고 여러 차례 요청했다. 이처럼 종법제도(宗法制度, 적자[嫡子] 중 첫째아들[嫡長子]이 아버지 지위를 계승해 대종[大宗]이 되고 둘째아들 이하는 소종[小宗]이 되는 친족제도)를 어기는 요구에 정무공은 아무런 반응을 보이지 않았다.

정무공이 세상을 떠난 후 적장자(嫡長子)인 오생이 자리를 이어받았으니 그가 바로 정장공이다. 그의 어머니 무강은 여기서 단념하지 않고 제읍(制邑)을 대숙단에게 봉(封)해줄 것을 요청했다. 정장공이 말했다.

"그 땅은 군사적으로 중요한 곳입니다. 이전에 괵숙(虢叔)께서 거기서 싸우다 돌아가셨습니다. 그러니 동생에게 상으로 내리기에는 좋지 않습니다. 다른 땅을 골라주시기 바랍니다."

오래지 않아 무강은 경읍(京邑)을 대숙단에게 주라고 했다. 정장공은 어머니의 뜻에 따랐고 자신의 봉지(封地)를 갖게 된 대숙단은 점차 세력을 넓히는 동시에 옛 성을 제멋대로 크게 확장했다. 이를 안 제중이 정장공에게 간했다.

"한 국가의 모든 성읍(城邑)에는 일정 규모가 있습니다. 경읍은 수도의 삼분의 일(三分之一) 크기여야 합니다. 대숙단은 규정을 어기고 성읍을 확장했으니, 저는 그가 난리를 일으킬까 걱정입니다."

이 말을 듣고 정장공이 말했다.

"그 땅을 동생에게 준 것은 어머니의 뜻입니다. 동생이 어머니의 위세에 기대어 행동하는데 내가 어찌 화를 피할 수 있겠습니까?"

제중이 더욱 강권했다.

"무강의 탐욕이 어찌 만족할 때가 있겠습니까? 일찌감치 그대의 동생을 막아 후환을 면하느니만 못합니다."

정장공이 말했다.

"옳지 않은 일을 많이 하면 반드시 스스로 망합니다. 그대는 잠시 기다리시오."

얼마 지나지 않아 경읍 부근 지역까지 세력을 넓힌 대숙단은 그 지역 사람들을 협박해 복종을 강요했다. 정나라의 대부(大夫) 공자려(公子呂)도 정장공에게 권했다.

"한 나라에 임금이 둘일 수는 없습니다. 그냥 두면 그대의 위신이 약해질 것입니다. 만약 임금께서 대숙단에게 권력을 줄 생각이라면 저는 그를 받들겠습니다. 그렇지 않다면 빨리 저지해 백성을 편안하게 해주십시오."

정장공이 답하였다.

"그는 스스로 화를 자초할 것입니다."

좀 더 시간이 흐른 뒤 대숙단이 더욱 방자해진 것을 본 공자려가 다시 간했다.

"지금 군사를 일으켜 그를 정벌해야 합니다. 그렇지 않으면 장차 그가 그대와 필적할 만한 세력을 키울 것입니다."

정장공이 말했다.

"그의 영지는 점차 커지고 있지만 그의 행동이 법도에 맞지 않아 백성의 지지를 얻지 못할 것입니다. 땅이 커도 소용없습니다."

정장공은 꿈쩍하지 않았고 모반을 준비한 대숙단은 무강과 결탁해 임금 자리를 빼앗고자 정변을 일으켰다. 사실 정장공은 만반의 준비를 끝내고 대숙단이 행동하면 곧바로 그의 세력을 제압하기 위해 기다리는 중이었다. 결국 대숙단의 정변은 실패로 끝났고 그는 정나라에서 도망쳤다.

'옳지 않은 일을 많이 하면 반드시 스스로 망한다'는 무강과 대숙단이 어머니와 신하의 윤리를 위반한 사례를 잘 보여준다. 그런데 형이자 임금인 정장공은 대숙단을 곧바로 잡지 않고 일부러 동생이 큰 잘못을 저지르도록 해서 인륜적 비극을 만들어냈다.

이처럼 『좌전』의 첫 편은 등장인물의 말과 행동을 통해 마음속 이해타산을 보여주고 있다. 이는 보편적 도리를 반영하면서도 정장공의 냉혈한적인 면모를 묘사함으로써 보다 깊은 생각을 유도한다.

역사를 사로잡은 명문장

- "의롭지 않게 부유하고 귀한 것은 내게 뜬구름과 같다(不義而富且貴, 於我如浮雲)." (『논어』 「술이(述而)」)

  "하나의 의롭지 않은 일을 하고, 하나의 죄짓지 않은 사람을 죽이면서 천하를 얻는 일을 모두 하지 않는다(行一不義, 殺一不辜, 而得天下, 皆不爲也)." (『맹자』 「공손추상(公孫丑上)」)

  "하나의 의롭지 않은 일을 하고, 하나의 죄짓지 않은 사람을 죽이면서 천하를 얻는 일을 인자는 하지 않는다(行一不義, 殺一無罪, 而得天下, 仁者不爲也)." (『순자』 「왕패(王霸)」)

  이 모든 것은 유가(儒家)의 지혜로운 사람들이 의롭지 않은 행위를 부끄럽게 생각하고 있음을 나타낸다. 그러나 춘추전국시대의 야심만만한 임금들을 설복하는 것이 결코 쉽지 않았기에, 그들은 '의(義)'라는 명분을 걸고 다른 나라를 침략하는 것을 제후(諸侯)를 설복하는 정의로운 일로 보았다. 줄곧 반전(反戰)을 주장한 묵자는 백성이 내내 전쟁에 휘말리는 것을 참지 못했다.

- 『묵자(墨子)』 「비공하(非攻下)」 편에는 이런 말이 나온다.

"올바름으로 다스리고 그 명분을 바르게 하며, 우리를 부드럽게 살펴주고 우리 군대를 믿고 제후의 군대를 돕는다면 천하에 적은 없을 것이다(督以正, 義其名, 必 務寬吾衆, 信吾師, 以此授諸之師, 則天下無敵矣)."

이는 여러 나라의 임금이 공정하게 다스리고 도의로 천하에 명분을 세우며, 여러 백성을 관대하게 대하면서 자기 군대를 믿음직스럽게 하고 다른 제후의 군대를 도우면 천하무적임을 말한 것이다. 묵자의 관점에서 임금은 백성에게 유리한 일을 해야 비로소 진정한 의를 행한 것이라 할 수 있다.

힘을 다해 부모님을 모셔야 하고,
중간에 그만두어서는 안 된다

002

君子曰: 潁考叔, 純孝也. 愛其母, 施^{1}及莊公.
군 자 왈 : 영 고 숙 , 순 효 야 . 애 기 모 , 이 ^{1} 급 장 공 .

詩曰: '孝子不匱^2, 永錫^{3}爾類'. 其是之謂乎!
시 왈 : ' 효 자 불 궤 ^{2}, 영 석 ^{3} 이 류 '. 기 시 지 위 호 !

—은공원년

---

1 施(이): 이어져 뻗다.
2 匱(궤): 다하다.
3 錫(석): 주다.

▶ 군자가 말했다. "영고숙은 효가 지순한 사람이다. 그 어머니를 사랑할 뿐 아니라 장공에게까지 영향을 주는구나." 『시경』「대아(大雅)·기취(既醉)」편에서 말했다. "'효자는 없어지지 않으니, 너희 무리에게 영원히 주어지네.' 이것은 바로 영고숙에게 해당하는 말이구나!"

"정백이 단을 언에서 무찔렀다(鄭伯克段於鄢)"는 단순히 정장공과 대숙단 사이의 권좌 쟁탈전에 그치는 것이 아니라 그들의 어머니인 무강과도 깊은 관련이 있다. 정백이 친동생을 무찌른 후, 정장공은 임금의 권력으로 무강과 대숙단에게 벌을 내렸다. 대숙단은 전쟁에서 패배하자마자 정나라를 떠났고 정장공은 어머니를 평생 감금했다. 무강의 반역 행위에 강한 불만이 있었던 정장공은 심지어 이렇게 저주하기까지 했다.

"모두가 죽어 황천에 있지 않는 한, 이번 생에서는 결코 그대와 만나지 않을 것이오."

날이 지나 정장공은 자신의 말이 매우 심했다고 생각했지만, 임금은 헛된 말을 하지 않는다는 것에 얽매여 몰래 후회만 했다.

영고숙은 정장공이 무강을 가뒀다는 얘기를 들은 뒤 정장공의 곤란한 처지를 돕고자 나섰다. 그가 정장공에게 안부를 묻자 정장공이 그를 초청해 함께 식사를 했다. 그 자리에서 영고숙이 일부러 고기 음식을 먹지 않자 정장공이 물었다.

"그대는 왜 고기를 먹지 않습니까? 고기 요리가 맛이 없는지요?"

영고숙이 대답했다.

"그렇지 않습니다, 임금님. 요리사가 조리를 못해서가 아닙니다.

제 어머니는 임금께서 내리신 고깃국을 드신 적이 없습니다. 저는 이 것을 어머니께서 맛보시도록 가져가려 합니다."

정장공은 가둬둔 무강이 생각나 탄식하며 말했다.

"그대에게는 어머니가 있는데 내게는 어머니가 없구나, 아!"

영고숙이 짐짓 사정을 모르는 척하며 물었다.

"무슨 일이십니까? 무강은 임금의 어머니가 아닙니까?"

정장공은 어머니와 대숙단이 함께 모반을 일으켜 어머니를 가둔 일을 소상히 들려주었다. 영고숙은 차근차근 계책을 내놓았다.

"임금께서는 고민하지 마십시오. 샘물이 나올 때까지 땅굴을 파고 거기서 어머니를 만나면 이전의 말씀을 위반하는 게 아닙니다.● 그러니 임금께서는 한숨을 쉬실 필요가 없습니다."

정장공은 영고숙의 계책에 따라 땅굴을 파고 무강과 만나 모자관계를 좋게 돌려놓았다. 『좌전』은 덕이 있는 군자의 평론을 기록하면서 영고숙의 큰 효도의 공을 칭찬했다. 그중에서 "효자는 없어지지 않으니 너희 무리에게 영원히 주어지네(孝子不匱, 永錫爾類)"는 『시경』 「대아·기취」에 나온다. 이는 본래 종족 사이에 효도의 전통을 보존해 지속적으로 늘어날 뿐 없어지지 않음을 가리킨다.

여기에서는 그 뜻을 종족 사이로 한정하는 것이 아니라 모든 사회와 국가로 확대한다. 영고숙의 효심으로 정장공의 효심을 이끌어내 정장공과 무강의 사이가 좋아졌고, 이는 효도에 풍속을 바꾸는(이풍역속[移風易俗]) 면모가 있음을 보여준다.

● 황천(黃泉: 본래 땅속 샘이라는 뜻이지만 '저세상'으로 파생되었다)에서 보자는 말을 땅을 파서 물이 나올 때까지로 대체하라는 의미다.

역사를 사로잡은 명문장

● 『공자가어(孔子家語)』 「곤서(困誓)」에 공자와 자공(子貢)의 대화가 나온다.

어느 날 자공이 공자에게 말했다.

"요새 제가 공부와 처세에 곤란을 겪고 있습니다. 대부의 직위를 버리고 싶은데 괜찮겠습니까?(賜倦於學, 困於道矣. 願息而事君, 可乎?)"

공자가 대답했다.

"『시경』 「상송(商頌) · 나(那)」에 다음의 문장이 있다. '아침저녁으로 온화하고 공손하며 일을 정성스럽게 한다(溫恭朝夕, 執事有恪).' 아침저녁을 따지지 않고 자신이 해야 할 일을 모두 공손한 태도로 완성하는 것은 신하가 섬기는 도리 중 가장 귀하고 쉽게 할 수 없는 일이다. 지금 너는 힘을 다해 완성하려 하지 않고 오히려 거기에서 도망가려 한다. 이것이 어떻게 가능하겠는가?"

자공이 물었다.

"제 능력에 한계가 있습니다. 부모님을 모시는 일을 그만두어도 되겠습니까?"

공자가 말했다.

"『시경』에 다음의 구절도 있다. '효자는 없어지지 않으니 너희 무리에게 영원히 주어지네(孝子不匱, 永錫爾類).' 어디에든 효자가 영원히 있어야 종족의 명맥을 이어갈 수 있는데, 효는 부모님을 모시는 도리 중 가장 귀하고 쉽게 할 수 없는 일이다. 지금 너는 힘을 다해 완성하려 하지 않고 오히려 거기에서 도망가려 한다. 이것이 어떻게 가능하겠는가?"

공자와 자공의 대화에서 알 수 있듯 임금을 섬기는 일이나 부모님을 모시는 일은 모두 온 힘을 다해야 하고 중간에 그만두면 안 된다. 특히 효도는 봉양뿐 아니라 오랫동안 효도하는 마음을 품어야 비로소 부모를 섬기는 도리를 다하는 것이라고 할 수 있다.

● 그 밖에 『논어』 「학이(學而)」에서 공자의 제자 유자(有子)가 말했다.

"그 사람됨이 효성스럽고 공손하면서 윗사람을 함부로 대하는 사람은 드물다. 윗사람을 함부로 대하지 않으면서 난을 일으키기 좋아하는 사람은 없다(其爲人也孝弟, 而好犯上者, 鮮矣; 不好犯上, 而好作亂者, 未之有也)."

이는 언행이 효도와 공손함이라는 규범에 맞는 사람은 법도에 어긋나는 행동을 하지 않는다는 것을 의미한다. 언행이 효도와 공손함이라는 규범에 들어맞고 행동이 법도에 어긋나지 않는 사람은 사회에 문제를 일으키지도 않는다. 이 짧은 말은 효도와 국가 사회 안정의 관계를 이야기하고 있다. 또한 유자는 덧붙여 말했다.

"군자는 근본에 충실하니 근본이 서면 거기에서 도리가 나타난다. 효도와 공손함은 아마도 사람이 되기 위한 근본일 것이다!(君子務本, 本立而道生. 孝弟也者, 其爲人之本與!)"

이 말은 효도와 공손함이라는 도리를 받들어 실천하면 올바른 사람(仁人)이 될 기회가 있음을 설명한다. 유자의 말은 '효자는 없어지지 않으니 너희 무리에게 영원히 주어지네'에 대한 좋은 풀이이기도 하다.

약속을 지키고자 하는 마음이 없으면 규범이 있어도 소용없다

003

信不由中¹, 質²無益也.
신 불 유 중 ¹. 질 ² 무 익 야 .

明恕³而行, 要⁴之以禮, 雖無有質, 誰能間⁵之?
명 서 ³ 이 행 . 요 ⁴ 지 이 례 . 수 무 유 질 . 수 능 간 ⁵ 지 ?

—은공3년

---

1 中(중): '충(衷)'과 같은 뜻으로 속마음을 나타낸다.
2 質(질): 인질을 교환하는 것이다.
3 恕(서): 이해하다. 양해하다.
4 要(요): '묶다'는 뜻이다.
5 間(간): 이간질하다.

▶ 믿음이 속마음에 있지 않으면 인질을 교환하는 것은 아무 소용이 없다. 서로 이해하면서 일을 처리하고 예의로 묶는다면, 비록 인질 교환 같은 것이 없어도 누가 이간질할 수 있단 말인가?

아버지 정무공의 뒤를 이어 정장공도 주천자 평왕(平王)의 신임을 얻어 경사의 직위를 맡아 정치에 참여했다. 그렇지만 주평왕은 권력을 정장공에만 준 것이 아니라 서괵공(西虢公)에게도 나눠주었다. 이 일로 정장공은 평왕에게 불만이 많았다. 평왕은 자신이 정나라를 홀대하고 있지 않음을 보여주기 위해 정나라와 서로 인질을 교환했다. 이때 정장공의 첫째아들 자홀(子忽)은 주나라로 가고 왕자호(王子狐)는 정나라로 갔다. 그럼에도 불구하고 양쪽은 서로를 믿지 못했다.

평왕이 죽은 후 즉위한 환왕(桓王)은 정치를 서괵공에게 맡겼다. 그러자 크게 불만을 드러낸 정나라는 차례로 군대를 보내 온(溫) 지방의 땅을 나누었고 성주(成周) 지방의 곡식을 베어왔다. 온 지방은 주왕의 직할 지역 중 하나고 성주는 주나라 영지로, 정나라의 행동은 확실히 천자에 대한 도전을 의미했다. 이 때문에 주나라와 정나라는 사이가 나빠졌다.

주(周)나라는 천자가 다스렸고 정나라는 주나라의 제후국(諸侯國)임에도 서로 인질을 교환했다는 것은 상호제약을 통해 균형을 유지했을 뿐 서로를 믿지 못했음을 뜻한다. 또한 임금과 신하라는 상하관계에서 삼가지 않으면 인질을 교환해도 임금과 신하 사이는 더욱 나빠지고 만다. 덕이 높은 한 군자가 주나라와 정나라 사이의 인질 교환에 대해 다음과 같이 평가했다.

"약속을 지키고자 하는 마음이 없으면 여러 규범이 있어도 아무 소용이 없다."

주나라와 정나라 사이의 인질 교환이 서로에게 나쁜 결과를 낳았다는 사실에 주목해서 보면 신용은 마음속의 자발적 도덕규범이지 형식적인 약속이 아님을 알 수 있다. 평소에 우리가 다른 사람을 대하거나 일을 처리할 때 이 점을 경계하고 두려워하는지 생각해봐야 한다.

역사를 사로잡은 명문장

● 약속하는 것은 쉽지만 그것을 지키는 것은 어렵다. 춘추시대(春秋時代)의 패주(霸主) 제환공(齊桓公)조차 후회를 하면서 마음을 돌릴 뻔한 일이 있었다.

제환공이 노나라를 공격했을 때 노나라 장수 조말(曹沫)이 세 번이나 패하자 겁을 먹은 노장공(魯莊公)은 땅을 바치고 제나라에 화해를 요구했다. 두 나라는 가(柯) 지방에서 회맹(會盟)하기로 했는데 의식을 절반 정도 진행했을 때 돌연 조말이 제단으로 올라와 비수로 환공을 위협했다. 조말은 제환공을 협박해 노나라를 침략해 얻은 땅을 모두 돌려달라고 했다. 그는 환공이 동의한 후에야 비수를 거두고 여러 신하가 있는 곳으로 돌아갔다. 곧바로 후회가 밀려든 환공은 조말을 죽이고 약속도 깨려 했다. 그때 관중(管仲)이 권했다.

"조말을 죽이면 잠깐은 즐거울지 모르지만 제후를 배신하는 행위는 천하의 지지를 잃게 할 것입니다. 임금께서는 노나라의 토지를 돌려주십시오."

관중의 말에 일리가 있다고 판단한 환공은 분노를 다스리고 점령한 노나라 땅을 모두 돌려주었다. 이 일을 전해들은 각 지방의 제후들은 연달아 환공의 환심을 사려 했고 덕분에 그의 패업은 기초가 단단해졌다.

위진남북조(魏晉南北朝) 때 남조(南朝) 양(梁)나라의 유협(劉勰)은 문학 비평 분야의 걸작인 『문심조룡(文心雕龍)』「축맹(祝盟)」에서 말했다.

"믿음이 속마음에서 나온 것이 아니면 맹세는 무익하다(信不由衷, 盟無益也)."

이는 맹세의 글(盟文)을 쓸 때 가장 중요한 것은 진실하면서도 공경해서 마음속에 부끄러움이 없어야 한다는 의미다. 만약 속마음에서 나온 것이 아니면 맹약은 쓸모가 없다. '맹(盟)'이란 신 앞에서 읊조리는 글로 하우(夏禹)와 상탕(商湯), 주무(周武) 때는 맹약 없이 구두로 약속을 정하면 그만이었다. 그러나 주 왕실이 쇠약해진 이후 항상 맹약을 했는데 심지어 협박을 받아 맹약을 하거나 변심하는 경우도 있었다. 유협도 **"의로움이 있으면 끝까지 지킬 수 있지만 법도가 사라지면 배신이 시작된다(義存則克終, 道廢則渝始)"**고 한탄하며, 도의가 남아 있으면 약속을 지킬 수 있고 도의가 사라지면 약속은 변한다고 보았다.

'약속을 지키는 일(守信)'은 사람이 결정하는 것이며 지킬 의향이 없으면 어떠한 맹세를 하든 헛될 뿐이다.

총애를 받아도 교만하지 않고,
교만하면서도 낮은 자리로 내려갈 수 있고,
낮은 자리로 내려가면서도
원한을 가져서는 안 된다   **004**

君子曰 : 石碏¹, 純臣也. 惡州吁²而厚與焉.
군 자 왈 : 석 작 ¹ , 순 신 야 . 오 주 우 ² 이 후 여 언 .

'大義滅親³', 其是之謂乎!
' 대 의 멸 친 ³ ', 기 시 지 위 호 !

—은공 4년

1 石碏(석작) : 춘추시대 위나라의 대부
2 州吁(주우) : 춘추시대 위장공(衛莊公)의 서자(庶子)
3 大義滅親(대의멸친) : 친족의 범죄를 사사로이 감싸지 않고 남과 동일하게 합리적인
   법률적 제재를 가함으로써 올바른 도리와 공공의 법칙을 지키는 것

▶ 군자가 말했다. "석작은 충신(忠臣)이다. 그는 주우(州吁)를 싫어해 자신의 아들 석후(石厚)가 잘못을 사죄하게 했다. '대의를 위해 자기 친족을 죽인다'는 말은 이런 것을 가리킨다!"

석작은 위(衛)나라의 현명한 신하로 그는 위장공이 주우를 지나치게 총애하자 주우가 교만, 사치, 음란, 방탕 등 못된 습관에 빠져들 것임을 알아챘다. 석작은 위장공에게 그가 염려하는 것을 알려주었다.

"만약 주우가 태자가 되지 못하면 내란을 일으킬지도 모릅니다. 총애를 받아도 교만하지 않고, 교만하면서도 낮은 자리로 내려갈 수 있고, 낮은 자리로 내려가면서도 원한을 갖지 않는 사람은 드물기 때문입니다."

그런데 위장공은 그의 말을 귀담아 듣지 않았다. 시간이 흘러 주우의 형 위환공이 임금이 되자 주우와 친하게 지낸 석작의 아들 석후는 곧바로 벼슬을 그만두었다.

『사기』에 따르면 주우는 교만하고 음탕한 데다 사치스러워 위환공에게 쫓겨났음에도 결코 포기하지 않았다. 그는 외국에서 망명중인 위나라 인사들을 모아 위환공을 해치고 스스로 왕이 되려고 했다. 그러나 정당하지 못한 수단으로 임금의 자리를 빼앗으면 백성의 지지를 받기 어렵기 때문에 주우는 반대 세력의 목소리를 제압하기 위해 석후에게 묘안을 부탁했다. 이때 석후는 아버지인 석작에게 도움을 요청했다.

석작은 주천자를 찾아가 직접 인사를 드리고 그가 주우의 지위를 인정해주는 것으로 명분을 삼으라고 조언했다. 그러면서 진환공(陳

桓公)을 찾아가 두 사람을 천자에게 소개해줄 것을 부탁하라고 권유했다. 다른 한편으로 석작은 진환공에게 사람을 보내 주우와 석작은 위환공을 죽인 살인범이므로 두 사람을 가둬두라고 부탁했다. 진나라가 협조해준 덕분에 두 사람은 붙잡혔고 위나라는 사람을 보내 두 사람을 죽였다. 석작은 나라에 충성하기 위해 '대의를 위해 친족을 죽인다(大義滅親)'는 명분을 내세워 자신의 아들을 죽인 것이다.

역사를 사로잡은 명문장

● 『여씨춘추(呂氏春秋)』 「거사(去私)」에는 다음과 같은 이야기가 나온다.

묵가(墨家)의 거자(鉅子), 즉 수령(首領)이 진(秦)나라에 살고 있었다. 어느 날 그의 아들이 사람을 죽였는데 법에 따르면 사형에 처해야 했다. 그때 진혜왕(秦惠王)이 말했다.

"선생께서는 연세가 많고 또한 다른 아들이 없습니다. 저는 이미 법을 집행하는 사람에게 명령을 내려 그를 사형에 처할 필요가 없다고 했습니다."

거자가 대답했다.

"묵가의 법칙에 따르면 다른 사람을 죽인 자는 사형에 처해야 하고, 다른 사람을 해친 사람은 형벌을 받아야 합니다. 이로써 살인과 다른 사람을 해치는 행위를 금지하는 것입니다. 이는 천하의 큰 도리에 맞습니다."

거자는 진혜왕의 호의를 완곡히 거절했고 그의 아들은 결국 사형을 당했다. 거자는 석작과 마찬가지로 마음속에 '대의를 위해 친족을 죽인다(大義滅親)'는 뜻을 품었던 것이다.

● 『한서(漢書)』 「역상전(酈商傳)」에는 이런 글이 나온다.

여후(呂后)가 죽자 유성(劉姓), 즉 당시 황족을 지지하던 공신은 잠시도 지체하지 않고 여씨 세력을 제거하려 했다. 가장 중요한 인물은 여록(呂祿)으로 그는 북군의 병권을 장악하고 있었다. 태위(太尉) 주발(周勃)은 북군을 지휘하고 여씨 일족을 죽이기 위해 사람을 보내 역상(酈商)을 협박했다.

역상은 한(漢)나라 초기의 공신으로 그의 아들 역기(酈寄)는 여록과 관계가 매우 좋았다. 하지만 주발이 역상의 목숨을 담보로 역기를 위협하자 그는 할 수 없이 여록을 속여 유인했다. 결국 주발은 북군의 항복을 받아냈고 여씨 가족도 제거했다. 이 일로 천하의 사람들이 모두 역기가 친구를 팔았다고 말했다.

『한서』의 저자 반고는 이런 평론을 남겼다.

"친구를 판 저 사람을 가리켜 이익을 보고 의리를 잊었다고 한다(夫賣友者, 謂見利而忘義也)."

그러나 역기는 아버지를 구하고 국가의 안정을 위했으므로 친구를 팔았다고 할 수 없다. 비록 석작과 역기의 방법은 다르지만 모두 공공의 대의와 개인 사정이 충돌하는 상황에서 공공의 대의 쪽을 선택한 것이다.

사람에게 예의가 없으면 살지 못하고,
일에 예의가 없으면 이뤄지지 않고,
나라에 예의가 없으면 편안하지 않다

005

君子謂 : 鄭莊公於是乎有禮. 禮, 經¹國家,
군 자 위 : 정 장 공 어 시 호 유 례. 예, 경¹국 가.

定社稷, 序民人, 利後嗣也.
정 사 직, 서 민 인, 이 후 사 야.

許, 無刑²而伐之, 服而舍³之,
허, 무 형²이 벌 지, 복 이 사³지,

度德而處之, 量力而行之.
도 덕 이 처 지, 양 력 이 행 지.

相⁴時而動, 無累後人, 可謂之禮矣.
상⁴시 이 동, 무 뢰 후 인, 가 위 지 례 의.

—은공 11년

1 經(경) : 관리하다.
2 刑(형) : '型(형)'과 통한다. '일정한 법도', '전범' 등의 뜻이다.
3 舍(사) : '捨(사)'와 통한다. '버리다'의 뜻이다.
4 相(상) : 살펴보다.

33

▶ 군자가 칭찬했다. "정장공이 이렇게 처리하는 것은 예에 들어맞는다. 예는 국가를 다스리고 사회 안정을 도모해 사람들이 질서를 지키게 하는 동시에 후대에게 생존 공간을 보장해주는 기능을 한다. 정나라는 허(許)나라가 예법을 지키지 않았기에 토벌했고 허나라가 복종한 후에는 무력 충돌이 발생하는 재앙을 포기했다. 또한 정장공은 덕행을 살펴 처리하고, 자기 능력을 헤아려 실행하며, 때에 맞춰 행동을 살핌으로써 후대에 누를 끼치지 않았다. 이를 통해 그가 예를 안다고 할 수 있다."

노은공 11년 정나라는 제나라, 노나라와 함께 허나라를 공격했다. 오래지 않아 연합군은 허나라의 도성을 격파했고 허장공(許莊公)은 위나라로 도망갔다. 전쟁이 끝난 뒤 제나라와 노나라는 허나라의 처분을 정나라에 맡겼다.

정장공은 허나라 땅을 자신이 취하지 않고 둘로 나눠 통치자를 재조정했다. 그는 허나라의 대부 백리(百里)에게 새로운 임금을 보좌해 동쪽 지방을 다스리라고 분부했다.

"허나라가 이러한 재앙을 당한 것은 하늘이 일부러 우리의 힘을 빌려 징벌하게 한 것이다. 그렇지만 나조차 내 집안의 동생을 잘 관리하지 못했는데 어찌 오랫동안 허나라를 통치하겠는가? 너희 임금을 열심히 보좌해 백성을 잘 위로하도록 하라. 정나라의 대부 공손획(公孫獲)이 서쪽 지방을 다스리는 데 협조할 것이다. 이 일을 잘 마무리한다면 하늘 또한 마음을 고쳐먹고 허나라가 본래의 영토와 통치권을 회복하도록 도울 터다. 정나라는 허나라의 결맹을 환영하지만 혹여 두 마음을 품어 다른 나라가 지금의 일 처리에 간여하지 않도록 하라. 정나라는 전쟁할 겨를조차 없는데 어찌 허나라를 보존하는 일에 마음과 힘을 쓸 수 있겠는가? 이는 허나라뿐 아니라 정나라 국경의 안녕을 위하는 일이다."

이후 정장공은 공손획을 허나라 서쪽 지방으로 보내면서 당부했다. "그 지역에 오래 있을 생각을 하지 말고 귀중한 기물이나 재화는 절대 허나라에 두지 마라. 내가 죽으면 바로 그 지역을 떠나라. 정나라는 주천자를 큰 집으로 하는 희성(姬姓) 세력이지만 허나라는 강성(姜姓) 세력에 속한다. 지금의 정세를 보면 희성 세력은 쇠락할 것이니 미래에 우리가 허나라와 세력을 유지할 수 있겠는가? 내 말을 명심하라."

정나라는 침략자의 신분으로 허나라의 통치자가 되었으니 침략이라는 관점에서 비난받아 마땅하다. 그러나 전후 처리 관점에서 말하면 허나라가 멸망하지 않도록 해서 백성의 원망을 누그러뜨리고 민심을 안정시켰다. 그뿐 아니라 정장공은 살아 있는 동안 허나라를 관리 감독해 국경 지방을 공고히 했다.

덕이 높은 군자가 정장공의 처리를 예의를 아는 행동, 즉 국가를 다스리고 사회 안정을 도모해 사람들이 질서를 지키게 하는 동시에 후대에게 생존 공간을 보장해주었다고 말하는 것도 전혀 이상하지 않다.

역사를 사로잡은 명문장

● 선진(先秦) 시기, 유가의 정치사회에서 실천은 '예'를 기초로 해서 깊은 논의를 진행했다. 『논어』 「태백(泰伯)」에서 공자가 말했다.

"시에서 흥취를 일으키고, 예에서 일어서고, 악에서 완성한다(興於詩, 立於禮, 成

於樂)."

이는 '시'가 따뜻하고 진실한 마음을 갖추게 하는 동시에 정서 조절 기능을 한다는 것을 가르친다. '예'는 몸을 세워 세상에 대처하는 법칙임을 나타낸다. 시의 가르침과 예의 가르침에 조화를 추구하는 음악의 가르침을 더하면 사회는 안정을 이룬다. 이것이 유가 예악(禮樂)의 정신이다.

● 『순자』「수신(修身)」에는 이런 말이 나온다.

"**사람에게 예의가 없으면 온전히 살지 못하고, 일에 예의가 없으면 제대로 이뤄지지 않는다. 나라에 예의가 없으면 편안하지 않는다**(人無禮則不生, 事無禮則不成, 國家無禮則不寧)."

이것은 개인부터 국가까지 모든 일과 행동이 예의에 맞아야 한다는 의미다. 이는 21세기에도 나라의 안정을 위해 전 세계 모두에 적용해야 할 도리다.

사물의 명칭을 지을 때는 반드시 그 뜻에 들어맞게 해야 한다

006

師服曰: 異哉, 君之名子也! 夫名以制¹義,
사 복 왈 : 이 재, 군 자 명 자 야! 부 명 이 제¹ 의,

義以出禮, 禮以體²政, 政以正民,
의 이 출 례, 예 이 체² 정, 정 이 정 민,

是以政成而民聽, 易則生亂
시 이 정 성 이 민 청, 역 즉 생 란.

—환공(桓公) 2년

---

1 制(제): 조정하다.
2 體(제): 체현하다. 실현하다.

▶ 진(晉)나라의 대부 사복(師服)이 말했다. "이는 매우 이상한 일이다! 우리 임금은 왜 이런 식으로 자신의 아이 이름을 지었을까? 사물의 명칭을 지을 때는 반드시 그 뜻에 들어맞게 해야 한다. 추상적인 의미를 구체적으로 하는 것이 바로 예다. 또한 예는 국가 정치의 중요한 원칙을 실현하고 백성을 교화할 목적으로 규정한 것이다. 이로써 국가의 정치를 완비하면 백성은 반드시 임무를 완수하고 명령을 잘 듣는다. 그렇지 않으면 국가와 사회에 혼란이 발생한다."

진목공(秦穆公)의 아내 강씨가 두 차례 전쟁 중에 각각 두 아이를 낳았다. 진나라가 조융(條戎)을 정벌할 때 첫째아들을 낳았지만 전쟁에서 패한 진목공은 아들의 이름을 '구(仇)'*라고 지었다. 이후 천무(千畝)의 전투에서는 진나라가 승리했고 강씨는 둘째아들을 낳았다. 진목공은 둘째아들의 이름을 '성사(成師)'**라고 했다.

주나라 종법제도에서 첫째아들은 적장자로 장차 임금의 자리를 이을 후보자다. 따라서 그의 지위는 존귀한 뜻을 부여받는다. 그런데 진목공이 첫째아들의 이름을 '구'라고 지은 것은 전쟁에서 실패한 결과를 그의 출생 탓으로 돌리는 부정적인 뜻을 내포하고 있다. 반대로 둘째아들의 이름은 '성사'라고 지어 전쟁의 승리를 기념하는 긍정적인 의미를 포함하고 있다.

이 방식은 '귀한 사람은 그 귀함을 드러낼 수 없고, 천한 사람은 그 천함을 밝힐 수 없다(貴者無法顯其貴, 賤者無法明其賤)'는 착각을 불러

● 원수라는 뜻이다.
●● 큰 군대라는 뜻이다.

일으킨다. 이와 관련해 진나라의 대부 사복이 위에서 말한 것처럼 비평을 했다.

사복의 설명은 주나라 종법제도에 근거한 것이다. 그는 먼저 이름은 뜻에 맞게 짓는 것이 예라 하고, 다시 예를 관통해 작명과 국가 정치를 결합함으로써 '정치가 바로 서면 백성이 말을 잘 따르고 이것이 뒤집히면 난리가 난다(政成而民聽, 易則生亂)'는 결론을 이끌어냈다. 과연 진목공이 죽은 후, 진나라는 사복의 예측대로 난리에 빠졌다. 이는 국가 기강 유지는 이름과 말을 올바르고 순통하게 하는 데 있음을 입증한다.

역사를 사로잡은 명문장

● 노애공(魯哀公) 10년 공자는 위출공(衛出公)의 초청을 받아들여 위나라를 다스리는 데 협조했다. 그때 자로(子路)가 공자에게 생각을 묻자 그가 답했다.

"반드시 이름을 바르게 잡아야지!(必也正名乎!)"

그 말을 이해하지 못한 자로는 이름을 바로잡는 것은 그리 절실하지 않아 국정 개선에 도움이 되지 않는다고 생각했다. 공자가 이를 풀어서 말했다.

"이름이 바르지 않으면 말이 통하지 않는다. 말이 통하지 않으면 일이 이뤄지지 않는다. 일이 이뤄지지 않으면 예악이 흥성하지 않는다. 예악이 흥성하지 않으면 형벌이 정확히 들어맞지 않는다. 형벌이 정확히 들어맞지 않으면 백성이 움직이지 않는다(名不正, 則言不順; 言不順, 則事不成; 事不成, 則禮樂不興; 禮樂不興, 則刑罰不中; 刑罰不中, 則民無所措手足)."

한 개인의 지위를 확정하지 않으면 그의 말이 받아들여지거나 믿음을 얻지 못한다. 또한 그의 명령도 중요하게 여기지 않아 일을 원만히 달성할 수 없다. 매사가 지체되고 실행이 어려우면 예악과 교화를 널리 실행할 수 없고 이 경우 상벌이 공정하게 이뤄지지 않는다. 이때 사람들은 어떤 일은 해야 하고 또 어떤 일은 하지 않아야 하는지 그 판단에서 일치하는 결론을 내지 못한다.

● 공자는 당시 위나라의 폐단이 인륜 질서 문제에 있음을 깊이 알고 있었다. 이는 위령공(衛靈公) 때까지 거슬러 올라가야 한다. 위령공의 첫째아들 괴외(蒯聵)는 위령공이 총애하는 아내 남자(南子)가 아내의 도를 지키지 않자 그녀를 죽이려 했다. 하지만 여기에서 실패한 그는 송나라로 도망갔다. 큰아들이 떠나자 위령공은 다른 아들 공자영(公子郢)에게 큰아들의 지위를 물려받으라고 했다. 공자영은 법의 규정을 준수해 서자가 적자를 대신할 수 없음을 간하며 여러 차례 완곡하게 거절했다.

위령공이 죽은 후에도 공자영은 즉위를 거절했고 남자는 괴외의 아들 공자첩(公子輒)을 찾아 임금의 자리를 잇게 했으니 그가 바로 위출공이다. 그때 외국으로 도망간 괴외가 다른 나라의 힘을 빌려 위나라와 적이 되는 바람에 또 한 차례의 부자상쟁(父子相爭) 상황이 빚어졌다.

이 점에 비춰 공자는 이름을 바르게 한다(정명[正名])는 생각을 제시해 문제의 근원을 바로잡고자 한 것이다.

현명한 군주는 백성을 편안하게 한 후에야
하늘에 제사를 지낸다

007

公曰: 吾牲牷¹肥腯², 粢盛³豊備, 何則不信?
공 왈 : 오 성 전 ¹ 비 돌 ², 자 성 ³ 풍 비, 하 즉 불 신?

對曰: 夫民, 神之主也.
대 왈 : 부 민, 신 지 주 야.

是以聖王先成民而後致力於神
시 이 성 왕 선 성 민 이 후 치 력 어 신

—환공 6년

---

1 牷(전): 상처나 다친 곳 없이 완전하고 털색이 한 가지인 희생물
2 肥腯(비돌): 살지고 커다랗다. 腯(돌)은 '살찌다'라는 뜻이다.
3 粢盛(자성): 제사를 지낼 때 제기에 놓는 곡식

▶ 수(隨)나라 임금이 말했다. "나는 제사를 지낼 때 모두 온전하고 살진 희생물과 완전히 갖춘 오곡을 씁니다. 어떤 것이 신에 대한 정성이 더하겠습니까?" 계량(季梁)이 답했다. "백성의 모든 것이 신에게 제사를 지내는 근본입니다. 고대 성군은 백성을 편안하게 한 후에야 비로소 신에게 제사를 지냈습니다."

노환공(魯桓公) 6년 초나라가 수나라 정벌에 나섰지만 성과를 거두지 못했다. 그러자 초나라는 약한 척하며 적을 유혹해 계략에 빠뜨리려 했다. 이때 초나라의 계략을 간파한 수나라의 현자 계량(季梁)이 수나라 임금에게 간했다.

"지금은 하늘의 뜻이 초나라 쪽에 있으니 초나라와의 대적을 피해야 합니다. 제가 듣기로 작은 나라가 큰 나라를 이기려면 반드시 작은 나라에 도리가 있어야 하고 큰 나라에는 도리가 없어야 합니다. 이 도리는 임금이 백성을 아끼고 보호하면서 제사를 지낼 때 하늘에 정성을 다하는 것입니다. 지금의 상황은 반드시 이와 같지 않습니다. 그러므로 초나라의 도전을 가볍게 받아들이시면 안 됩니다."

이 말을 듣고 의아하게 생각한 수나라 임금은 수나라에 잠재력이 있음을 보여주고자 제사를 지낼 때 정성을 다하고 풍성한 제물을 준비해 하늘의 뜻이 우리 수나라에 있다고 했다. 계량은 거듭 하늘의 뜻은 임금이 정치를 부지런히 하고 백성을 보호하는 덕을 펼치는 데 있지 제물의 풍성함에 있지 않다고 말했다.

하늘에 정성을 다한다는 것은 풍성한 제물 자체가 아니라 백성의 생활에 걱정이 없어야 함을 의미한다. 제사를 지낼 때 희생물을 바치며 기도하는 '박석비돌(博碩肥腯: 희생물이 살지고 커다랗다)'은 많은 번식 및 번창으로 백성의 생활이 풍부해졌음을 나타낸다. 제사를 지낼 때 곡식을 바치며 기도하는 '혈자풍성(絜粢豐盛: 정결한 곡식이 꽉 차고 그득하다)'은 바람이 조화롭고 비가 제때에 내려 오곡을 풍성하게 수확해 백성이 만족함을 뜻한다. 제사를 지낼 때 좋은 술을 바치며 기도하는 '가율지주(嘉栗旨酒: 좋은 술이 향기롭고 맑다)'는 임금과 신하, 백성에게 아름다운 덕이 있고 사악한 행위와 생각이 없음을 의미한다.

수나라 백성이 각자 다른 마음을 품으면 임금의 재물이 아무리 풍부해도 단지 겉으로만 그러할 뿐 진정한 마음이 없는 것이다. 이럴 때 전쟁을 일으키면 백성에게 나라를 지키고자 하는 마음이 없어서 이기기 어렵다. 이 말을 다 듣고 일리가 있다고 판단한 수나라 임금은 곧바로 전쟁을 그만두고 국정을 부지런히 갈고닦아 임박한 재앙을 제거했다.

역사를 사로잡은 명문장

● 서한(西漢)의 문제(文帝)는 나이 어린 가의(賈誼)가 옛날과 지금의 일을 널리 관통하고 있다는 얘기를 듣고 박사관(博士官)으로 기용했다. 가의는 조정에서 중요한 일을 논의할 때마다 여러 대부가 대책을 내놓지 못하면 해결 방안을 내놓았다. 이 점을 한문제에게 인정받은 가의는 오래지 않아 태중대부(太中大夫)로 발탁되었다.

가의는 당시 조정이 새로운 제도인 정삭(正朔: 언제를 정월로 삼을 것인지 정하는 것)을 고치고 복색(服色)*을 바꿔 한나라의 정통성을 세워야 한다고 생각했다. 이 제도는 중앙 및 지방의 전면적인 변화를 포괄하는 것으로 권력의 정세까지도 새롭게 분배해야 했다. 이에 따라 영향력 있는 대신과 제후가 잇달아 그를 헐뜯으면서 가의가 국가의 복지를 위하는 게 아니라 정권을 잡으려 한다고 말했다. 한문제는 여

● 신분이나 직업에 따라 다르게 맞추어서 차려입던 옛 옷의 꾸밈새와 빛깔

러 사람의 분노를 가라앉히기 위해 잠시 가의를 장사왕(長沙王)의 태부(太傅)로 보냈다.

일 년이 지난 어느 날 한문제가 다시 가의를 불렀다. 귀신의 일에 관심이 생긴 한문제가 가의에게 가르침을 받고자 했기 때문이다. 두 사람은 늦은 밤까지 토론을 했고 이야기를 들으면 들을수록 깊게 빠져든 한문제는 자리를 가의 쪽으로 당겨 앉았다. 이후 한문제가 말했다.

"나는 오랫동안 가의를 불러 토론하지 않았다. 내가 그보다 학식이 나을 거라고 생각했는데 그와의 토론으로 오히려 내 부족함을 더 깊이 깨달았다."

당나라 시인 이상은(李商隱)은 이 일에 감동을 받아 「가생(賈生)」이라는 시를 지었다.

"미양궁(未央宮) 선실전(宣室殿)에서 현명한 이를 찾아 쫓아낸 신하를 만나니, 가생의 재주는 더욱 비교할 곳 없이 뛰어나네.

한밤에 앞자리를 비워두고,

백성에 대해 묻지 않고 귀신에 대해 묻는 것이 가련하도다.

宣室求賢訪逐臣, 賈生才調更無倫. 可憐夜半虛前席, 不問蒼生問鬼神."

이 시는 무명인이던 가의가 중용되었다가 몰락한 뒤 다시 인정을 받는 과정을 이야기하고 있다. 특히 '인간을 묻지 않고 귀신을 묻는다(不問蒼生問鬼神)'는 문장은 가의의 재주가 백성의 복지가 아닌 허무맹랑한 귀신의 일을 묻는 데 쓰이는 것을 안타까워함을 나타낸다.

이름을 짓는 일에
신중하라

公問名於申繻.
공 문 명 어 신 수.

對曰: 名有五. 有信[1]. 有義[2]. 有象. 有假[3]. 有類[4].
대 왈 : 명 유 오. 유 신[1]. 유 의[2]. 유 상. 유 가[3]. 유 류[4].

以名生爲信. 以德命爲義. 以類命爲象.
이 명 생 위 신. 이 덕 명 위 의. 이 류 명 위 상.

取於物爲假. 取於父爲類.
취 어 물 위 가. 취 어 부 위 류.

― 환공 6년

1 信(신) : 실재, 실제
2 義(의) : 의미, 의의
3 假(가) : 빌리다.
4 類(류) : 비슷하다.

45

▶ 노환공이 대부 신수(申繡)에게 이름을 짓는 방식을 물었다. 그러자 신수가 대답했다. "이름을 짓는 방식에는 다섯 가지가 있습니다. 각각 실제, 의미, 형태, 다른 사물, 유사함에서 취합니다. 즉 출생할 때의 실제 형태, 뜻의 상징, 만물과 유사한 방식, 만물의 명칭을 빌리는 방식, 아버지와 동일한 특징으로 이름을 짓습니다."

노환공 6년에 큰아들이 태어나자 환공은 노나라 대부 신수에게 아이의 이름을 어떻게 지어야 할지 물었다. 신수는 '신(信), 의(義), 상(象), 가(假), 유(類)'의 방식으로 이름을 짓는다며 다음과 같이 덧붙였다.

"이름은 자신이 속한 나라의 명칭, 자신이 속한 나라의 관직, 자신이 속한 나라의 산천(山川), 입에 올리기 쉽지 않은 질병, 희생물, 제례에 사용하는 기물 및 재화로는 지을 수 없습니다. 이는 모두 주나라 사람들이 꺼리는 방식으로 만약 어기면 반드시 화를 입을 것입니다."

옛날 사람들은 이름의 좋고 나쁨이 아이의 성품과 인격 발달에 영향을 미친다고 믿었기 때문에 이름을 짓는 일에 매우 신중했다. 더구나 임금의 적장자라면 더욱더 대충할 수 없는 일이었다. 과거에 진목공이 첫째아들을 '구', 둘째아들을 '성사'라고 지어 주나라의 예법을 어겼는데 이후 난리가 일어났다.

신수가 말하는 다섯 종류의 이름 짓는 방식은 모두 주변 환경과 밀접한 관련이 있다. 이는 이름이 개인을 대표할 뿐 아니라 단체에도 영향을 준다는 중국 문화의 단체 사상을 반영한다.

● 다섯 종류의 이름 짓는 방식과 관련해 '태어날 때의 징표로 이름을 짓는다(以名生爲信)'의 사례로 노나라의 계우(季友)는 태어날 때 손금이 '우(友)'자와 비슷해 '우'라고 이름을 지었다. '의미를 취해 덕으로 이름을 짓는다(以德命爲義)'는 주나라 문왕의 이름이 희창(姬昌)인데, 이는 '창(昌: 밝다, 흥하다의 뜻)'이라는 덕으로 이름을 지은 것이다. '형상을 취해 이름을 짓는다(以類命爲象)'는 공자의 머리 형태가 언덕(니구[尼丘])과 비슷해 이름을 '구(丘)'라고 지은 사례가 있다. '다른 사물을 빌려서 취한다(取物爲假)'의 사례로 소동파(蘇東坡)는 수레 앞의 가로나무 '식(軾)'을 빌려 이름으로 썼다. '아버지의 유사한 점을 취한다(取於父爲類)'는 노장공이 태어난 날이 그아버지 노환공과 같아서 이름을 '동(同)'이라 했다. 다섯 종류의 방식은 모두 '이름(名)'과 '실제(實)'의 관계를 언급한다.

동한(東漢) 때 한장제(漢章帝)가 박사와 유생들에게 백호관(白虎觀)에 모여 오경(五經)의 같고 다름을 토론하게 했다. 황제가 스스로 결정했는데 역사가들은 이를 '백호관회의(白虎觀會議)'라고 부른다. 이후 반고가 명을 받아 이 학술회의 내용을 『백호통덕론(白虎通德論)』으로 편찬했다. 이 책을 통해 우리는 여러 신하가 국가 제도의 명칭 및 실제를 토론했음을 알 수 있다.

예를 들어 제왕(帝王)의 '칭호'는 다음과 같이 정의했다.

"제왕이란 무엇인가? 호칭이다. 호칭에는 공(功)이 드러나야 한다. 제왕은 공적을 드러내고 덕을 밝힘으로써 신하를 부르고 명령하는 사람이다. 덕이 천지와 일치하는 사람을 제(帝)라 하고, 인의가 합쳐 나타나는 사람을 왕(王)이라 한다. 이는 우열을 구별하기 위한 것이다(帝王者何? 號也。號者, 功之表也, 所以表功明德, 號令臣下者也。德合天地者稱帝, 仁義合者稱王, 別優劣也)."

이 말의 뜻은 다음과 같다.

국가를 통치하는 사람을 가리켜 '제왕'이라고 하는데 이 호칭은 국가 통치자의 공덕을 드러내기 위해 쓴다. 이 호칭으로 부른다는 것은 그에게 신하를 호령할 숭고한 권력이 있음을 의미한다. 만약 임금의 공덕이 천지처럼 위대하다면 그는 '제'라는 호칭을 쓸 것이고, 공덕이 잠시라도 인의의 경계에 이른다면 그의 호칭은 '왕'일 뿐이니 이 구별은 통치자의 공덕 차이에서 나타난다.

『백호통덕론』에서 '제왕'의 명칭이 보여주는 것은 중국 고대 문화 사상에서는 단체의 맥락에 따라 명칭을 짓고 그것이 한 개인과 단체 사이의 관계를 드러낸다는 점이다.

보통 사람에게 아무 죄가 없어도
좋은 보석을 갖고 있으면 죄를 부른다

009

初. 虞叔有玉. 虞公求旃[1]. 弗獻.
초. 우 숙 유 옥. 우 공 구 전[1]. 불 헌.

旣而悔之曰 : 周諺有之 : '匹夫無罪, 懷璧其罪'
기 이 회 지 왈 : 주 언 유 지 : '필 부 무 죄, 회 벽 기 죄'

吾焉用此, 其以賈[2]害也?
오 언 용 차, 기 이 고[2] 해 야 ?

— 환공 10년

---

1 旃(전): '지언(之焉)' 두 자의 합음사(合音詞: 음을 합친 단어)다.

2 賈(고): 여기서는 '초래하다', '닥치다'의 뜻이다.

▶ 이전에 우공(虞公)의 동생 우숙(虞叔)이 좋은 옥을 가지고 있었다. 우공이 그것을 알고 우숙에게 좋은 옥을 달라고 했지만 우숙은 바치지 않았다. 시간이 조금 지나 우숙이 후회하며 말했다. "주나라 속담에 이런 말이 있다. '보통 사람에게 아무 죄가 없어도 좋은 보석을 갖고 있으면 죄를 부른다.' 나 또한 이 좋은 옥으로 인해 스스로 죄를 부르는가?"

노환공 10년, 우나라에서 신하가 임금을 공격하는 일이 벌어졌다. 이 참월(僭越) 행위는 비난을 받아 마땅하지만『좌전』은 우숙이 우공을 토벌한 경위를 명확히 설명하고 있다. 우숙이 아랫사람으로서 윗사람을 공격한 행위를 표면적으로만 바라봐서는 안 되기 때문이다.

사실『좌전』에는 이 전쟁 자체에 대한 기록이 없지만 전쟁이 발발한 원인은 길게 서술하고 있다. 왜『좌전』은 사람들의 생각의 흐름을 유도하는 이런 방식으로 기록한 것일까?

사건의 출발점은 우공이 우숙에게 좋은 옥을 달라고 이야기하는 시점이다. 우숙은 좋은 옥을 우공에게 바치지 않았다. 그러나 나중에 그것을 바치지 않으면 우공에게 죄를 짓고 나아가 목숨을 잃을 수도 있음을 깨달았다. 결국 그는 좋은 옥을 우공에게 바쳤다.

그런데 탐욕스러운 우공은 자신의 권위를 이용해 갖고 싶은 것은 뭐든 가지려고 했다. 그는 또다시 우숙에게 보물 그릇을 달라고 했다. 게다가 우숙의 보검까지 탐냈다. 이런 일을 겪은 우숙은 깊이 생각했다. 그것이 단순히 보물을 빼앗기는 문제에서 그치는 것이 아니라 남의 물건을 탐내는 우공의 무례한 행위가 자신에게 언제든 해를 끼칠 수 있다고 본 것이다. 우숙은 먼저 제압하는 것이 낫다는 결정을 내렸고, 마침내 정변을 일으켜 탐욕스런 우공을 쫓아냈다.

비록 우숙은 아랫사람으로서 윗사람을 공격했지만 우공의 탐욕스러운 행위에 비하면 그가 국가에 끼치는 해로움은 상대적으로 적다. 『좌전』에서는 그 배경을 기록해 정치는 반드시 예에 맞아야 하며, 그렇지 않으면 신하나 다른 나라의 반발로 온 나라에 화가 미친다는 것을 경고한다.

역사를 사로잡은 명문장

● 주나라 속담 "보통 사람에게 아무 죄가 없어도 좋은 보석을 갖고 있으면 죄를 부른다(匹夫無罪, 懷璧其罪)"에는 두 가지 뜻이 담겨 있다. 하나는 우숙이 좋은 옥을 갖고 있다가 스스로 화를 초래했다는 점이다. 다른 하나는 우공이 좋은 옥을 탐내 그것을 얻었지만 결국 정변을 초래한 점을 들어 재물에 눈이 멀면 스스로를 위험한 상황에 빠뜨릴 수 있음을 깨닫지 못함을 설명한다.

일찍이 동한의 왕부(王符)는 이 사건을 예로 들며 사람들에게 탐욕을 버리라고 권했다. 그는 『잠부론(潛夫論)』 「알리(遏利)」에서 다음과 같이 말했다.

"도리를 살필 뿐 물에 비춰보지 마라. 코끼리는 자신의 상아 때문에 몸을 태우고, 큰 조개는 구슬 때문에 몸을 가른다. 보통 사람은 죄가 없어도 좋은 옥을 갖고 있으면 그것이 죄를 부른다(願鑒于道, 勿鑒于水象以齒焚身, 蚌以珠剖體; 匹夫無辜, 懷璧其罪)."

이 글의 뜻은 대략 다음과 같다.

사람이 일을 할 때는 도리를 살피는 데 신경 써야 한다. 물은 단지 겉모습만 비추므로 이는 진정한 이치가 아닐 수도 있다. 코끼리는 사람들이 갖고 싶어 하는 상아가 있어서 살해당하고, 큰 조개는 안에 품고 있는 좋은 구슬 때문에 몸이 갈라진다. 그렇다고 코끼리나 큰 조개 자체가 하늘의 뜻을 어기거나 이치를 해치는 일은 없다. 이는 다만 우숙이 좋은 옥을 갖고 있는 상황과 마찬가지이기 때문에 죄가 될 뿐이다.

다른 사람이 탐욕을 부리면 분노가 생긴다. 스스로 마음을 비우고 욕심을 줄여도 다른 사람의 탐욕스런 생각이 내게 죄를 더하는 것이다. 이러한 개념은 '보통 사람에게 아무 죄가 없어도 좋은 보석을 갖고 있으면 죄를 부른다'의 뜻과 서로 호응해 탐욕스런 마음을 다스리지 않으면 우공처럼 화를 입을 수 있으니 이를 피하도록 타일러 깨우친다.

군대가 승리하는 핵심은 화합에 있지
사람 수에 있지 않다

010

師克¹在和. 不在衆. 商. 周之不敵. 君之所聞也.
사 극¹재 화. 부 재 중. 상. 주 지 부 적. 군 지 소 문 야.

成軍²以出. 又何濟³焉?
성 군²이 출. 우 하 제³언?

—환공 11년

1 克(극): 전쟁에서 이기다.
2 成軍(성군): 군대를 정비한다는 뜻이다.
3 濟(제): 여기서는 '증가'의 뜻이다.

▶ 군대가 승리하는 핵심은 서로 한마음으로 협력해 적에게 대항하는 데 있지 사람 수가 많고 적음에 있지 않습니다. 큰 나라인 상(商)의 군사가 더 많았어도 작은 나라인 주에 졌습니다. 이것은 그대도 아는 일입니다. 지금 우리는 군대를 정돈해 적군에 대항하고 있는데 원군을 또 늘릴 필요가 있겠습니까?

노환공 11년, 운(郿)나라는 수(隨), 교(絞), 주(州), 요(蓼) 등 네 지방의 군대를 따라 초나라를 공격했다. 이때 초나라의 사마(司馬: 군대를 다스리는 벼슬)는 현재의 군사 수로는 이들 연합군을 대적할 수 없으리라 추측했다. 그가 초왕(楚王)에게 원군을 요청하자 초나라의 대부 투렴(鬪廉)이 반대 의견을 제시했다. 그는 전투에서 승리하는 핵심은 원군을 받아 군사 수를 늘리는 게 아니라는 이치를 차근차근 설명했다.

투렴은 군대가 승리하는 핵심은 사람 수의 많고 적음이 아니라 군사들이 한마음으로 협력해 적에게 대항하는가 아닌가에 있다고 보았다. 그는 초나라 사마에게 연합군은 수가 많아도 각자 다른 마음을 품고 있고, 각자의 계산도 있어서 힘을 합쳐 초나라에 대항할 수 없다고 말했다. 그러므로 먼저 공격해 그중 하나만 무너뜨리면 연합군은 스스로 물러날 것이라고 예측했다.

결국 투렴의 의견을 받아들인 초나라의 사마는 연합군과 교전했다. 과연 초나라의 공격을 받은 운나라가 무너지자 다른 연합군은 사방으로 흩어졌고 전쟁은 끝이 났다.

이처럼 단체로 일하는 사람들이 순조롭게 일을 진행하려 할 때 가장 중요한 것은 마음을 하나로 모으는 일이다. 만약 겉으로만 단결하면 단 한 방의 위기에도 버티기 어려울 것이다.

● '군대가 승리하는 핵심은 화합에 있지 사람 수에 있지 않다(師克在和, 不在衆)'는 '단결해서 역량을 크게 한다(團結力量大)'와 같다. 『손자병법(孫子兵法)』 「시계(始計)」에서는 군사와 병법의 다섯 가지 기본 요건을 다음과 같이 지적한다.

"첫째는 도리(道)이고, 둘째는 하늘의 때(天), 셋째는 땅의 이로움(地), 넷째는 장수의 역량(將), 다섯째는 규칙(法)이다. 도리란 백성이 윗사람과 뜻을 같이해 함께 죽을 수도 있고 살 수도 있는 위기를 두려워하지 않는 것이다."

여기서 말하는 도리는 병사와 장수가 생사를 넘나드는 위험을 두려워하지 않고 한마음으로 용기 있게 나아가는 것을 의미한다. 서로 단결해서 힘을 합하는 것이 전쟁에서 이기는 근본적인 핵심이다.

● 삼국시기(三國時期)의 적벽대전(赤壁大戰) 때 파죽지세로 남하한 조조(曹操)는 유비(劉備)의 군대를 남쪽으로 밀어내고 강을 사이에 둔 손권(孫權)을 위협해 투항하게 한 뒤 유비의 세력을 소멸하고자 했다. 강동(江東)의 손오(孫吳)가 진퇴양난의 상황에 처하자 투항을 주장하는 사람도 있었지만 주유(周瑜)는 그렇지 않았다. 제갈량(諸葛亮)도 직접 동오(東吳)로 와서 여러 유학자와 설전을 벌인 끝에 손권과 유비가 동맹을 맺어 조조에 대항하도록 설득했다.

유비와 손권 동맹군은 조조 진영이 대군이므로 지혜로 승리하는 수밖에 없음을 알고 있었다. 이들은 북쪽 사람은 말에 익숙하고 남쪽 사람은 배에 익숙하다는 데 착안해 수전(水戰)으로 대항할 궁리를 했다.

조조 역시 두 군대의 차이를 알고 있었다. 그런데 그는 자신의 군대가 기후와 풍토 문제로 고생하는 것 때문에 고심하다가 방통(龐統)의 연환계(連環計)를 잘못 믿고 쇠 끈으로 배를 하나로 묶었다. 풍랑 문제를 해결하는 데 몰두한 나머지 그 결점을 인식하지 못한 것이다.

배를 공격할 때는 가라앉히거나 불을 지르는 것이 효과적이었으므로 유비와 손권 연합군은 화공(火攻)을 선택했다. 한데 애석하게도 바람이 적절히 불지 않았고 오히려 연합군에게 불리할 수도 있었기에 그들은 인내하며 바람의 방향이 바뀌기를 기다렸다. 소설 『삼국연의(三國演義)』는 이 대목에서 "공명이 동풍을 불러일으켰다 (孔明借東風)"고 묘사하고 있다.

동풍이 불면서 연합군이 대대적인 공격을 가하자 조조의 배는 하룻밤 사이에 불타버렸고 조조는 크게 패해 황급히 북쪽으로 도망갔다. 유비와 손권의 연합군은 조조의 군사력에 비할 수 없었지만 이들은 한마음으로 단결하고 지혜를 발휘해 위기에서 벗어났다.

적벽 싸움은 조위(曹魏: 조비가 세운 삼국시대의 위나라), 손오, 촉한(蜀漢)이 천하를 셋으로 나누는 양상을 결정했다. 이후 세 나라는 때에 따라 합작 혹은 대항하면서 장기간 서로를 견제했다.

믿음이 계속되지 않으면 맹세는
아무 소용이 없다

011

君子曰: 苟信不繼, 盟無益也.
군 자 왈 : 구 신 불 계 , 맹 무 익 야 .

『詩』云: '君子屢盟, 亂是用¹長', 無信也.
『 시 』 운 :   ' 군 자 루 맹 , 난 시 용 ¹ 장 ', 무 신 야 .

—환공 12년

1 是用(시용): '是以'와 같아 '따라서', '이로 인해'라는 뜻이다.

▶ 덕이 많은 군자가 말했다. "만약 믿음이 계속되지 않으면 맹세는 아무 소용이 없다." 『시경』에서 말했다. "지도자가 자주 맹약을 하면 이로부터 난리가 일어나기도 한다." 이는 믿음이 없기 때문이다."

노환공 11년 정나라에서 왕위를 빼앗기 위한 투쟁이 벌어졌다. 이는 정장공 때까지 거슬러 올라가는데, 당시 총애를 받은 여러 첩이 난리의 원인이었다.

당초 정장공은 봉인(封人) 제중을 신임해 그에게 경대부의 소임을 맡겼다. 제중은 정장공에게 등만(鄧曼)을 시집보냈고 등만이 아들을 낳았으니 그가 공자홀(公子忽)이다. 정장공이 세상을 뜬 후, 제중은 공자홀을 임금으로 세웠는데 그가 바로 정소공(鄭昭公)이다. 그런데 송나라의 옹씨(雍氏)도 딸 옹길(雍姞)을 정장공에게 시집보냈고 그녀는 아들 공자돌(公子突)을 낳았다. 정장공이 죽자 송나라의 옹씨는 계략을 써서 제중을 가두고는 공자돌을 임금으로 세우도록 협박했다. 제중은 옹씨의 요구를 들어줄 수밖에 없었다. 이때 소공은 위나라로 도망쳤고 공자돌이 여공(厲公)으로 즉위했다. 이 때문에 정나라와 송나라가 서로 긴장 상태에 놓이고 말았다.

노환공 12년에 노환공이 중재자로 나서면서 노, 정, 송 세 나라가 회맹해 정나라와 송나라의 화해를 이끌었다. 매우 짧은 기간 동안 노나라와 송나라는 세 번이나 회맹했지만 결국 송나라는 약속을 깨버렸다. 그러자 노나라는 송나라의 배신을 징벌하기 위해 정나라와 동맹을 맺고 송나라를 공격했다.

위 문장에서 군자의 말은 노나라와 송나라가 여러 차례 맹세했지만 끝내 실패한 사건을 평한 것이다. 이는 둘 사이의 맹세를 단단히 지키는 데는 서약의 많고 적음이 아니라 상호간의 믿음이 중요하다는 것을 의미한다. 단 한 번만 맹세하더라도 믿음을 지키고 약속을 준수하면 나라와 나라 사이의 분쟁의 소지는 줄어든다. 반대로 약속을 지키려는 의지가 부족하면 여러 차례 맹세해 겉으로는 서로 편안한 듯 보여도 그 속에 난리의 근원이 남아 있게 마련이다.

역사를 사로잡은 명문장

● 유비, 관우(關羽), 장비(張飛)의 도원결의(桃園結義) 이후 원소(袁紹)를 맹주로 한 18로 제후가 동탁(董卓)을 토벌하는 내용에서 『삼국연의』는 서로 강력한 대조 관계를 보여준다. 유비, 관우, 장비의 맹세는 표면상으로는 '비록 임금과 신하(雖爲君臣)'의 관계지만 실제로는 '정이 형제와 같아(恩若兄弟)' 다음과 같은 맹세를 발표했다.

"같은 해 같은 달 같은 날에 태어날 수 없었지만 같은 해 같은 달 같은 날에 죽기를 바랍니다(不能同年同月同日生, 但願同年同月同日死)."

싸움에서 진 관우가 맥성(麥城)으로 피했다가 손오에게 잡혀 죽은 후, 유비는 장비와 함께 의형제의 정의를 위해 복수를 했다. 이처럼 시간이 지나도 소멸하지 않은 맹세의 효력은 세 사람의 성심성의를 충분히 보여주고 있다.

반면 동탁을 토벌한 18로 연맹은 매우 거대해 '여러 방향의 군마가 수량이 동일하지 않아 3만인 곳이 있고 2만인 곳도 있다. 각각 문관과 무장을 거느리고 낙양으로 들어갔다(諸路軍馬, 多少不等, 有三萬者, 有一二萬者, 各領文官武將, 投洛陽來).' 이들은 모두 '임금의 곁을 깨끗이 하고자(淸君側)' 동탁을 토벌하자는 호소에 성원하며 다음과 같이 맹세했다.

"불행히도 한 왕실의 기강이 실마리를 잃었다. 도둑 같은 신하 동탁이 분쟁을 틈타 제멋대로 해를 끼치니 화가 지극히 존경스러운 임금에게 미치고 그 잔혹함이 백성에게까지 퍼졌다. 원소 등은 사직의 상실을 두려워해 의병을 규합하고 나라의 어려움에 달려왔다. 나와 동맹을 맺은 모든 이는 마음을 하나로 하고 힘을 합쳐 신하의 절개를 다하며 반드시 두 마음을 먹지 않는다. 만약 이 맹세를 어기면 그 생명을 떨어뜨리고 이후 자손이 없게 할 것이다. 하늘과 땅과 조종의 여러 혼령이 모두 살펴보리라(漢室不幸, 皇綱失統. 賊臣董卓, 乘釁縱害, 禍加至尊, 虐流百姓. 紹等懼社稷淪喪, 糾合義兵, 並赴國難. 凡我同盟, 齊心戮力, 以致臣節, 必無二志. 有渝此盟, 俾墜其命, 無克遺育. 皇天后土, 祖宗明靈, 實皆鑒之)!"

그러나 이어지는 전투에서 각로의 제후는 모두 사심을 드러냈고 계산도 끊이지 않았다. 예를 들어 원소가 손견(孫堅)을 보내 동탁과 싸울 때 동맹군 중 제북상(濟北相) 포신(鮑信)이 손견을 협박해 첫번째 공을 빼앗았다. 이때 그는 일 처리 순서를 듣지 않고 몰래 부하를 편성해 여포(呂布)와 싸우게 해서 패배를 당했다. 손견이 식량과 건초를 필요로 했을 때 원술(袁術)은 참언을 믿고 손견이 공을 세우지 못하도록 식량과 건초를 주지 않아 손견이 패하게 했다. 그리고 옥새(玉璽)를 발견한 손견이 이를 독점하려 하자 동맹군 내부에서 분쟁이 일어났고 끝내 와해되고 말았다. 이는 '만약 믿음이 계속되지 않으면 맹세는 아무 소용이 없다(苟信不繼, 盟無益也)'는 것을 증명한다.

먼저 백성을 보호한 뒤 보고하라

012

夏, 及齊師戰于奚, 疆事也, 於是齊人侵魯疆,
하, 급제사전우해, 강사야, 어시제인침로강,

疆吏來告.
강리래고.

公曰: 疆場[1]之事, 愼守其一, 而備其不虞[2].
공왈: 강역[1]지사, 신수기일, 이비기불우[2].

姑盡所備焉, 事至而戰, 又何謁[3]焉.
고진소비언, 사지이전, 우하알[3]언.

— 환공17년

---

1 場(역): 국경 지역의 경계
2 不虞(불우): 생각지 못한 의외의 사건
3 謁(알): 보고하다.

▶ 여름에 노나라와 제나라가 해(奚) 지방에서 전쟁을 벌였다. 이는 두 나라가 국경에서 벌인 전쟁이다. 주로 제나라 사람들이 노나라 국경을 침범했고 노나라 변경의 관원이 그것을 노환공에게 보고했다. 노환공이 말했다. "변경을 지키려면 꼭 필요한 방위공사를 신중하게 잘하는 동시에 다른 나라의 갑작스런 침략도 막아내야 한다. 모든 것이 준비되었다면 지금 제나라의 침략을 막고 나아가 싸우면 된다. 이는 그대의 본분인데 어찌 일일이 와서 보고한단 말인가?"

노환공 17년, 제나라 군대가 일부러 노나라 국경을 침범했다. 갑작스런 침범에 어떻게 대처해야 할지 몰랐던 국경의 관리는 그 사실을 노환공에게 알렸다. 노환공은 그 관리가 자신의 직책과 본분에 익숙하지 못함을 보고 엄중히 꾸짖었다.

"그대의 직분에는 임금의 부분적인 권위와 자주권, 명령권을 갖고 문제가 생기면 스스로 판단해 행사할 권력이 있다. 지금 제나라가 침범한 사안은 매우 중대하니 마지막에는 반드시 임금이 알도록 보고해야 한다. 그러나 국경에서 가장 중요한 것은 적에게 대항하는 일이다. 국경을 지키는 목적이 국경 내 백성의 안전보장에 있으므로 먼저 백성을 보호한 뒤 보고하는 것이 일을 정확히 집행하는 방식이다."

『좌전』은 두 나라 사이에 벌어진 전쟁 자체는 기록하지 않고 노나라 임금과 신하 사이의 응대만 기록하고 있다. 이 점에서 『좌전』은 전쟁 중에 백성을 보호하는, 즉 '백성을 우선시하는' 사상을 드러낸다.

● '꼭 필요한 방위공사를 신중하게 잘하는 동시에 다른 나라의 갑작스런 침략도 막아 내야 한다'의 중심 요지는 관리는 자신의 직분을 잘 알아야 한다는 것이다. 『삼국연의』에도 이와 관련된 사례가 나온다.

공명의 건의를 들은 유비는 서쪽에 있는 익주(益州)의 발전에 힘쓰고, 동쪽의 형주(荊州)는 관우에게 맡겼다. 손권이 유비에게 형주를 돌려달라고 여러 차례 요청해 몇 번의 교섭이 있었지만 별다른 소득이 없자 노숙(魯肅)이 손권에게 계책을 올렸다.

"지금 육구(陸口)에 군대를 주둔시키고 사람을 보내 관운장(關雲長)이 모임에 참석하도록 요청하십시오. 만약 운장이 오면 좋은 말로 설득하되 그가 따르지 않을 경우 숨겨놓은 도부수(刀斧手)로 그를 죽이십시오. 그가 오지 않으면 군대를 동원해 형주를 빼앗으면 됩니다."

이 계책이 그 유명한 '단도회(單刀會)'다. 이때 노숙의 의도를 알지 못한 관우는 흔쾌히 모임에 참석하겠다고 답했다. 복병을 숨겨놓고 관우를 만난 노숙은 형주를 포기하고 동오에 돌려달라고 요구했다. 그는 관우를 이치로 설득하고 정으로 움직이기 위해 다음과 같이 설명했다.

"당초 형주는 유비가 정착할 수 있도록 빌려준 것인데 지금 유비는 익주를 가졌으니 이치상 돌려주어야 한다."

관우 역시 준비한 것이 있었다. 노숙이 마음대로 따지게 한 뒤 그는 이번 모임은 친구 사이에 차를 마시기 위한 것이라고 하면서 노숙이 형주를 돌려달라고 할 때마다 "국가의 큰 일" 혹은 "적벽에서 조조를 물리칠 때 유비 또한 공이 있었다" 등으로 대꾸했다.

양쪽이 서로 양보하지 않자 주창(周倉)이 형주는 덕이 있는 사람이 갖는 것이지 손오에 속하는 것이 아니라고 말했다. 관우가 주창을 물러나게 하는 척하자 주창은 상황을 보고 몰래 관평(關平)에게 배를 몰고 강가로 오라고 했다. 관우는 시간이 가면 양쪽이 싸움을 시작할 것이라고 예측했다. 이때 관우는 노숙의 손을 잡고 취한 척하며 돌아가고자 했다. 그가 강변에 도착했음에도 노숙이 배치해둔 복병은 관우를 포위했다가는 노숙까지 상할까 염려되어 경솔하게 행동하지 못했다. 결국 관우는 쉽게 형주로 되돌아갔다.

단도회는 관우의 용맹함을 묘사하는 한편 그가 임금의 명에 따라 반드시 형주를 지켜야 한다는 것을 알고 있음을 나타내고 있다. 만약 관우가 그 연회에 가지 않았다면 첫째 명성에 흠집이 났을 것이고, 둘째 둘 사이에 전쟁이 벌어졌을 것이다. 관우는 계책으로 노숙을 물리침으로써 국경을 지키는 관리의 직책과 능력을 드러냈다.

예의규범을 어기면 반드시 해가 따른다

013

女有家, 男有室, 無相瀆[1]也, 謂之有禮.
여 유 가 , 남 유 실 , 무 상 독 [1] 야 , 위 지 유 례 .

易[2]此, 必敗.
역 [2] 차 , 필 패 .

—환공 18년

1 瀆(독): 거만하다. 불경하다.
2 易(역): 바꾸다. 어기다.

▶ 남녀가 결혼한 후에는 여자에겐 남편이 있고 남자에겐 아내가 있으니, 부부에겐 각자의 역할이 있어 서로 넘어설 수 없다. 이것이 예의 있는 행동이다. 만약 이러한 예의규범을 어기면 반드시 해가 따를 것이다.

노환공 18년, 제나라와 동맹을 맺고자 한 노환공은 부인 강씨(姜氏)와 함께 가자고 했다. 그런데 출발 전에 노나라 대부 신수가 반대했다. 남녀가 결혼한 후에는 신분이 다르므로 반드시 그에 맞는 예절을 지켜야 한다고 본 그는 다음과 같이 말했다.

"여자에게는 남편이 있고 남자에게는 아내가 있으니 서로 넘어설 수 없습니다."

임금이 동맹을 맺으러 가는 길에 아내가 따라가는 것은 예의에 비춰 본래 불가능한 일이 아니다. 신수가 반대한 점은 부인이 함께 갔을 때 그녀가 인륜 관계상 당황스런 행위를 하지 않아야 함을 완곡히 말한 것이다. 여기에는 그럴 만한 사정이 있다.

강씨는 제나라 임금의 동생으로 노나라 임금과 결혼했다. 신수가 노환공을 만류한 까닭은 강씨가 출가하기 전 제나라 임금과 근친상간을 했음을 알고 있었기 때문이다. 신수는 일단 강씨가 제나라로 가면 제양공(齊襄公)과 또 법도에 어긋나는 행위를 할 수 있고 이는 맹약에 좋지 않을 뿐 아니라 두 나라의 관계에도 영향을 줄 거라고 판단했다.

그런데 노환공은 신수의 의견을 따르지 않고 강씨와 함께 가서 제양공과 동맹을 맺었다. 그 모임에서 강씨와 제양공은 법도에 어긋나는 행위를 했고 노환공은 그 일을 알고 크게 화를 내면서 강씨를 질책했다. 강씨는 자신의 안전도 걱정스럽고 마음에서 분노도 일어나 노환공의 질책을 제양공에게 알렸다.

제양공은 자신과 불륜을 저지른 동생을 아끼는 한편 사건이 크게 번져 수습이 불가능해질 것을 걱정했다. 그는 노환공을 연회에 초대한 뒤 공자 팽생(彭生)을 보내 수레를 따라 노환공을 호위하게 했다. 그런데 뜻밖에도 노환공은 수레 위에서 죽고 말았다. 사마천(司馬遷)은 노환공이 수레 위에 있을 때 공자 팽생이 그를 목 졸라 죽였다고 기록하고 있다.

제나라와 노나라는 본래 우호조약을 체결하려 했지만 그 결과는 비극으로 끝나고 말았다. 노환공은 조약을 체결하지 못한 채 비명횡사했다. 신수는 이런 결과를 일찌감치 예측해 이렇게 말한 것이다.

"이러한 예의규범을 어기면 반드시 해가 따를 것입니다."

역사를 사로잡은 명문장

● 오래된 중국 민요 중에 이런 것이 있다.

"내게 둥지가 있고 네게는 움집이 있는데 쓸데없이 오랫동안 알고 지낼 필요가 있는가?(我已有巢, 你已有窩, 何必空談長相守?)"

누군들 젊을 때 사랑에 미치지 않겠는가? 그러나 일단 남녀가 결혼한 후에는 그 어떤 맹렬한 파도도 평화로운 호수처럼 바꿔야 한다. 이것이 '여자에겐 남편이 있고 남자에겐 아내가 있으니 서로 넘어설 수 없고 이를 예의라고 한다(女有家, 男有室, 無相瀆也, 謂之有禮)'는 말의 의미다.

'예'는 일종의 사회질서로 사람과 사람 사이의 절도와 법칙을 말한다. 『예기』 「예운(禮運)」에서 묘사한 대동(大同) 사회에서도 '남자는 직위를 갖고 여자는 결혼한다(男有分, 女有歸)', 즉 남자에게는 직위가 있고 여자에게는 남편이 있다고 제시한다. 각자 자신의 법도에 맞춰 살면 사회는 질서 정연하게 유지된다.

그런데 남자에게는 아내가 있고 여자에게는 남편이 있어도 '서로 넘어서는' 상황이 적지 않아 그 이야기가 중국의 역사와 문학에 숱하게 등장한다. 그 대표적인 예가 고사성어 '폐월수화(閉月羞花)'다. 폐월은 나관중(羅貫中)이 쓴 『삼국연의』의 초선(貂蟬)을 가리킨다. 초선은 남자가 여자를 좋아한다는 점을 이용해 동탁과 여포 사이를 왔다 갔다 하면서 본래 서로를 아버지와 아들로 부르던 두 사람이 원수처럼 싸우게 했고 결국 여포는 동탁을 죽였다.

또 다른 '수화'는 양옥환(楊玉環: 양귀비로 더 유명하다)으로 그녀는 본래 당현종(唐玄宗)의 며느리였다. 현종은 그녀를 출가(出家)시켰다가 다시 환속하게 해 귀비로 삼았는데, 현종이 그녀에게 푹 빠지면서 양씨 일가의 기세가 등등해졌고 끝내 안사(安史)의 난이 일어나는 원인을 제공했다. 양옥환도 백거이(白居易)의 「장한가(長恨歌)」에서 장탄식으로 남았을 뿐이다.●

"임금을 호위하는 군대가 일어나지 않으니 어찌할 것인가? 둥근 눈썹 말 앞에서 죽는구나(六軍不發布奈何, 宛轉蛾眉馬前死)."

● 본서 46편(198쪽) 참조

한 나라의 정치가 두 군데에서 나오면 반드시 난리가 일어난다

014

辛伯諫曰: 並后, 匹¹嫡, 兩政, 耦²國, 亂之本也.
신 백 간 왈 : 병 후, 필¹적, 양 정, 우²국, 난 지 본 야.

—환공 18년

---

1 匹(필): '실력이 비슷한'의 뜻이다.
2 耦(우): '偶(우)'와 같다. '두 개'라는 뜻이다.

▶ 신백(辛伯)이 말리면서 말했다. "첩의 지위를 황후와 동일하게 논의하고 서자의 권세가 적장자와 같으며, 정권을 장악한 경사가 두 명 있고 큰 성의 규모가 수도에 필적하면 이는 모두 난리가 일어날 근본 원인이다!"

동주(東周)의 환왕에게는 두 아들이 있는데 첫째는 타(佗)고 둘째 극(克)이다. 노환공 15년 3월 주환왕이 죽자, 주나라의 종법제도에 따라 첫째 타가 왕위를 이었으니 그가 바로 주장왕(周莊王)이다. 그런데 주장왕이 왕위를 이은 지 3년 만에 동주 왕실에 정치적 배신이 발생했다.

사건의 발단은 주환왕이 다스리던 시절로 거슬러 올라간다. 둘째 아들을 지극히 아낀 주환왕은 주공(周公) 흑견(黑肩)에게 극을 보좌해달라고 특별히 부탁했다. 하지만 주나라 예제(禮制)에 따르면 큰아들은 왕위를 이을 준비를 해야 하는 인물이라 반드시 다른 형제들보다 존중받아야 한다. 환왕의 이 조치는 확실히 예제에 합치하지 않았다.

주환왕이 죽자 둘째아들 극은 주공 흑견의 세력을 업고 정변을 일으켜 스스로 왕이 되고자 했다. 주나라의 대부 신백은 이러한 상황을 이미 다 파악하고 있었다. 그가 곧바로 주장왕에게 보고하자 주장왕은 주공 흑견을 죽이라고 명령했다. 둘째아들 극은 연(燕) 지방으로 도망갔다.

극의 모반은 옳지 않다. 더불어 주공 흑견에게도 보좌하는 사람으로서 극의 언행을 올바른 방향으로 이끌지 못한 책임이 있다. 주환왕이 둘째아들 극을 주공 흑견에게 부탁할 때 신백은 흑견에게 다음과 같은 말을 했었다.

"한 나라의 정치가 두 군데에서 나오면 반드시 난리가 일어난다. 정권을 빼앗을 야심 때문에 스스로 해를 당할 일을 해서는 절대 안 된다."

주공 흑견은 신백의 권고를 받아들이지 않았다. 그는 결국 주왕실의 권력 쟁탈전 중에 죽임을 당했다.

역사를 사로잡은 명문장

● 『좌전』에는 '필적(匹敵)' 사건의 예로 동주 왕자대(王子帶)의 난, 제나라 제무지(齊無知)의 난, 진(晉)나라 장백(莊伯)의 난, 위나라 주우의 난 등을 기록하고 있다. 이 중 제나라 무지의 난은 노장공 8년과 9년 사이에 발생했다. 공손무지(公孫無知)는 제양공의 아버지 희공(僖公) 동생의 아들이다. 희공이 제위에 있을 때 공손무지는 큰아버지인 희공에게 신임을 얻어 의복과 제례가 적장자와 다르지 않았다. 당시 적장자였던 양공은 이 점을 매우 서운해했다.

양공은 즉위하자마자 곧바로 명령을 내려 공손무지에게 주어졌던 예우를 낮췄다. 이 때문에 공손무지는 불만을 품었고 제양공에게 서운한 감정이 있던 몇몇 사람이 그에게 달라붙어 난리를 일으키려 했다.

어느 겨울날 제양공이 밖으로 나갔는데 길에서 갑자기 멧돼지 한 마리가 그에게 뛰어들었다. 수행자가 말했다.

"이는 공자 팽생의 혼령이 나타난 것입니다!"(팽생은 제양공의 여동생 문강[文姜]을 위해 노환공을 목 졸라 죽인 후 제양공에게 살해당했다.)

양공이 화를 내며 말했다.

"팽생, 너는 무엇을 믿고 감히 내게 오는가!"

그때 화살을 쏘자 멧돼지가 두려워하며 사람처럼 앞발을 들고 우는 소리를 냈다. 멧돼지의 행동에 두려움을 느낀 양공은 수레 위에서 떨어져 다리를 다쳤고 신발도 잃어버렸다. 궁에 돌아온 후 양공은 시종인 비(費)를 질책하며 그에게 신발을 찾아

오라고 했다. 그러나 신발이 어디로 갔는지 알 수 없었다. 매질을 당한 시종 비는 살갗이 터지고 피가 흘렀다.

궁을 나온 비는 공손무지의 반당(叛黨)에게 붙잡혀 추궁을 당했다. 그는 양공을 도울 마음이 없음을 증명하고자 자신이 매를 맞은 일을 이야기해 신임을 얻었고, 길을 안내하겠다며 반당을 이끌고 궁으로 들어갔다. 사실 비는 양공을 탈출시킬 계획이었다. 궁으로 들어간 비는 양공에게 반란이 일어났음을 알린 뒤 그가 숨도록 도운 다음 궁을 나가 반란을 일으킨 사람들과 싸우다가 죽었다.

이윽고 반란을 일으킨 사람들이 양공이 머무는 방에 들어와 침상 위에 어떤 사람이 누워 있는 것을 보고 곧바로 죽였다. 하지만 그가 양공이 아니라고 의심한 반군(叛軍)은 사방으로 양공을 찾아다녔다. 다리를 다쳐 잘 숨지 못한 양공은 결국 죽임을 당했다. 이후 공손무지는 제나라의 임금이 되었다.

나무에 뿌리와 가지가 있어야
오래 수명을 유지할 수 있다

015

夫能固位者, 必度於本末, 而後立衷¹焉.
부 능 고 위 자, 필 탁 어 본 말, 이 후 립 충¹ 언.

不知其本, 不謀; 知本之不枝, 弗强².
부 지 기 본, 불 모; 지 본 지 부 지, 불 강².

『詩』云: 本枝百世.
『시』운: 본 지 백 세.

—장공(莊公) 6년

1 衷(충): 적절하다.
2 强(강): '억지로'의 뜻이다.

73

▸ 임금의 지위를 단단하게 할 사람을 선택할 때는 반드시 그에게 근본을 갖출 재능이 있는지, 여러 세대에 걸쳐 전달할 수 있을지 자세히 살펴야 한다. 만약 그가 재능을 갖추지 못했다면 그를 추천하지 않는다. 그가 재능을 갖췄지만 오랜 세대에게 제위를 전달해주는 데 보좌하는 인재가 없다면 또한 그를 억지로 추천할 수 없다. 이에 대해 『시경』 「대아·문왕(文王)」에서 다음과 같이 말하고 있다. "나무에는 뿌리와 가지가 있어야 오랜 세월 수명을 유지할 수 있다."

노환공 16년, 위나라에서 정권을 두고 공자들이 다투는 인륜적 비극이 일어났다. 위선공(衛宣公)은 위장공의 아들로 아버지의 첩인 이강(夷姜)과의 부적절한 관계로 급자(急子)를 낳았다. 위선공은 우공자(右公子)에게 공자 급자를 보좌해달라고 부탁했다. 공자 급자가 결혼 적령기에 접어들자 위선공은 그를 제나라 여자와 결혼시키려 했다.

그런데 위선공 자신이 제나라 여자 선강(宣姜)의 미모에 빠져 그녀를 취한 뒤 공자 수(壽)와 삭(朔)을 낳았다. 위선공은 좌공자(左公子)에게 공자 수를 보좌하도록 부탁했다. 미인을 탐하는 위선공의 불륜 행위를 본 이강은 스스로 목을 매 자살했다. 본래 위나라 임금 자리를 이어받을 사람은 이강이 낳은 공자 급자지만 이강이 죽자 공자 삭과 그 모친 선강은 공자 급자를 살해하고 계승권을 빼앗으려 했다.

어느 날 위선공이 급자를 제나라의 사신으로 보내자 공자 삭은 도적들을 매수해 신(莘) 지방에서 공자 급자를 살해하라고 지시했다. 이 음모를 간파한 공자 수는 공자 급자에게 빨리 도망쳐서 화를 피하라고 알렸다. 그러나 공자 급자는 임금인 아버지의 명령을 어길 수 없다는 이유로 완곡히 거절했다.

형이 살해당하는 것을 볼 수 없었던 공자 수는 전별행사를 틈타 형에게 술을 많이 권한 뒤 그가 명을 받들고 가는 깃발을 빼앗아 길을 떠났다. 도중에 과연 도적들이 나타났고 그들은 깃발을 보고 수레 안에 있던 공자 수를 죽였다. 공자 급자는 술에서 깨어나 깃발을 찾다가 동생이 이미 자신을 대신해 죽었음을 알았다. 그는 슬픈 마음에 자신이 진짜 공자 급자임을 밝혔고 도적들은 그마저도 죽이고 말았다.

이 사건이 위나라에 전해지자 급자와 수를 보좌하던 좌우 공자들은 그들을 불쌍히 여겨 공자 검모(黔牟)를 위나라 임금으로 세웠다. 공자 삭은 임금 자리를 빼앗으려고 벌인 사건이 실패로 돌아가자 제나라로 도망갔다. 하지만 그대로 포기하지 않은 공자 삭은 노장공 6년에 여러 제후의 도움을 받아 공자 검모를 쫓아내고 나머지 형제들을 죽인 후 위나라 임금이 되었다. 그가 바로 위혜공(衛惠公)이다.

이 구절에서 『좌전』은 『시경』 「대아·문왕」의 시 구절을 인용했다.

"문왕의 자손은 뿌리와 가지를 잘 갖춰 오랜 시간 이어져왔다(文王孫子, 本枝百世)."

『시경』에서는 본래 주문왕(周文王)의 공로가 높아 후손들이 그 덕을 받아 윤택하게 되었음을 찬양한 것이다. 『좌전』에서는 좌우 공자가 공자 검모를 임금으로 세운 것은 뿌리는 있지만 가지가 없어 주문왕처럼 오랫동안 제위를 전해주지 못했다고 논한다.

역사를 사로잡은 명문장

- 만년에 척부인(戚夫人)을 총애한 한고조(漢高祖)는 척부인의 아이 유여의(劉如意)를 편애해 태자 유영(劉盈)을 폐위하고 유여의를 세우려고 했다. 고조 12년, 오랫동안 병을 앓아온 그는 군대를 이끌고 경포(黥布)를 공격했는데, 병이 더 심해지면서

더욱더 빨리 태자를 바꾸려 했다. 장량(張良)이 간곡히 만류했지만 그는 받아들이지 않았다. 태자태부(太子太傅) 숙손통(叔孫通)도 과거에 태자 자리를 두고 나라에 난리가 난 사례를 들면서 그만두기를 권했으나 한고조는 들은 척도 하지 않았다.

마음이 조급해진 태자의 모친 여후는 장량과 계책을 세웠다. 그들은 연회 중에 태자 유영이 고조를 모시도록 하고는 진말(秦末)의 은사(隱士)인 '상산사호(商山四皓)'에게 태자의 빈객(賓客) 신분으로 자리에 나와줄 것을 청했다.

연회 중에 고조는 태자의 빈객으로 머리가 허연 네 명의 노인이 온 것을 보았다. 이를 이상하게 생각한 그는 그들에게 누구인지 물었고 노인들은 각자의 이름을 말했다. 그들은 본래 덕이 높고 여러 사람에게 명망이 높은 현인으로 동원공(東園公), 녹리선생(甪里先生), 의리계(綺里季), 하황공(夏黃公)이었다. 고조는 매우 놀라며 말했다.

"내가 그대들이 국가를 위해 힘쓰기를 바라며 내내 찾았는데 오랫동안 소식을 들을 수가 없었소. 그대들은 어떻게 내 아들과 여기에서 교유하고 있는지요?"

네 명의 현인이 일어나서 대답했다.

"황상께서는 지식인들을 경멸하고 욕보였기에 우리는 욕먹고 싶지 않아 은거했습니다. 하지만 지금의 태자는 효자에다 사람을 아끼고 사랑할 줄 알며 지식인을 예를 갖춰 존경한다는 말을 들었습니다. 천하의 지식인들은 황상의 자제가 곤란한 상황에 놓이는 것을 바라지 않습니다. 그 마음은 우리도 예외가 아닙니다."

그 말을 듣자마자 한고조 유방(劉邦)은 네 명의 현인에게 말했다.

"앞으로 그대들이 이 아이를 가르치고 보호하는 데 수고를 해야겠습니다."

이후 고조는 다른 태자를 세우고자 했던 생각을 거둬들였다. 그가 척부인에게 말했다.

"나는 본래 유영을 폐하고 여의를 세우고자 했소. 그런데 네 명의 현인이 유영을 보좌하겠다는 것을 보고 유영에게 임금이 될 능력이 충분함을 보았소. 나는 그를 폐할 수 없소이다."

이 일화는 『사기』 「유후세가(留侯世家)」에 나오는데 그 핵심은 장량이 계략을 세워 고조를 설득한 데 있다. 현인의 보좌를 받는 것은 큰 나무가 뿌리와 가지를 모두 잘 갖춘 것이나 마찬가지다. 결국 고조는 태자에게 임금이 될 자질이 충분하다고 믿었다.

일의 성공은 마음과 힘을 집중하는 데 달려 있다

016

夫戰, 勇氣也. 一鼓作氣, 再¹而衰², 三而竭³.
부 전, 용 기 야. 일 고 작 기, 재 ¹ 이 쇠 ², 삼 이 갈 ³.

彼竭我盈⁴, 故克之.
피 갈 아 영 ⁴, 고 극 지.

—장공 10년

1 再(재): 두번째 북을 치는 것이다.
2 衰(쇠): 감퇴하다.
3 竭(갈): 다하다.

▶ 전쟁은 병사들이 적을 죽이고자 하는 용기와 관련이 있다. 첫번째 북소리가 울릴 때는 기세가 대단하다. 두번째 북소리가 울릴 때는 기세가 줄어든다. 세번째 북소리가 울릴 때는 기세가 다한다. 적군의 기세가 다할 즈음 우리 군대는 기세가 대단할 때다. 그러므로 이길 수 있다.

이 고사는 제나라가 노나라를 침략했다가 결국 패한 장작(長勺) 전투에서 비롯되었다. 당시 제나라 세력은 강대했고 노나라 세력은 약했지만 노나라 임금은 '모수자천(毛遂自薦)' 고사처럼 스스로 자신을 추천한 조귀(曹劌)의 건의를 받아들여 이 전쟁에서 손쉽게 승리했다.

노장공을 만난 조귀는 노나라가 어떤 승리 조건을 갖추고 있는지 물었다. 노장공은 자랑스러운 표정으로 대답했다.

"나는 의식(衣食) 등 재물을 혼자 취하지 않고 반드시 다른 사람들과 나눕니다. 그러므로 우리 백성은 노나라를 위해 싸울 겁니다."

조귀가 반박했다.

"만약 의식 등 재물뿐이라면 그것을 나눠받는 사람은 많지 않으므로 백성이 임금의 은택을 느끼지 못할 것입니다. 그러니 그들이 반드시 목숨 바쳐 싸울 거라고 볼 수 없습니다."

노장공이 또 말했다.

"나는 제사를 지낼 때 규정에 따라 희생물과 제기 등을 마련하고 도를 넘지 않으며 정성스런 마음으로 임합니다."

조귀가 대답했다.

"단지 제사를 지낼 때만 정성을 기울인다면 귀신마저 임금을 돕지 않을 것입니다."

노장공이 말했다.

"나라 안의 크고 작은 안건을 매 건마다 세세하게 조사할 수는 없지만 실정에 근거하여 사건을 판단합니다."

조귀가 대답했다.

"그렇다면 백성은 임금께서 애쓰시는 것에 감동받을 것이고 나라에 충성할 것입니다. 충분히 군대를 일으켜 제나라와 싸울 만합니다. 우리 또한 임금을 따라 전투에 나서고자 합니다."

싸움터에 도착해 노장공이 곧바로 북을 두드려 나아가려 하자 조귀가 말렸다. 그리고 제나라 군대가 세 번 북을 칠 때까지 기다렸다가 조귀가 노장공에게 말했다.

"싸울 만합니다!"

그때 노나라 군대는 북을 울렸고 순조롭게 나아가 제나라 군대를 물리쳤다.

이것이 『좌전』에서 매우 유명한 「조귀론전(曹劌論戰)」이다. 조귀는 첫번째 북소리와 세번째 북소리를 듣고 두 나라 군대의 사기에 어떤 차이가 있는지 살폈다. 심리적 측면에서 말하자면 제나라 군대는 세 번째 북소리 이후 비로소 노나라 군대와 싸웠다. 이때 제나라 군사들은 초조감과 의심에 사로잡혀 있었기에 기세 측면에서 한 수 떨어졌다. 반대로 노나라 군대는 북이 처음 울렸을 때 곧바로 제나라 군대와 싸웠다. 즉, 적을 무찌르겠다는 의지를 집중함으로써 기세가 제나라 군대보다 왕성했다.

이 구절은 제나라와 노나라의 전투 상황을 통해 일의 성공 여부는 마음과 힘을 집중하는 데 달려 있음을 보여준다. 즉, 일단 마음이 흐트러지거나 나태해지면 용두사미(龍頭蛇尾)라는 병폐가 나타나 목표를 이루기가 어렵다는 점을 설명한다.

역사를 사로잡은 명문장

● 『손자병법』 「군쟁(軍爭)」에는 이런 구절이 나온다.

"삼군(三軍)의 기세를 빼앗을 수 있고 장군(將軍)의 마음도 빼앗을 수 있다. 아침에는 기운이 날카롭고, 낮에는 기운이 게으르고, 저녁에는 기운이 되돌아간다. 따라서 군대를 잘 부리는 사람은 날카로운 기운을 피하고, 게으르고 되돌아가려는 기운일 때 공격한다. 이것이 기운을 다스리는 것이다(三軍可奪氣, 將軍可奪心. 是故朝氣銳, 晝氣惰, 暮氣歸. 故善用兵者, 避其銳氣, 擊其惰歸, 此治氣者也)."

이 말의 의미는 다음과 같다.

삼군이라는 거대한 군대의 기세와 장군의 마음은 빼앗을 수 있다. 첫날 전쟁이 벌어지면 기운이 매우 왕성하고 예리하지만 그 이후에는 점점 쇠약해진다. 병법을 잘 다루는 사람은 상대방의 날카로운 기운을 피하고 점점 약해져 나태한 기운이나 돌아가고자 하는 기운일 때 공격한다. 이것이 사기를 장악하는 핵심이다.

비교하면 조귀의 "첫번째 북소리에 기운이 올라온다(一鼓作氣)"는 '날카로운 기운(銳氣)', "두번째 북소리에 기운이 약해진다(再而衰)"는 '나태한 기운(惰氣)', "세번째 북소리에 기운이 다한다(三而竭)"는 '저녁때의 기운(暮氣)'을 가리킨다. 조귀는 병법에서 상대편의 날카로운 기운을 피하고 자기편 군대의 사기를 교묘하게 운용해 기선을 제압함으로써 승리를 거뒀다.

● 『원사(元史)』 「악존열전(岳存列傳)」에는 몽골제국의 장군 악존이 '일고작기(一鼓作氣)'로 금(金) 나라 군대와 싸워 이긴 역사가 나온다.

금나라 말, 몽골제국은 종종 군대를 이끌고 금나라를 공격했는데 당시 많은 한족이 군대를 양성해 스스로를 보호했다. 몽골인은 장기적인 통치를 위해 이들에게 투항을 권했고 금나라와 남송(南宋)의 군사력은 갈수록 쇠퇴했다. 악존은 당시 몽골에 투항한 동평(東平)군의 수령 엄실(嚴實)의 수하 부장(部將)이다.

어느 날 악존의 군대가 개주(開州)를 거쳐 남쪽으로 내려가다가 금나라 장군 장개(張開)의 부대와 맞닥뜨렸다. 금나라군은 병력이 1만여 명으로 기세가 드높았지만 악존의 군대는 기껏해야 기병 200명, 보병 300명이 전부였다. 군세의 차이가 매우 크자 악존은 직접적인 싸움을 피하고 묘안을 짜내야 한다는 것을 알았다. 부대를 이끌고 근처의 숲속으로 들어간 그는 매복한 뒤 모든 군사에게 알렸다.

"우리 편 병력은 적고 적의 병력은 많다. 모두들 경거망동하지 말고 내가 북을 치는 소리에 맞춰 행동하라!"

악존은 기병을 앞에 두고 그 뒤에 보병을 두는 진영을 짜고는 숲속에 매복하고 있었다. 금나라군이 점점 다가왔지만 악존은 끝까지 기다렸다. 그리고 그들이 약 2천 걸음 떨어진 곳에 도달했을 때 북을 울려 작전을 개시했다. 갑자기 북소리가 크게 울리자 사방에 매복해 있던 기병과 보병이 순식간에 튀어나왔고 무방비 상태였던 금나라군은 도망치기에 바빴다. 그렇게 악존은 첫번째 북소리의 기세로 한 명의 군사도 잃지 않고 전투에서 승리했다.

요괴가 나타나는 이유는 사람에게 있다

017

妖由人興也. 人無釁[1]焉, 妖不自作[2].
요유인흥야. 인무흔[1]언, 요부자작[2].

人棄常, 則妖興, 故有妖.
인기상, 즉요흥, 고유요.

— 장공 14년

---

1 釁(흔): '과실', '죄과'의 뜻이다.
2 作(작): 일어나다.

> 요괴가 나타나는 이유는 사람에게 있다. 사람에게 어떠한 과실도 없는데 요괴가 스스로 생길 수는 없다. 사람이 일상적인 법칙에서 벗어나면 요괴가 나타난다. 이 때문에 요괴가 있다고 하는 것이다.

노장공 14년, 장공이 대부 신수에게 세상에 요괴가 존재하는지 물었다. 노장공이 이렇게 물은 까닭은 6년 전 정나라에서 발생한 짧은 사건과 관련이 있다.

당시 정나라 남문에서 두 마리 뱀이 서로 싸우는 광경이 벌어졌다. 한데 그중 한 마리는 문 안쪽에서 싸우고 다른 한 마리는 문밖에서 싸우다 끝내 문 안쪽의 뱀이 죽고 말았다. 사실 그것은 단순한 뱀 싸움에 불과했다. 그런데 당시 정나라 임금의 지위가 불안정했고 외국에 도망가 있던 정여공(鄭厲公)이 정나라로 돌아와 임금이 된 것이 밖에 있던 뱀이 안에 있던 뱀을 죽인 결말과 딱 들어맞았던 터라 노장공이 요괴의 존재 여부를 물은 것이다.

정나라의 왕위 쟁탈전은 환공(桓公) 11년으로 거슬러 올라간다. 그해에 중신 제중은 송나라의 압력을 받아 공자 돌을 임금 자리에 앉혔는데 그가 바로 정여공이다. 제중이 전권을 행사하자 정여공은 제중의 사위를 보내 그를 죽이려고 했다. 그런데 그 기밀이 제중의 딸에게 발각되면서 오히려 제중의 사위가 죽었고 정여공은 채(蔡)나라로 도망갔다. 이어 그 이전에 외국에 도망가 있던 정소공이 돌아와 정치를 담당했다.

정여공은 송, 위, 진(陳)나라 제후들의 지지에 힘입어 정나라를 공격했지만 실패했다. 노장공 14년에 정여공은 또다시 정나라를 공격했는데 이때 포로가 된 대부 부하(傅瑕)는 여공에게 교환 조건을 내세우며 풀어만 주면 그와 내통해 나라를 되찾도록 돕겠다고 했다. 이후 부하는 약속대로 당시의 정나라 임금을 죽이고 여공이 돌아와 즉위하도록 했다. 이것이 '밖의 뱀이 안의 뱀과 싸워 이겼다(外蛇戰勝內蛇)'에 비유된 일이다.

노장공의 질문에 신수는 귀신과 미신 등을 거론하지 않고 요괴가 생기거나 사라지는 것은 사람의 행동에서 비롯된다고 보았다. 사람의 행동이 일정한 도에 들어맞으면 요괴는 생기지 않지만, 그 반대의 경우에는 재난과 변란이 발생한다는 얘기다. 결국 '요괴는 사람으로 인해 나타난다(妖由人興)'고 할 수 있다.

사람이 잘못을 저지르는 것은 요괴보다 더 두려운 일로 이는 '가혹한 정치가 호랑이보다 무섭다(苛政猛於虎)'는 것과 일맥상통한다. 따라서 정치인은 정치가 백성의 요구에 부합하는지 세밀히 살피고 주의해야 한다. 그릇된 정치는 미신이나 귀신보다 더 두려운 일이기 때문이다.

역사를 사로잡은 명문장

● 청대의 유학자 기효람(紀曉嵐)은 『열미초당필기(閱微草堂筆記)』에서 "요괴는 사람으로 인해 나타난다(妖由人興)"를 여러 차례 인용해 이야기의 함축된 의미를 상세히 밝히고 있다. 「괴서잡지(槐西雜志)」에서는 아래와 같이 묘사하고 있다.

회진(淮鎮)에 저장고로 쓰는 다섯 칸짜리 빈 집이 있었는데 근처 꼬마들이 가끔 여기에서 장난치며 놀았다. 아이들을 쫓아내기 위해 어떤 사람이 문 위에 "여기에는 사람으로 변한 여우 호선(狐仙)이 살고 있으니 이 근처에서 놀지 마시오"라고 써 붙였다.

기이하게도 어느 날 자칭 호선이라는 요괴가 진짜로 거기에 와서 머물며 말했다.

"나는 문 위에 붙어 있는 글을 보고 여기에서 살게 되었습니다. 당연히 나는 뜰을 지키느라 바쁠 것입니다."

며칠 후 어떤 사람이 멋대로 뜰에 침입했다가 알 수 없는 곳에서 날아오는 벽돌과 기와의 공격을 받았다. 오랜 시간이 지나도 사람들은 그 근처에 얼씬도 하지 않았고 심지어 집주인도 감히 들어가지 못했다. 결국 집은 점점 폐가로 변했다가 무너졌고 호선도 종적이 묘연해졌다.

기효람은 다음과 같이 마무리 지었다.

"그러니 요괴는 사람으로 인해 나타난다고 할 수 있다!"

아이들이 와서 노는 것을 막고자 일부러 호선을 지어냈다가 진짜로 귀신을 끌어들여 집이 무너져버렸으니 이는 모두 사람이 스스로 만든 것이다.

한계를 넘어 일을 행하면
우환이 끊이지 않는다

018

十八年春, 虢公, 晉侯朝王, 王饗醴¹, 命之宥².
십 팔 년 춘. 괵 공. 진 후 조 왕. 왕 향 례¹. 명 지 유².

皆賜玉五瑴³, 馬三匹, 非禮也. 王命諸侯,
개 사 옥 오 각³. 마 삼 필. 비 례 야. 왕 명 제 후.

名位不同, 禮亦異數, 不以禮假人.
명 위 부 동. 예 역 이 수. 불 이 예 가 인.

—장공 18년

---

1 饗醴(향례): 성대하게 잔치를 열어 손님을 초청하는 것을 말한다. 사람들이 즐기도록
   베푸는 것을 가리킨다. '醴'는 단술이다.
2 宥(유): 여기서는 '侑(유)'와 통해 사람에게 음식을 권하는 것을 가리킨다.
3 瑴(각): '珏(각)'과 통한다. 쌍으로 된 옥이 각이다.

▶ 노장공 18년 봄, 괵공과 진후(晉侯)가 주왕에게 인사를 올렸다. 주왕은 잔치를 열어 괵공과 진후를 위로하며 선물을 내렸다. 주왕은 두 사람에게 똑같이 다섯 개의 쌍으로 된 옥과 세 필의 말을 내려주었는데, 이는 예의로 정한 제도를 위반한 행위다. 주왕이 제후에게 명령을 내릴 때 각자가 받아야 하는 작위가 동일하지 않다. 이에 따라 예의로 정한 제도에도 차이가 있으니 마음대로 예의 제도를 다른 사람에게 빌려 쓸 수 없다

노장공 18년 주혜왕(周惠王)은 괵공과 진후가 인사하러 오자 예의 제도에 맞춰 상을 내리면서 위로의 뜻을 전해야 했다. 이때 그는 잔치를 열어 두 사람을 초대했고 재화와 기물을 내렸다. 그런데 상을 받는 사람들의 작위가 서로 다르므로 상 또한 제도상 차이가 있어야 했지만 주왕은 똑같은 상을 내림으로써 예의 제도를 위반했다.

단지 기물의 종류와 수량의 차이뿐이지만 주나라 예의 제도에는 신분을 구별하는 기능이 있었다. 신분이 다르면 의무를 다해야 하는 직책에도 차이가 있고 얻는 상도 자연히 다르다. 한데 주혜왕은 제도를 위반했다. 이로 인해 작게는 가정의 인륜이 질서를 잃고, 크게는 임금 자리 찬탈(簒奪)이 일어날 수 있다. 이 때문에 『좌전』은 경계심을 갖도록 특별히 기록으로 남겨두었다.

이에 대해 남송의 대유(大儒) 여조겸(呂祖謙)은 다음과 같이 평했다.

"천하의 명분을 지키는 사람이 임금이다. 주혜왕은 자기 물건을 다른 사람에게 주는 것이라고 가볍게 생각해 괵공과 진후가 찾아왔을 때 옥과 말의 수를 같게 하고 그것을 늘리거나 줄이지 않았다. 하늘에는 질서와 예가 있음에도 많고 적음을 어지럽힐 수 없음을 알지

못한 것이다. 사람의 마음은 만족하는 법이 없기에 후(侯)의 지위이면서 공(公)의 예법을 빌릴 수 있다면, 공 또한 왕(王)의 예법을 빌릴 수 있을 거라고 생각할 것이다(爲天守名分者君也, 周惠王誤視爲己物輕以假人, 當號公, 晉侯之來朝, 其玉, 馬之數不爲之隆殺. 殊不知天秩有禮, 多多寡寡不可亂也, 人心無厭, 侯而可假公之禮, 則公亦思假王之禮)."

임금은 하늘의 명분과 제도를 지켜야 하지만 주혜왕은 오히려 하늘의 제도를 위반하고 괵공과 진후에게 마음대로 상을 내리는 잘못을 저질렀다. 이는 하늘의 질서에는 예법이 있고 많고 적음은 섞일 수 없음을 알지 못한 것이다. 사람의 마음이 만족함을 알지 못하므로 일단 예의 제도를 위반하면 후작(侯爵)은 더 높은 공작(公爵)의 예를 빌릴 수 있고, 공작은 더 높은 천자(天子)의 예를 빌릴 수 있다.

여조겸은 사람에게는 탐욕이 있기 때문에 한계를 넘어 일을 행하는 것은 규범에 어긋나고 이에 따라 우환이 끝없이 이어질 것임을 말한 것이다.

역사를 사로잡은 명문장

● 『순자』 「예론(禮論)」에는 다음과 같은 내용이 있다.

"예란 재물을 씀(用)으로 삼고, 귀천을 무늬(文)로 삼으며, 많고 적음을 차이(異)로 삼고, 늘리고 줄이는 것을 핵심(要)으로 삼는다.(禮者, 以財物爲用, 以貴賤爲文, 以多少爲異, 以隆殺爲要.)"

예의의 표현 방식은 재물과 관련해서는 드러내고, 귀하고 천함을 통해 내용으로 나타내며, 많고 적음으로 차이를 명시하고, 번잡하고 간략함으로 마음속 감정을 전달하는 것이다. 주나라 사람들의 생활의 일부였던 예는 위아래의 존귀하고 비천한 사람들을 잇는 질서로 문란함이 발생하지 않게 했다.

즉위한 지 2년째에 재공(宰孔)을 임명한 주양왕(周襄王)은 제묘(祭廟)가 끝난 뒤 바쳤던 고기 조육(胙肉)을 제환공에게 주도록 했다. 그때 재공이 제환공에게 말했다.

"주양왕께서 문왕과 무왕께 제사를 지낸 뒤 나를 보내 그대에게 조육을 드리게 했습니다."

주양왕이 앞에 있지는 않았지만 재공은 주양왕의 특사로 주양왕을 대표했다. 제환공이 신하의 예를 다하기 위해 계단을 내려가려 하자 재공이 이를 보고 급히 말했다.

"그대는 기다리시지요. 주양왕께서 특별히 말하시길 그대의 연세가 많아 행동이 불편하신 것을 보살피기 위해 그대의 직위를 한 단계 높여주려 하니 계단 아래로 내려와 절을 두 번 하는 예의를 하실 필요는 없습니다."

제환공이 대답했다.

"주천자께서 앞에 있지 않아도 천자의 위신이 제 앞에 있는데 복종을 나타내기 위해 계단을 내려와 두 번 절하는 은혜를 어찌 감히 특례로 면할 수 있겠습니까? 만약 이것을 면한다면 저는 예법을 지키지 못해 실패에 이를 것입니다. 두 번 다시 천자가 내리는 음식을 받지 못할까 두렵습니다."

제환공은 먼저 계단을 내려와 두 번 절하는 예를 다하고* 다시 계단에 올라 조육을 받았다. 제환공은 신하의 예를 지켜 특례로 예의를 지키지 않는 참월(僭越) 행위를 피했다.

● 이를 재배계수(再拜稽首)라고 한다.

슬퍼해야 할 때 슬퍼하고
즐거워해야 할 때 즐거워하라

019

冬, 王子穨享五大夫, 樂及徧舞. 鄭伯聞之,
동, 왕 자 퇴 향 오 대 부, 악 급 편 무. 정 백 문 지,

見虢叔曰:"寡人聞之:'哀樂失時, 殃咎¹必至.'"
견 괵 숙 왈 : "과 인 문 지 : '애 락 실 시, 앙 구¹ 필 지.'"

— 장공 20년

---

1 殃咎(앙구): 재해(災害), 재화(災禍)를 의미한다.

▶ 노장공 20년 겨울, 왕자 퇴(王子穨)가 다섯 명의 대부와 함께 잔치를 즐겼는데 이 때 모든 악곡을 연주하도록 명령했다. 정여공이 이 얘기를 듣고 괵숙에게 말했다. "제가 이런 말을 들었습니다. '슬퍼해야 할 때 슬퍼하지 못하거나 즐거워해야 할 때 즐거워하지 못하면, 이때 반드시 재앙이 내려올 것이다.'"

첩 왕요(王姚)를 무척 아낀 주장왕(周莊王)은 그녀가 낳은 왕자 퇴도 아껴 위국(蔿國)에게 그의 스승이 되라고 명했다.

　주혜왕은 즉위 후 멋대로 위국의 밭을 자신의 사냥터로 삼았다. 얼마 후 혜왕은 주나라 대부 변백(邊伯)의 집이 황궁과 가깝다는 이유로 그것을 빼앗았다. 그뿐 아니라 혜왕은 주나라 대부 자금축궤(子禽祝跪)와 첨보(詹父)의 급여 용도로 쓰는 밭, 요리를 담당하는 벼슬인 선부(膳夫) 석속(石速)의 봉급을 강제로 몰수했다. 이처럼 주혜왕의 무도한 행위에 대해 다섯 대부*는 불만을 품었고 그들은 소자(蘇子)에게 의지해 난리를 계획했다.

　다섯 대부는 가을에 왕자 퇴의 명령을 받고 주혜왕을 토벌하다가 실패하는 바람에 소자의 봉읍인 온(溫) 지방으로 도망갔다. 이후 소자가 왕자 퇴의 명령을 받아 위나라와 남연(南燕)의 힘을 연합해 두번째로 주혜왕을 토벌해 잠시 승리를 거두었다. 겨울에 왕자 퇴는 스스로 주나라 왕이 되었다.

　노장공 20년, 왕자 퇴의 내란 때문에 정여공은 중간에서 화해시키고자 했다. 하지만 왕자 퇴는 정여공의 건의를 듣지 않고 거리낌 없이

● 　위국, 변백, 자금축궤, 첨보, 석속을 가리킨다.

잔치를 벌이며 노래와 춤을 즐겼다. 이때 정여공은 한탄하며 괵숙에게 슬퍼해야 할 때와 즐거워해야 할 때를 망각한 왕자 퇴의 행위는 예의 제도를 위반한 것으로, 이 때문에 화를 입을 것 같다고 말했다. 탄식 후 정여공은 괵숙에게 왕자 퇴의 불법 행위를 막아달라고 권했다.

괵숙에게도 난리를 바로잡아 올바르게 돌리려는 뜻이 있었다. 노장공 21년 괵숙은 병사를 이끌고 주나라 황성(皇城)의 북문으로 들어가 왕자 퇴와 그 잔당들을 죽이고 주왕실의 원래 질서를 회복했다.

사람의 감정은 예악(禮樂)의 조절로 적당히 드러낼 수 있다. 그래야 사회가 비로소 일정한 질서를 유지하게 된다. 반대로 행위와 감정이 '그 적절한 때를 잃은(失其時)' 상태에 빠지면 슬퍼하면 안 될 때 슬퍼하고 즐거워하면 안 될 때 즐거워한다. 심지어 재앙을 쾌락으로 여기고 재앙이 내릴 때도 걱정하거나 슬퍼할 줄 모른다. 그러면 자기 자신을 잃고 자신과 남에게 상해를 끼치고 만다.

역사를 사로잡은 명문장

● 『후한서(後漢書)』 「주거전(周擧傳)」에는 슬픔과 즐거움의 때를 잃어 화를 입은 비극이 나온다.

　　박학다식한 주거(周擧)는 동한의 여남(汝南) 여양(汝陽) 사람으로 진류태수(陳留太守) 주방(周防)의 아들이다. 그는 천거를 받아 관리에 등용되었는데 촉군태수(蜀郡太守)일 때 행정상의 실수로 잠시 면직당했다. 그런데 그를 매우 존경한 대장군 양상(梁商)이 조정에 상주문을 올려 주거의 재능을 다시 살펴달라 했고 그는 종사중랑(從事中郞)에 임명되었다.

　　어느 날 대장군 양상이 연회를 열었는데 주거는 몸이 좋지 않다는 핑계를 대고 연회에 참석하지 않았다. 연회 중에 양상과 그 친구가 술을 마시고 감정이 북받쳐 「해로(薤露: 염교라는 식물 위의 이슬)」라는 장송곡을 불렀는데, 그 자리에 있던 손님들이 모두 슬픈 마음에 눈물을 흘리며 울었다. 잔치가 끝난 후 그 자리에 있던 태복(太僕) 장충(張种)이 주거에게 그 얘기를 들려주었다. 그러자 주거가 한탄하며 말했다.

"애락실시(哀樂失時)군요. 상황에 맞지 않습니다. 장차 재앙이 있을 것입니다."

가을이 되자 병을 얻은 양상은 그대로 죽고 말았다. 이를 두고 주거는 양상이 애락실시의 잘못을 저질러, 즉 즐거운 잔치 중에 상여가 나갈 때나 부르는 만가를 불러 양상에게 나쁜 일이 생긴 거라고 한탄했다.

현대인의 관점에서 슬픔과 즐거움 그리고 재앙이 동일한 선상에서 벌어지는 것이라고 여기기는 힘들다. 그러나 고대 문화에서는 정서를 드러낼 때는 절제가 필요하다고 봤고 일단 한도를 넘어서면, 다시 말해 '기쁨이 다하면 슬픔이 일어난다(樂極生悲)'고 생각했다.

술을 마실 때에는
예의를 갖춰야 한다

020

飮¹桓公酒. 樂. 公曰:"以火²繼之."
임 ¹ 환 공 주 . 락 . 공 왈 : " 이 화 ² 계 지 ."

辭曰:"臣卜其晝, 未卜其夜, 不敢."
사 왈 : " 신 복 기 주 . 미 복 기 야 . 불 감 ."

君子曰:"酒以成禮, 不繼以淫³. 義也.
군 자 왈 : " 주 이 성 례 . 불 계 이 음 ³ . 의 야 .

以君成禮, 弗納於淫, 仁也."
이 군 성 례 . 불 납 어 음 . 인 야 ."

—장공 22년

---

1 飮(임):다른 사람에게 술을 마시게 하다.
2 火(화):등불을 붙이다.
3 淫(음):과도하다. 지나치다.

▶ 경중(敬仲)이 제환공을 초대해 술을 마셨는데 환공이 매우 즐거워했다. 환공이 말했다. "등불을 붙이고 계속 술을 마십시다." 경중이 부드럽게 거절하며 말했다. "제가 낮 동안 술을 마셔도 되는지만 점을 쳤고, 저녁때가 적당한지 아닌지는 점을 치지 못했습니다. 감히 받들어 모실 수 없습니다." 군자가 이를 평가했다. "술은 예절의 완성을 보조하는 용도로 쓸 뿐 과도하게 마시지 않아야 한다. 이것이 마땅한 일[義]이다. 임금과 술을 마실 때 예절을 완성하면서 그가 술을 과도하게 마시지 않게 한다. 이것이 인간다운 일[仁]이다."

여기에서 제환공에게 술을 마시자고 청한 사람은 전경중(田敬仲)이다. 경중은 본래 진(陳)나라 공자로 국내의 정치적 싸움을 피해 제나라로 도망쳐 진성(陳姓)을 전성(田姓)으로 바꿨다. 제환공은 그의 재주를 아껴 상경(上卿)에 임명하려 했지만 경중은 외부에서 온 신하가 감히 큰 권력을 얻음으로써 비난의 대상이 되고 싶지 않아 고위직에 오를 기회를 완곡히 거절했다. 이 점을 보더라도 그 사람됨이 신중하고 스스로를 소중히 여기는 면모를 볼 수 있다.

뜻이 통하는 친구와 술을 마시다 보면 좀 더 오래 이야기를 나누고 싶어진다. 제환공이 바로 그런 상황이었다. 경중과 술을 마시면서 흥이 오른 그는 등에 불을 붙이고 계속 술을 마시자고 했다. 이때 경중은 점을 치지 않았다는 교묘한 이유를 들어 완곡하게 거절했다. 이 말은 옛 사람들이 어떤 일을 할 때 점을 쳐서 묻던 심리를 고려한 것이자 임금이 음주를 적절히 즐기기를 완곡하게 권한 것이다. 이 때문에 군자는 경중의 이 행동을 두고 인간다움[仁]과 마땅함[義]에 부합한다며 그의 마음씀씀이가 선량하고 행동거지가 도리에 맞음을 칭찬했다.

● 옛날에는 술과 제사가 서로 관련이 있었고 일반인은 특별한 명절에만 지위나 서열
에 따라 술을 나눠 마셨다. 주공이 여러 신하를 훈계했다.

"술은 제사 때만 마시고 취하도록 마시지 마라(飮惟祀, 德將無醉)."

술과 제사는 서로 떼어놓을 수 없다. 옛 사람에게는 먼저 절을 하고 술을 마시는
습관이 있었는데 이것은 주례(酒禮)의 일부다. 『세설신어』에는 다음과 같은 고사가
수록되어 있다.

조위(曹魏)에 종요(鍾繇)라는 위대한 문장가가 있었다. 어느 날 그가 집에서 낮잠
을 자고 있는데 두 아들이 살금살금 들어와 술을 훔치고 있었다. 종요는 곧바로 알
아차렸지만 계속 잠든 척하고 있었다. 이때 큰아들 종육(鍾毓)은 술에 절하고 마셨
고 작은아들 종회(鍾會)는 곧바로 마셔버렸다. 문득 궁금해진 종요는 눈을 뜨고 큰
아들에게 왜 절을 했는지 물어보았다. 종육이 대답했다.

"술을 마실 때는 예의를 갖춰야 하기에 절을 하지 않을 수 없었습니다."

그는 작은아들에게 왜 절을 하지 않았는지 물어보았다. 종회가 대답했다.

"도둑질은 본래 예의에 맞지 않는 일입니다. 그래서 절하지 않았습니다."

한 명은 예절을 충실하게 지키고자 도둑질한 술에도 절을 한 것이고, 다른 한 명
은 술을 훔치는 것은 본래 정당한 일이 아니기에 예의를 지킬 필요가 없다고 여긴
것이다. 두 형제의 대답에 각각 일리가 있고 아이들의 천진난만한 솔직함이 이야기
에 재미를 더해주고 있다.

명(明)나라 때 원굉도(袁宏道)는 당시 젊은이들에게 술에 대한 법도가 없음을 유
감스럽게 여겨 「상정(觴政)」이라는 글을 썼다. 이는 주례와 술을 음미하는 심미안을
알려주는 짧은 글로 그는 이렇게 말하고 있다.

"술을 마시고 기분이 좋으면 절제해야 하고, 술을 마시고 힘들면 쉬어야 하고, 술
을 마시고 지겨우면 즐거운 이야기를 해야 하고, 술을 마실 때 갖추는 예의는 자연

스러우면서도 기품이 있어야 하고, 술을 마시고 어지러워지면 스스로를 제약해야 한다(飮喜宜節, 飮勞宜靜, 飮倦宜詼, 飮禮法宜瀟灑, 飮亂宜繩約)."

이 뜻은 다음과 같다.

술을 마시고 즐거울 때는 절제해야 한다. 술을 마시고 피로할 때는 휴식을 취해야 한다. 술을 마시고 지겨울 때는 재미있는 이야기를 해서 지겨움을 해소해야 한다. 술을 마실 때 예법에 따라 제약하는 것은 자연스럽고 기품이 있어야 한다. 술을 마시고 성품이 어지러워지면 예법으로 자신을 구속해야 한다. 중도의 법도로 절도가 있으니 이처럼 술을 마시면 매우 좋다.

절약은
모든 미덕 중 가장 큰 미덕이다

021

二十四年, 春, 刻其桷¹, 皆非禮也.

이 십 사 년, 춘, 각 의 각 ¹, 개 비 례 야.

御孫諫曰:"臣聞之:'儉, 德之共²也:

어 손 간 왈 : "신 문 지 : '검, 덕 지 공 ²야 :

侈, 惡之大也.' 先君有共德,

치, 악 지 대 야.' 선 군 유 공 덕,

而君納諸大惡, 無乃³不可乎?"

이 군 납 저 대 악, 무 내 ³불 가 호 ?"

─장공 24년

---

1 刻其桷(각의각):사각형의 서까래에 무늬를 새겨 넣은 것.
   桷(각)은 사각형의 서까래다.
2 共(공):'洪(홍)'자와 통한다. 큰 모양을 나타낸다.
3 無乃(무내):완곡하게 추측하는 것으로 '~이 아닐지도 모르겠다', '아마 ~일 듯하다'의
   뜻이다.

▶ 노장공 24년 봄. 임금이 환공묘(桓公廟)의 서까래 위에 무늬를 새겨 넣었는데 이는 전통적인 예제에 부합하지 않는다. 대부 어손(御孫)이 간했다. "제가 이전에 이런 이야기를 들었습니다. '절약은 미덕 중 가장 큰 미덕이다. 사치는 악행 중 가장 큰 악행이다.' 선왕께서는 커다란 미덕을 가지셨는데 임금께서는 선왕을 커다란 악행 속에 빠뜨리려고 합니다. 이는 하지 말아야 할 일이 아닌지요?"

노장공 23년 가을, 노장공은 노환공의 묘(廟)에 있는 기둥에 붉은색을 칠했다. 이듬해 봄에는 묘의 서까래 위에 꽃무늬를 새겼는데 이런 일은 모두 종묘를 더욱 화려하고 장대하게 만들기 위한 것이다. 주대의 예의 제도에 따르면 제후국 건물의 기둥에는 청흑색(靑黑色)만 칠할 수 있다. 따라서 노장공이 붉은색을 칠한 것은 예의 법도에 맞지 않는다. 공자는 『춘추』에 이 점을 기록했다.

이후 노장공이 또 묘의 서까래에 꽃무늬를 새기자 대부 어손이 나서서 만류했다. 그는 먼저 '들은 내용을 풀어내는[闡述所聞]' 방식으로 차근차근 도리를 설명한 뒤 노환공의 사람됨을 언급하면서 왕을 설득했다. 그리고 과거에 노환공은 근검절약하는 원칙을 엄숙하게 지켰는데, 만약 자손이 그의 묘당을 화려하게 장식한다면 환공의 뜻에 어긋날 뿐만 아니라 그를 의롭지 못한 곳으로 빠지게 하는 것이 아닌지 물었다.

우리도 어손의 관점을 빌려 몇몇 화려한 제사 등의 행동을 반성할 수 있다. 제사받는 사람이 살아 있을 때 근검절약을 강조했는데 후대 사람들이 그를 추모하고 가문을 빛내려는 욕심으로 무덤을 화려하게 고치고 제사를 성대하게 지내는 경우가 종종 있다. 후손의 마음과 조상의 이념이 충돌할 때는 조상의 본래 뜻을 어기지 않아야 진정한 효도와 존경이라고 할 수 있다.

역사를 사로잡은 명문장

● 송나라 때의 명신으로 『자치통감』을 쓴 사마광(司馬光)은 인물이 빼어난 아들 사마강(司馬康)을 두었다. 16~17세 때 시를 읊고 대구(對句)를 지으며 옛날과 지금을 널리 논의한 사마강은 사마부인의 사랑을 받아 항상 좋은 옷을 입었다. 이를 걱정한 사마광은 「훈검시강(訓儉示康: 검소함을 가르쳐 사마강에게 보이다)」을 지어 아이가 검소한 미덕을 배우기를 바랐다.

글 속에서 사마광은 "검소함은 큰 미덕이다(儉, 德之共也)"라는 문장을 독특하게 해석했다.

"여기서 공(共)은 같다[同]는 뜻이다. 이는 덕이 많은 사람은 모두 검소하다는 데서 나온 것이다. 일반적으로 검소하다는 것은 욕심이 적다는 의미다. 군자는 욕심이 적어야 사물에 얽매이지 않고 바르게 도를 지켜 행동할 수 있다. 소인은 욕심이 적어야 몸을 조심하고 쓰는 것을 절약해 죄를 멀리하고 집을 풍요롭게 할 수 있다(共, 同也 ; 言有德者皆由儉來也. 夫儉則寡欲. 君子寡欲, 則不役於物, 可以直道而行 ; 小人寡欲, 則能謹身節用, 遠罪豐家)."

검소함과 절약 그 자체는 미덕과 직접적으로 관련이 없다. 그렇지만 미덕이 있는 사람에게는 반드시 절약과 검소함이라는 공통점이 있다. 검소한 사람은 마음을 비우고 욕심을 줄이기 때문에 물질에 얽매이지 않는다. 사람이 물질에 얽매이지 않으면 자연스럽게 행동이 바르고 자유롭다. 결국 탐욕으로 발생하는 재난과 멀어지고 그러면 집안이 편안해진다.

일찍이 공자는 이렇게 지적했다.

"관중은 기량이 보잘것없구나(管仲之器小哉)!"

관중에게는 세 군데의 재물 창고가 있었고, 부리는 사람이 많았으며, 집 안의 장식은 제후와 차이가 없었다. 이처럼 사치가 관중의 신분 예법을 넘어서자 공자가 다음과 같이 꾸짖었다.

"관중이 예를 안다면 누가 예를 모르겠는가(管氏而知禮, 孰不知禮)!"

사치스런 관중이 예를 안다고 여긴다면 천하에 예를 모르는 사람은 없다는 얘기다. 재물이 있는 것이 죄는 아니지만 부유하면서 사치스럽고, 사치스러우면서 교만하면 그 안에 남모르는 문제가 있게 마련이다.

한 나라의 흥망은
백성의 소리를 듣는 것으로
결정된다

022

史嚚[1]曰："虢其亡乎! 吾聞之:
사 은[1] 왈 : " 괵 기 망 호 ! 오 문 지 :

'國將興, 聽於民 ; 將亡, 聽於神.'
' 국 장 흥 , 청 어 민 : 장 망 , 청 어 신.'

神, 聰明正直而壹者也, 依人而行.
신 , 총 명 정 직 이 일 자 야 , 의 인 이 행 .

虢多涼[2]德, 其何土之能得?"
괵 다 량[2] 덕 , 기 하 토 지 능 득 ? "

—장공 32년

---

1 嚚(은) : 괵나라 태사(太史)다.
2 涼(량) : 얇다.

▶ 사은(史囂)이 말했다. "괵(虢)나라는 반드시 멸망할 것입니다. 제가 이런 이야기를 들었습니다. '한 나라가 흥할 때는 백성의 소리를 듣는 것으로 결정된다. 한 나라가 망하려 할 때는 귀신이라는 미신의 명령을 듣는 것으로 결정된다.' 귀신은 지혜롭고 정직하며 한결같기에 복이나 죄를 사람의 언행에 따라 정해줍니다. 괵나라에 좋은 덕은 거의 없으니 신명이 어찌 그들에게 땅을 주고자 하겠습니까?"

노장공 32년, 천지신명이 괵나라의 신(莘) 지방에 나타나 6개월간 머물렀다. 임금이 제사를 지낸 후 천지신명은 괵나라에 토지를 내려주었다. 이는 본래 좋은 징조였다. 그런데 태사 은은 이를 전혀 낙관적으로 여기지 않았다. 복과 화는 신이 내려주는 것이 아니라 사람들 자신의 행동으로 귀결되기 때문이다. 만약 임금이 귀신을 믿고 정치를 충실하게 하지 않으면 신은 복을 내리지 않을 뿐 아니라 오히려 벌을 내리기도 한다. 과연 노희공(魯僖公) 2년 진(晉)나라가 괵나라를 쳐서 그 종묘(宗廟)를 멸망시켰다.

『좌전』은 주혜왕과 내사(內史) 과(過)의 대화를 통해 괵나라에 귀신이 내려왔다고 복을 받은 것은 아니라는 것을 강조하고 있다.

주혜왕이 내사 과에게 물었다.

"왜 이런 일이 발생한 것인가요?"

내사 과가 대답했다.

"만약 국가가 흥하려면 천지신명은 임금의 미덕을 살핍니다. 국가가 쇠망하려면 천지신명은 임금이 덕을 잃었는지 아닌지 살핍니다. 따라서 천지신명이 내려와 흥하기도 하고 멸망하기도 합니다. 이전의 우, 하, 상 때 모두 그랬고 우리 주 때도 같습니다."

주혜왕이 물었다.

"지금 천지신명이 내려온다면 어떻게 해야 합니까?"

내사 과가 말했다.

"내려온 날부터 제물을 가지고 제사를 지내면 됩니다."

주혜왕은 곧바로 천지신명에게 제사를 지냈다.

이후 내사 과가 괵나라를 지나가면서 괵나라 임금이 천지신명에게 땅을 내려달라고 비는 것을 듣고는 이렇게 말했다.

"괵나라는 반드시 멸망할 것이다. 임금이 무도해 안으로 정사를 다스리지 않으면서 터무니없이 토지를 바라는구나."

그는 천지신명은 좋은 일뿐 아니라 나쁜 일도 살피는데, 중점을 두어야 할 것은 임금이 덕을 기반으로 정치를 펼치는지에 있다고 보았다. 은상(殷商) 이전의 옛 사람들은 천지신명의 의지를 존중해 사람의 모든 화복은 천지신명이 결정해준다고 믿었다. 주대에 이르러 사람들은 점차 천지신명은 마음대로 복이나 화를 내리지 않고 사람의 행동을 보고 결정한다고 여겼다. 괵나라 임금은 정치를 부지런히 하지도 않고 백성도 아끼지 않았기에 천지신명도 복을 내릴 수 없었던 것이다. 만약 천지신명이 땅을 내렸다면 괵나라에 '행운'이 있어 그것을 얻을 수 있는지 아닌지 시험해본 것일 수 있다.

역사를 사로잡은 명문장

● 남조의 양무제(梁武帝) 소연(蕭衍)은 젊을 때 정치를 부지런히 하고 백성을 아끼는 황제이자 저명한 문학가였다. 남제(南齊) 동혼후(東昏侯) 때, 소연의 형 소의(蕭懿)가 옹주(雍州) 자사(刺史)로 있었는데 동혼후에게 독살당했다. 형의 직위를 이어받

은 소연은 복수할 방법을 강구했다.

이후 소연은 군대를 이끌고 수도 건강(建康)에 침입해 동혼후를 죽이고 제화제 (齊和帝)를 세웠다. 이듬해 선양(禪讓)을 받아들여 양나라를 건립한 소연은 즉위 후 온 힘을 다해 나라를 다스렸고 나라의 힘이 점차 강해졌다. 하지만 그는 독실하게 불교를 믿기 시작하면서 국가의 정치를 소홀히 했다. 보통(普通) 8년(527년), 소연 은 임금 신분을 버리고 동태사(同泰寺)로 출가해 화상(和尙: 스님)이 되었다가 3일 후 황궁으로 돌아와 천하에 대사면을 실시했다.

2년 후 소연은 두번째로 출가해 동태사에서 『열반경(涅槃經)』을 강론했다. 이때 대신들이 수많은 재물을 바치며 '황제보살(皇帝菩薩)'이 조정에 돌아와 정치를 하도 록 설득했다. 대동(大同) 12년(546년) 소연은 또 정사를 내려놓고 출가했고 대신들 은 이전보다 몇 배의 재물로 황제의 값을 치렀다. 이어 그는 한 해를 거르고 네번째 로 출가했다가 환속했다.

양무제가 정치를 담당한 초기에는 당시의 정치를 개혁해 민심을 많이 얻었다. 하 지만 만년에는 과도하게 종교를 믿고 정치를 소홀히 하는 바람에 '후경(侯景)의 난 (亂)'이 발생했다. 결국 그는 태성(台城)에서 굶어죽었다. 이때부터 양나라는 쇠망의 길을 걸었다.

제2장

마음속에 잘못됨이 없으면
몸을 편안히 할 곳이 없음을
염려하지 않아도 된다

잔치하면서 즐겁게 노는 것은 독약과 같다

023

戎狄豺狼, 不可厭也; 諸夏親暱, 不可棄也;
융 적 시 랑, 불 가 염 야 ; 제 하 친 닐, 불 가 기 야 ;

宴安¹酖毒², 不可懷也.
연 안 ¹ 짐 독 ², 불 가 회 야 .

『詩』云: "豈不懷歸? 畏此簡書³."
『 시 』 운 : " 기 불 회 귀 ? 외 차 간 서 ³ . "

—민공(閔公) 원년

1 宴安(연안): 잔치하면서 즐겁게 논다.
2 酖毒(짐독): 독약, 독주다.
3 簡書(간서): 급함을 알리는 문서다.

▶ 융적 사람들은 이리나 늑대와 같아서 만족할 때가 없다. 중국의 여러 제후는 서로 가까워 구해주어야 할 때 버려둘 수 없다. 잔치하면서 즐겁게 노는 것은 독약과 같아서 거기에 정신을 놓고 빠질 수 없다. 『시경』「소아(小雅)·출거(出車)」에서 말했다. "왜 빨리 돌아가지 않는가? 내가 걱정하는 것은 이 급한 편지 때문이다."

노민공(魯閔公) 원년, 적(狄)나라 사람이 형(邢)나라를 공격하자 관중은 제환공에게 군대를 보내 형나라의 위기를 구해주자고 건의했다.

우리는 관중의 말을 통해 춘추 시기의 화하이적(華夏夷狄)에 대한 생각을 알 수 있다. 관중은 화하의 여러 나라는 제각각 독립적이지만 주대의 예약(禮樂)으로 교화된 지역이므로 이들이 어려울 때 제나라가 구해주어야 한다고 지적했다. 화하의 여러 나라와 문화가 서로 다른 사방의 이적(夷狄: 외국 지방)은 예의와 거리가 멀고 항상 탐내면서 만족하지 않았다. 따라서 제나라는 이적이 화하의 여러 나라를 침략하면 '존왕양이(尊王攘夷: 주천자를 보위하고 이적의 반란을 배척한다)'라는 정의 아래 화하의 여러 나라가 편안히 지내도록 군대를 보내 위기를 막아야 했다.

이 사례를 통해 각 나라 사이의 공격과 토벌은 존왕양이라는 전제 아래 주 왕조의 질서를 함께 보호하면서 이뤄졌고 이로써 사회가 안정되고 장기간 전쟁의 고통을 면했음을 알 수 있다.

역사를 사로잡은 명문장

● 『좌전』은 그 유명한 "신포서가 진나라 조정에서 울었다(申包胥哭秦庭)"처럼 여러 차

례 '양이(攘夷)' 정신을 강조하고 있다.

　신포서(申包胥)의 친구인 오자서(伍子胥)의 아버지 오사(伍奢)는 초평왕(楚平王, 본래 채공 기질)의 명을 받아 태자 건(建)을 가르쳤는데 비무극(費無極)에게 모함을 당했다. 결국 초평왕은 오사와 그의 형 오상을 죽였고 오자서는 복수를 결심했다.

　오자서는 초나라와 대항하는 오(吳)나라로 도망가 오나라 임금 합려(闔廬)를 보좌함으로써 오나라가 발전하는 데 일조했다. 이후 오자서는 오나라 군대를 이끌고 초나라를 공격했고 파죽지세로 수도 영(郢)으로 공격해 들어갔다. 이때 초소왕(楚昭王)은 도망갔고 오자서는 초평왕의 시체를 꺼내 매를 쳤다. 초나라의 대부 신포서는 오자서의 불행을 동정하긴 했지만 두 눈을 뜨고 나라가 망하는 꼴을 볼 수는 없었다. 그는 진(秦)나라로 가서 원조를 요구하며(초소왕은 초평왕과 진[秦]나라 여자 사이에서 태어났고 진나라는 그의 외가다) 진나라 임금에게 말했다.

　"오나라는 큰 돼지나 긴 뱀처럼 우리 나라를 끊임없이 쳐들어왔습니다. 이제 그 잔학함이 초나라에 이르렀습니다. 우리 임금은 사직을 지키지 못하고 초원으로 도망가면서 제게 말했습니다. '이민족은 만족을 모릅니다. 그들이 그대의 이웃이 되면 국경의 걱정거리가 될 것입니다.'"

　그는 오나라를 요(堯) 임금 때 멧돼지나 뱀이 사람들을 해친 것에 비유했다. 얘기인즉슨 오나라는 몇 차례 화하 여러 나라를 침략했고 현재 초나라를 괴롭히고 있는데, 초나라 임금이 도망가면서 신포서에게 말하길 "이적(夷狄)은 본래 만족하는 날이 없기 때문에 오나라가 초나라를 점령하면 초나라 변방에 있는 진나라는 전쟁의 위험에 빠질 것"이라고 경고한 것이다.

　진나라 임금은 일리가 있다고 보았지만 그렇다고 군대를 일으켜 구원해주려고 하지는 않았다. 마음이 조급해진 신포서는 조정의 담벼락에서 7일 동안 계속 울었다. 나라를 구하고자 하는 그 충성스런 마음에 감동을 받은 진나라 임금은 결국 초나라를 구원하는 일에 동의했다.

규칙과 제도가 망가지지 않으면
결국 나라는 질서를 회복할 수 있다

024

公曰: "魯可取乎?"
공왈 : "노 가 취 호 ?"

對曰: "不可. 猶秉¹周禮. 周禮, 所以本也.
대왈 : "불 가. 유 병¹주 례. 주 례, 소 이 본 야.

臣聞之: '國將亡, 本必先顚², 而後枝葉從之.'
신 문 지 : '국 장 망, 본 필 선 전², 이 후 지 엽 종 지.'

魯不棄周禮, 未可動也."
노 불 기 주 례, 미 가 동 야."

—민공 원년

1 秉(병): 손으로 쥐다. 장악하다. 지배하다.
2 顚(전): 추락하다.

▶ 제환공이 말했다. "노나라는 공격해서 가질 만한지요?" 제나라 대부 중손(仲孫)이 말했다. "안 됩니다. 노나라는 여전히 주나라의 예절을 받들고 있습니다. 주나라의 예절은 모든 예법의 근본입니다. 제가 이런 말을 들었습니다. '국가가 멸망할 때는 그 근본이 먼저 망가진다. 그 후 가지 같은 세세한 부분이 따라서 쇠퇴한다.' 노나라는 주나라의 예절을 여전히 폐기하지 않았으므로 군대를 일으켜 정벌할 수 없습니다."

노민공 원년, 노장공이 죽고 난 후 노나라에 내란이 발생하는 바람에 그제야 노장공을 장사지낼 수 있었다. 노장공 만년 노나라 대부 양씨(梁氏) 집안에서 기우제 예행연습을 했는데, 장공의 아들 자반(子般)과 그의 여동생(일설에는 자반이 사랑하던 여자라고도 함)도 그 자리에 있었다. 그때 말을 기르는 일을 담당한 낙(犖)이 그녀를 희롱하자 자반은 화가 나서 그를 때렸다. 노장공은 낙의 힘이 세므로 그런 잘못을 저질렀다면 곧바로 죽였어야지 그를 때려 후환을 남겨두면 안 된다고 생각했다. 과연 노장공이 죽은 후, 자반이 즉위했지만 장공의 동생 경보(慶父)가 낙을 보내 자반을 죽이고 노민공을 임금으로 세웠다.

이 정변 이후 제나라 대신 중손이 조문을 왔고, 나중에 그가 귀국하자 제환공이 그에게 경보가 전권(專權)하는 정황과 노나라를 정벌할 수 있을지 물었다. 중손이 말했다.

"현재 노나라는 경보가 난을 일으켰지만 경보는 제재당할 것입니다."('경보가 죽지 않았으니 노나라의 난이 아직 끝나지 않았다[慶父不死, 魯難未已]'라는 전고의 글이다)

노나라를 정벌할 수 있을지에 대해 중손은 위에서 서술한 말로 대답했다. 그는 한 나라의 성쇠는 관습과 법도를 지키고 있는지로 알 수 있는데 노나라는 주나라의 예법을 폐기하지 않고 근본을 유지하고 있으므로 공격해서 승리할 수 없다고 지적했다.

또한 중손은 국가를 나무에 비유해 뿌리 부분이 건전하면 가지와 잎이 바람에 부러지더라도 날이 지나면 새롭게 자랄 것으로 보았다. 반대로 뿌리 부분이 상하면 성장에 도움을 줄 양분을 흡수할 수 없으므로 가지와 잎이 잘 자랐더라도 끝내 말라죽고 만다.

비록 권력을 쥔 신하가 멋대로 전횡해도 규칙과 제도가 망가지지 않으면 그 신하는 법망을 벗어나기 힘들고 결국 나라는 질서를 회복할 수 있다.

역사를 사로잡은 명문장

● 관자(管子)는 『관자』 〈목민(牧民)〉에서 다음과 같이 제시했다.

"나라에는 네 가지 큰 끈이 있으니 한 끈이 끊어지면 기울고, 두 끈이 끊어지면 위태롭고, 세 끈이 끊어지면 뒤집히고, 네 끈이 끊어지면 망한다. 기우는 것은 바로잡을 수 있고, 위태로운 것은 편안하게 할 수 있고, 뒤집힌 것은 일으킬 수 있지만, 망한 것은 돌이킬 수 없다. 이 네 가지 끈은 무엇인가? 첫째는 예, 둘째는 의, 셋째는 염, 넷째는 치다(國有四維, 一維絶則傾, 二維絶則危, 三維絶則覆, 四維絶則滅, 傾可正也, 危可安也, 覆可起也, 滅不可復錯也. 何謂四維? 一曰禮, 二曰義, 三曰廉, 四曰恥)."

국가가 정상적으로 발전하기 위한 네 가지 기본 요소는 예, 의, 염, 치다. 그중 한 가지 요소를 잃으면 국가가 기울어지고 두 가지 요소를 잃으면 위험을 만난다. 세 가지 요소를 잃으면 국가가 무너질 수 있다. 만약 네 가지 요소가 모두 남아 있지 않다면 국가는 곧 망할 것이다. 이는 '근본을 중시하라(重本)'는 사상을 확실히 반영한다.

『송사(宋史)』에는 악비(岳飛)가 지극히 효성스럽고 충성스럽다는 역사적 사실을 기록하고 있다. 당시 휘종(徽宗)과 흠종(欽宗)이 금나라의 포로가 되면서 강산의 태반이 금나라 수중으로 들어갔다. 악비의 어머니는 남쪽으로 피난 갈 겨를이 없어 하북(河北) 지방에 있었고 악비는 모친을 모시고 남쪽으로 가려 했다. 고질병을 앓던 모친이 약을 먹어야 할 때 악비는 직접 어머니를 모셨다. 평소 생활이 검소한 악비에게 금나라에 대항하는 명장 오개(吳玠)가 미인을 보내주려 하자 악비는 한마디로 거절했다.

"두 황제가 여전히 적의 진영에서 고생 중인데 신하된 사람으로서 어찌 먼저 편안할 수 있겠는가?"

고종(高宗)이 악비를 위해 저택을 지어주려 하자 악비는 완곡하게 거절하며 말했다.

"적들이 아직 망하지 않았는데 집이 무슨 소용입니까?"

고종이 물었다.

"천하가 언제 태평해질까요?"

악비가 답했다.

"문신이 돈을 좋아하지 않고 무신이 죽음을 아쉬워하지 않으면 천하는 태평해질 것입니다."

관원에서 백성까지 모두가 예의염치를 알면 국가는 자연스럽게 강성해지고 천하는 자연스럽게 태평해진다. 만약 이러한 '근본(本)'을 잃어버리면 적은 언제라도 그 기회를 이용한다.

마음속에 잘못됨이 없다면 몸을 편히 둘 곳이 없음을 걱정하지 않아도 된다

025

士蒍曰: "大子不得立矣. 分之都城, 而位以卿,
사 위 왈 : "태 자 부 득 립 의 . 분 지 도 서 . 이 위 이 경 .

先爲之極, 又焉得立. 不如逃之,
선 위 지 극 . 우 언 득 립 . 불 여 도 지 .

無使罪至, 爲吳大伯, 不亦可乎?
무 사 죄 지 . 위 오 태 백 . 불 역 가 호 ?

猶有令名, 與其及也.
유 유 령 명 . 여 기 급 야 .

且諺曰: '心苟無瑕¹, 何恤²乎無家.'
차 언 왈 : '심 구 무 하 ¹ . 하 휼 ² 호 무 가 .'

天若祚³大子, 其無晉乎?"
천 약 조 ³ 태 자 . 기 무 진 호 ?"

—민공 원년

1 瑕(하): 잘못

2 恤(휼): 걱정

3 祚(조): 돕다. 축복하다.

▶ 진(晉)나라 대부 사위(士蔿)가 말했다. "태자는 쫓겨날 것입니다. 진헌공(晉獻公)이 도성인 곡옥(曲沃)을 그에게 나눠주고 경(卿)의 지위를 주었습니다. 그의 지위를 그처럼 정점에 올렸기 때문에 그를 임금으로 세우지 않을 것입니다. 태자는 스스로 떠나 큰 벌을 기다리지 않는 것이 낫습니다. 태백(泰伯)이 오나라로 도망친 것과 마찬가지로 이 또한 괜찮지 않겠습니까? 벌을 받느니 지금 도망간다면 좋은 명성을 남길 수 있을 것입니다. 속담에 이런 말이 있습니다. '마음속으로 잘못이 없다고 여긴다면 몸을 편안하게 둘 곳이 없다고 걱정하겠는가?' 하늘이 태자를 보호한다면 반드시 태자가 진나라에 남도록 하지 않겠지요?"

『좌전』에는 장공(莊公) 28년, 진헌공이 '제강과 간통하였다(烝於齊姜)'는 이야기가 나온다. 제강은 그의 아버지 진무공(晉武公)의 첩으로 '증(烝)'은 나이 많은 부녀자와 간통한 것을 가리킨다. 제강은 신생(申生)을 낳았고 헌공은 즉위한 후 제강을 부인으로, 신생을 태자로 세웠다. 하지만 제강은 일찍 죽었고 진헌공은 융(戎)나라 여자를 아내로 맞이했는데, 대융호희(大戎狐姬)는 중이(重耳)를 낳았고 그녀의 동생 소융자(小戎子)는 이오(夷吾)를 낳았다.

진(晉)나라가 여융(驪戎)을 정벌할 때, 여융은 여희(驪姬)를 진헌공에게 보냈는데 진헌공은 여희와의 사이에서 해제(奚齊)를 낳았다. 그리고 여희와 함께 시집온 동생은 탁자(卓子)를 낳았다. 현대의 관점에서 진헌공 집안은 그야말로 '연합국(聯合國)'이라 할 수 있다.

집안이 복잡하면 사람들은 제각각 살길을 찾고자 애쓰는 법이다. 진헌공은 여희를 총애했고, 그녀는 자신이 낳은 해제를 태자로 삼기를 바랐다. 이때 여희는 헌공이 신뢰하는 두 대부 양오(梁五), 동관폐

오(東關嬖五)와 연합해 헌공을 설득했다. 결국 태자 신생과 중이, 이오는 도성인 강(絳: 지금의 산서[山西] 익성[翼城] 동남쪽)을 떠나야 했는데 신생은 종묘가 있는 곡옥으로, 중이와 이오는 각각 포(蒲)와 굴(屈) 지방으로 갔다. 이렇게 다른 아들들은 권력의 핵심에서 제외시키고 단지 여희와 그의 동생이 낳은 두 아이만 헌공의 좌우에 두었다.

진헌공 16년 헌공과 태자 신생이 연합해 경(耿)나라, 곽(霍)나라, 위나라를 멸망시켰고 헌공은 태자를 위해 곡옥에 성을 지어주었다. 이때 헌공의 중신 사위(士蔿)는 태자 신생이 임금이 되지 못할 것이라고 예언했다. 그는 태자 신생에게 먼저 도망쳐서 죽임을 당하는 재난을 피하라고 권했다. 그는 당시의 속담인 '마음속에 진실로 흠이 없는데 머물 집이 없음을 어찌 걱정하는가?(心苟無瑕, 何恤乎無家)'를 인용하며 신생이 진나라를 떠날 것을 권했다. 하지만 신생은 그의 건의를 받아들이지 않았다.

이후 여희는 계략을 세워 신생이 곡옥으로 돌아가 죽은 모친에게 제사지내게 했고, 신생이 제사지낸 고기를 헌공에게 바칠 때 몰래 고기에 독을 넣었다. 이를 발견한 헌공은 크게 노해 신생을 죽이려 했다. 중이가 신생에게 말했다.

"형님은 왜 아버지께 확실하게 말씀드리지 않습니까?"

신생이 말했다.

"안 된다. 아버지께서 여희를 무척 좋아하시는데 내가 그렇게 하면 아버지의 마음이 상할 수 있다."

중이가 도망가기를 권하자 그가 말했다.

"아버지는 내가 당신을 죽이려 한다고 생각하는데 세상 어디에 아버지 없는 나라가 있겠는가? 내가 어디에 갈 수 있겠는가?"

결국 신생은 죽으라는 명령을 받아들여 죽었다.

역사를 사로잡은 명문장

● 신생의 이야기는 전형적인 비극이다. 신생은 어머니가 일찍 죽은 데다 그의 어머니
와 진헌공이 불륜 관계라 사람들에게 내내 신생과 진헌공이 부자인지 형제인지 의
심을 받았다. 역사서의 기록에 따르면 신생은 여러 방면에서 완벽한 사람으로 성품
이 고상하고 전쟁에 능했던 것으로 보인다. 하지만 계모인 여희의 농간으로 신생은
허무하게 세상을 떠났다.

　여희의 관점에서 그녀는 다른 종족의 여인임에도 나이 많은 진헌공에게 결혼을
강요당했다. 그는 자신과 아들의 지위를 단단하게 하려 했으니 이 또한 인지상정
(人之常情)이다. 일찍이 극작가 요일위(姚一葦)는 '신생'을 주제로 희곡 작품을 썼는
데, 거기에는 "운명은 환경이 마음속에서 만들어내는 압력이다(命運是環境在內心
所造成的壓力)"라는 표현이 나온다.●

　사위는 뛰어난 정치가로 진무공과 진헌공을 보좌해 진나라가 융성하는 데 기여
했다. 신생이 자살하고 중이와 이오의 세력이 점점 일어설 때 "한 나라에 임금이 될
사람이 셋이나 있으니 나는 누구를 따라야 하나?(一國三公, 吾誰適從?)"(『좌전』「희
공5년」)라고 말한 그는 이후 은퇴했다.

　신생의 처지와 운명을 알고 있었던 그는 신생에게 "마음속에 진실로 흠이 없는데
머물 곳이 없음을 어찌 걱정하는가?(心苟無瑕, 何恤乎無家)"라며 태백이 오나라로
도망간 것에서 배우라고 권했다. 안타깝게도 신생은 "몸과 운명을 지켜 편안하게 한
다(保身安命)"라는 말의 뜻을 전혀 깨닫지 못했다.

　여기서 근거로 삼은 이야기는 다음과 같다.

　주태왕(周太王) 고공단보(古公亶父)에게는 태백, 중옹(仲雍), 계력(季歷)이라는
세 아들이 있었다. 계력에게는 창(昌: 이후의 주문왕)이라는 아들이 있었다. 그는 어

● 　요일위의 〈신생(申生)〉이라는 희곡

릴 때부터 총명했고 주태왕은 그가 천하를 이어받기를 원했다. 하지만 이는 적장자 계승 제도에 어긋나기에 고민이 깊어졌다. 이때 아버지의 의중을 헤아린 태백과 중옹은 오나라로 도망가 계력과 창이 왕위를 이어받게 했다. 공자가 태백을 칭찬하며 말했다.

"태백은 지극한 덕을 갖춘 사람이다. 세 번이나 천하를 양보했지만 백성은 그를 칭찬할 근거조차 찾을 수 없었다(泰伯其可謂至德也已矣, 三以天下讓, 民無得而稱 焉)."(『논어』「태백」)

역대로 시인들은 태백의 묘에 이르면 항상 시를 지어 칭찬했다. 예를 들어 당나라 때 육구몽(陸龜蒙)의 「태백묘」에서 말했다.

"옛 성은 황폐하지만 그 덕은 아직 황폐하지 않았으니 매년 향기로운 술로 중당을 적시네. 요사이는 아버지와 아들이 천하를 다투는지라 사람들은 임금 자리 양보한 일이 있음을 믿지 않는다(故國城荒德未荒, 年年椒奠濕中堂. 邇來父子爭天下, 不信人間有讓王)."

● 만약 신생에게 태백이나 사위처럼 자신의 처지에 만족하는 삶의 지혜가 있었다면 끝은 분명 달랐을 것이다. 이는 아마 소식(蘇軾)이 「정풍파(定風波)」라는 사(詞)에서 긍정한 태도와 같을지도 모른다.

"좋지 않았느냐고 물었더니 영남(嶺南)은 오히려 마음이 편안한 곳이면 그곳이 내 고향이라고 답하였네(試問嶺南應不好? 卻道, 此心安處是吾鄉)."

소식의 친구 왕정국(王定國)은 소식의 시문(詩文) 문제에 연루되어 남만(南蠻)으로 쫓겨났는데 왕정국의 첩 유노(柔奴)가 내내 왕정국과 함께 다녔다. 소식이 그녀에게 물었다.

"영남에서 매우 괴로웠죠?"

그녀는 담담하게 말했다.

"마음이 편안하면 그곳이 제 고향입니다."

소식은 매우 탄복했다.

백거이 또한 시에서 다음과 같이 말했다.

"내가 본래 고향이 없으니 마음 편한 곳이 돌아갈 곳이라네(我生本無鄉, 心安是

歸處)."(「**초출성류별(初出城留別)**」)

　인생에서는 크게 집착할 필요가 없으며 인연이 되는 대로, 분수가 되는 대로 따르면 어디에 있든 스스로 만족할 수 있다.

군주가 덕을 행한다면
철옹성보다 나라를
튼튼하게 한다

026

狐裘尨茸¹, 一國三公², 吾誰適從?
호 구 방 용¹, 일 국 삼 공², 오 수 적 종?

—희공(僖公) 5년

---

1 尨茸(방용): 많으면서 난잡한 모양이다.

2 一國三公(일국삼공): 삼공은 세 명의 권세 있는 사람을 가리킨다. 여기에서는 정령이 여러
  사람에게서 나와 누구를 따라야 할지 모르게 만드는 것을 비유한다.

▶ 여우가죽으로 만든 옷에 털이 많고 난잡한 것이 한 나라의 정령이 여러 사람의 의견에서 나오는 것과 같다. 나는 도대체 누구를 따라야 하는가?

진(晉)나라 대부 사위는 진헌공을 위해 계책을 자주 내놓았다. 그렇지만 나이가 어리고 미모가 뛰어난 여희 부인이 나타난 후 상황은 변하고 말았다. 진헌공은 정책을 결정할 때 종종 여희의 말을 듣고 마음이 흔들렸다. 여희는 자신의 아이인 해제가 진나라의 태자가 되도록 하기 위해 진헌공의 다른 아이에게 술수를 썼다. 그중 중이와 이오는 여희의 계책으로 각각 포읍(蒲邑)과 굴읍(屈邑)이라는 작은 성으로 보내졌다.

진헌공은 두 곳에 사위를 보내 성과 해자(垓子)를 건설하게 했다. 사위는 성벽 속에 여러 땔감을 채워 대충 공사했다. 그러자 공자 이오는 그런 상태를 있는 그대로 진헌공에게 보고했다. 헌공이 사위를 불러 그 까닭을 묻자 사위는 전쟁이 없는데 성과 해자를 건설하면 적의 주목을 받을 것이고, 그러면 적은 성과 해자를 잘 짓기 전에 군대를 보내 점령하려 할 것이라고 설명했다. 적들이 점령할 수 있다면 견고하게 덮을 필요가 있겠는가?

이어 사위는 노신(老臣)의 양심을 걸고 타일러 말했다.

"『시경』「대아·판(板)」에서 말했습니다. '임금이 덕을 품고 있으면 편안하고, 종실의 자제는 성 같이 든든하다(懷德惟寧, 宗子惟城)' 임금이 덕행을 수양하고 종실의 여러 자제의 지위를 단단하게 하면 그것을 어디 성이나 해자와 비교할 수 있겠습니까?"

사위는 여희의 마음을 꿰뚫어보았다. 마지막으로 그는 진헌공에게 직접 음모를 폭로했다.

"아마 3년 후 두 성과 해자에서 군대를 쓸 것입니다. 어찌 신중하게 건설할 수 있겠습니까?"

진헌공은 결국 여희의 꼬드김에 넘어가 중이와 이오가 반란을 꾀하려 한다고 믿었다. 그는 군대를 보내 포읍과 굴읍을 공격했고 성과 해자가 견고하지 않아 빠르게 정복했다.

역사를 사로잡은 명문장

● 남북조시대 남제의 명제(明帝)는 죽기 직전 소요광(蕭遙光), 서효사(徐孝嗣), 강우(江祐), 소탄지(蕭坦之), 강사(江祀), 유훤(劉暄)에게 골고루 힘을 안배해 조정을 돕게 했다. 동혼후(東昏侯)가 즉위한 후, 이들은 조정에서 차례로 당직을 섰다. 당직을 선 사람은 그날의 상소문에 의견을 기록해 황제의 조명(詔命)을 짓는 임무를 담당했다.

옹주 자사 소연(蕭衍)이 이 일을 알고 나서 말했다.

"일국삼공(一國三公)도 감당할 수 없는데 하물며 여섯 귀족이 한 조정에 있으니 서로 자신을 위해 세력을 도모하는 바람에 난리가 일어날 것이다."

이는 한 나라에 명령을 내리는 사람이 세 명이어도 그 어지러움을 감당할 수 없는데, 하물며 여섯 명의 신하가 명령을 내리니 그들이 반드시 권력을 도모하고자 해서 난리가 일어날 것이라는 의미다(『자치통감』「동혼후(東昏侯) 영원(永元) 원년」). 이후 여섯 귀족은 서로 권력 투쟁을 벌이다 모두 동혼후에게 제거당했다.

당나라 때 조정에서 역사서를 집필한 유지기(劉知幾)는 기준이 일정치 않아 매우 곤란함을 느꼈다. 당시 그는 하나의 관점을 제시했는데 이는 과거 역사서 작성의 표준으로 자리 잡았다. 예를 들어 『상서(尚書)』는 과거를 막힘없이 이해하는 것을 추구했다. 『춘추』는 기사(記事)가 악행을 징벌해 선한 행동을 권하는 것을 중시했는데, 저자들은 모두 이러한 표준을 확실히 밝혔다.

이후 유지기는 감수관(監修官)의 의견을 따르는 사관(史官) 기록을 살피다가 감

수관의 표준이 각기 달랐다는 것을 발견했다. 가령 양재사(楊再思)는 "반드시 직언하고 피하지 않는다(必須直言不諱)"라고 주장했고, 상서인 종초객(宗楚客)은 "잘못은 많이 감춰야 한다(宜多隱惡)"고 주장했으니 그 근본은 '일국삼공'이었다. 이 때문에 유지기는 역사서를 지을 때는 먼저 글을 짓는 표준을 세워야 한다고 주장했다. 이후 그는 『사통(史通)』을 지어 사학 이론과 방법에 새로운 근원을 열었다.

동료가 상하면 슬프고,
입술이 없으면 이가 시리다

027

一之謂甚, 其可再乎. 諺所謂'輔'車相依,
일 지 위 심 . 기 가 재 호 . 언 소 위 ' 보¹ 거 상 의 .

脣亡齒寒'者, 其虞虢之謂也.
순 망 치 한 ' 자 . 기 우 괵 지 위 야 .

—희공5년

_____

1 輔(보): 옛날에 두 바퀴 바깥쪽에 덧붙인 나무판으로 수레바퀴의 적재량을 늘린다.

▸ 한 번이면 충분한데 두 번씩 올 필요가 있습니까? 속담에서 말합니다. "수레바퀴 양쪽의 나무판과 수레는 서로 의존하며 입술이 다치면 이가 시리다." 이것이 바로 우나라와 괵나라의 관계입니다.

노희공 2년 진헌공이 순식(荀息)의 건의를 받아들여 좋은 말과 보석으로 우나라 임금에게 뇌물을 주고는 우나라의 길을 빌려 괵나라를 공격했다. 이때 우나라 임금도 군대를 출병시켰고 진(晉)나라 군대는 우나라 군대와 합류해 괵나라의 하양(下陽) 지방을 공격했다.

노희공 5년, 진헌공은 옛날의 방법대로 또 우나라에게 길을 빌리고자 했다. 그러자 우나라의 대부 궁지기(宮之奇)가 우공을 말리며 말했다.

"괵나라는 우나라의 보호벽입니다. 괵나라가 멸망하면 우나라 또한 살아남을 수 없습니다. 우리는 진나라의 야심을 깨워서도 안 되고 외적을 가볍게 보아서도 안 됩니다."

우나라 임금이 대답했다.

"진나라는 우리의 종족(宗族)인데 우리를 해치겠습니까?"

궁지기는 진나라가 자기 종족을 아끼지 않은 역사적 사실을 제시했다. 우나라 임금이 말했다.

"우리 나라는 지금까지 제물을 풍성하게 썼으니 하늘이 반드시 보호하고 지켜줄 것입니다."

궁지기가 반박했다.

"천지신명께 제사지낼 때 쓸 수 있는 것은 덕행뿐입니다. 하늘은 덕이 많은 사람을 돌봅니다."

우공은 궁지기의 권고를 듣지 않고 진나라에게 길을 빌려주었다. 궁지기는 그의 가족을 데리고 떠나면서 예언했다.

"우나라는 올해 연말에 납제(臘祭)를 하지 못할 것이다. 우나라는 이번에 끝장나고 진나라는 두 번 다시 군대를 보낼 필요가 없을 것이다."

그해 겨울 진나라는 괵나라를 멸망시켰고, 회군하면서 우나라를 공격해 임금을 사로잡았다. 『춘추』는 이 역사적 사실을 "진나라 사람이 우나라 임금을 잡았다(晉人執虞公)"라고 기록하면서 우공의 역할을 드러내며 우나라의 말로는 스스로 만들어낸 것이라고 설명했다.

역사를 사로잡은 명문장

● 『삼국지(三國志)』에 이런 글이 나온다.

위문제(魏文帝)가 손오를 정벌하려 하자 청렴결백한 관리 포훈(鮑勛)이 말렸다.

"왕의 군대는 여러 차례 정벌에 나서 이기지 못했는데, 이는 오나라와 촉(蜀)나라가 입술과 이처럼 서로를 의지하고, 산과 강의 험난함에 의지해 점령하기에 어려운 기세이기 때문입니다."

위나라 군대가 여러 차례 출병해 모두 성공하지 못한 것은 손오와 촉한이 이와 입술 같은 형태로 서로 의지하고 지원하는 데다 천연적인 산세(山勢)와 수세(水勢)까지 더해졌기 때문이라고 말한 것이다.

오대십국(五代十國) 때 석경당(石敬瑭)은 요(遼)나라에 연운(燕雲) 16주(州)를 바쳤는데, 이후 송나라의 북쪽 지방은 시도 때도 없이 위협을 받았다. 나중에 송나라와 새롭게 일어난 금나라는 '해상지맹(海上之盟)'을 맺어 요나라를 멸망시킨 후 연운 16주를 되찾기로 약정했다. 당시 안요신(安堯臣)은 조정에 글을 상소했다.

"신이 생각하기에 이는 또 다른 순망치한(脣亡齒寒)으로 국경에 이용할 만한 틈이 생기면 날카로운 이리들이 욕구를 달성할 기회를 엿볼 것입니다(臣恐異時脣亡

齒寒, 邊境有可乘之釁, 狼子蓄銳, 伺隙以逞其欲)."(『송사』)

안요신이 생각하기에 송나라는 이, 요나라는 입술로 요나라를 멸망시키면 이리 같은 금나라가 그 기회를 틈타 송나라에 쳐들어올 것으로 보았다. 결국 안요신의 우려대로 요나라라는 장벽이 없어지자 금나라가 약속을 깨고 '정강지변(靖康之變)'을 일으키면서 북송(北宋)은 멸망했다.

역사 이외에 『홍루몽(紅樓夢)』 중 주인과 종의 설정도 상호 대조적인 특징을 갖추고 있다. 예를 들어 온화하고 나약하며 겁이 많은 영춘(迎春)은 하인이 자신의 장신구를 가져가 도박에 판돈으로 걸었음에도 오히려 하인이 그녀의 규방에서 난리를 쳤다. 공교롭게도 그 모습을 본 탐춘(探春)이 속으로 주인을 능욕하는 것이 더할 수 없이 방자하다고 생각했다. 곧바로 달려온 평아(平兒)에게 그는 냉소적으로 말했다.

"속담에서 말하는 '동료가 당하면 슬프고, 입술이 없으면 이가 시리다(物傷其類, 脣亡齒寒)'는 상황으로 좀 걱정스럽다."

주인공인 탐춘은 방자한 하인 때문에 자신이 어느 날 능욕을 당할지도 모른다고 걱정했다. 홍루몽이 망한 것은 고리와 고리가 연결된 것으로, 이는 이와 입술처럼 서로 밀접한 관련이 있다. 무협소설에서 늘 말하는 칼이 있으면 사람이 있고 칼이 망하면 사람이 망하는 것이 이런 일과 같다.

도덕과 예법을 위반하지 않으면
감격하지 않는 사람이 없다

028

管仲言於齊侯曰:"臣聞之, 招攜¹以禮,
관 중 언 어 제 후 왈 : "신 문 지 , 초 휴 ¹ 이 례 ,

懷遠²以德, 德禮不易,
회 원 ² 이 덕 , 덕 례 불 역 ,

無人不懷."
무 인 불 회 ."

—희공 7년

---

1 招攜(초휴): 아직 귀순하지 않은 사람을 귀순시키다. 攜(휴)는 두 마음을 가지고 아직
  귀순하지 않음을 가리킨다.
2 懷遠(회원): 은혜와 덕을 베푸는 정치로 자신에게서 멀리 떨어져 있는 사람을 구슬리고
  위로하다.

▶ 관중이 제환공에게 말했다. "신(臣)이 듣기에 예의로써 아직 귀순하지 않은 국가를 위로할 수 있고, 덕행으로써 멀리 떨어져 있는 국가를 구슬릴 수 있습니다. 일반적으로 도덕과 예법을 위반하지 않으면 마음으로 감격하지 않는 사람이 없습니다."

이 이야기는 몇 년 전 국제적 역량을 통해 주왕실의 태자 정(鄭)을 보호할 목적으로 제환공이 제안한 수지(首止)의 회맹으로 거슬러 올라간다. 본래 태자를 바꾸려 한 주혜왕은 여기에 불만을 품었고, 이 때문에 정문공(鄭文公)은 회맹을 거절하고 초나라에 투항했다. 정나라의 대부 신후(申侯)는 원래 초문왕(楚文王)이 기용했으나 이후 정문공을 위해 일했다. 덕분에 그는 초와 정 두 나라의 결맹에서 중요한 역할을 담당했다.

노희공 6~7년, 제환공이 맹약을 배반한 정나라를 토벌하려고 두 차례 제후를 소집하자 신후가 전쟁을 중재하는 동시에 개인적인 이익을 취했다. 이로 인해 제환공이 두번째로 출병할 때 정문공은 모든 책임을 신후에게 미뤄 그를 죽이고는 제나라의 환심을 사고자 했다. 신후의 희생으로 제환공은 잠시 토벌을 중단하고 영모(寧母)에서 회맹을 열기로 했다. 이때 제환공은 관중의 건의를 받아들여 예법과 덕행으로 각국의 제후들을 대했고, 각 제후들은 제환공을 맹주로 추대했다. 정나라의 태자 화(華)는 아버지인 정문공을 등지고 제환공에게 군대를 내 정나라 내에서 정권을 쥐고 있는 세 대부를 제거해달라고 개인적으로 요청했다.

본래 제환공은 여기에 응하려 했지만 관중이 두 가지 관점에서 그를 만류했다. 첫째, 자식과 부모는 서로 배반하지 않는 것이 예(禮)이고, 때를 파악해 임금의 명령을 완성하는 것은 신(信)이다. 이 두 가지를 모두 위반하는 것보다 큰 잘못은 없다. 둘째, 제환공이 덕행으로 정나라를 위로했음에도 정나라가 이를 받아들이지 않았을 때 군사를 일으키면 정나라는 두려움에 질 것이다. 만약 태자 화의 요청을 받아들여 정나라를 공격하면 제나라는 멈출 수 없는 상황에 빠지고 정나라에는 제나라에 반항할 이유가 생긴다.

나아가 관중은 제후가 회맹하는 것은 덕행을 존숭하는 것이 근본인데 태자 화 같은 간사한 사람을 회맹에 참여하게 하면 제환공은 이를 어떻게 후대에 넘겨줄 것이냐고 물었다. 이 말을 들은 제환공은 태자 화의 건의를 완곡히 거절하고 맹주의 지위를 굳건히 했다.

역사를 사로잡은 명문장

● 관중이 말한 "예의로 귀순시키고 덕으로 멀리 있는 사람을 품는다(招攜以禮, 懷遠以德)"는 것은 싸우지 않고 상대방이 자발적으로 귀순하게 한다는 의미다. 진나라의 갈홍(葛洪)이 『포박자(抱朴子)』 「군도(君道)」에서 말했다.

"가까운 사람을 기쁘게 하고, 멀리 있는 사람을 품으며, 문치를 강화해 사람들을 귀순시킨다(悅近以懷遠, 修文以招攜)."

이것은 주변 백성이 즐겁게 살아가도록 해주고, 은혜로 멀리 있는 사람을 구슬리며, 교화와 덕으로 사람들의 마음을 귀순시킨다는 것을 의미한다.

『논어』 「위정(爲政)」에도 이런 글이 나온다.

"덕으로 이끌고 예의로 가지런히 하면 부끄러움과 격식을 갖춘다(道之以德, 齊之以禮, 有恥且格)."

도덕과 교화로 백성을 인도하고 예법 제도로 말과 행동을 규범화하면 백성은 부끄러운 마음을 가질 뿐 아니라 규칙을 준수한다는 뜻이다. 이는 일종의 '회유정책(懷柔政策)'으로 온화한 수단을 통해 적을 복종시키는 것이다. 예를 들어 청나라 초기에는 북쪽의 몽골 부족에 대해 연인정책(聯姻政策: 혼인을 통해 인척을 맺는 정책)을 채택했다. 이는 혈연으로 융합하는 것으로 만주족과 몽골족이 한 집안이 되어 불필요한 전쟁의 단서를 피하려 한 정책이다. 한족(漢族)의 경우에는 한족을 관리로 임용하고 과거시험을 거행하는 한편 한족의 규범을 계속 사용해 적개심을 누그러뜨렸다.

암군을 몰아내고
명군을 세우고자 한다면?

029

里克對曰:"不有廢也, 君何以興? 欲加之罪,
이 극 대 왈 : "불 유 폐 야 , 군 하 이 흥 ? 욕 가 지 죄 ,

其無辭¹乎? 臣聞命矣."伏劍²而死.
기 무 사 ¹ 호 ? 신 문 명 의 ." 복 검 ² 이 사 .

—희공 10년

1 辭(사) : 여기서는 이유, 핑계 등을 가리킨다.
2 伏劍(복검) : 검을 사용해 스스로를 찔러 죽는다.

▶ 이극(里克)이 대답했다. "만약 해제와 탁자가 쫓겨나지 않았다면 임금께서는 어떻게 일어날 수 있었겠습니까? 다른 사람에게 죄를 더하고자 한다면 이유를 찾지 못하겠습니까? 신은 임금의 뜻을 알겠습니다." 그는 말을 마치고 곧바로 검을 써서 자살했다.

이 이야기의 주인공은 진혜공(晉惠公) 이오(夷吾)다. 그의 아버지 진헌공은 여러 처첩과 결혼했고 그에게는 형제로 신생, 중이, 해제, 탁자가 있었다. 신생은 적장자로 명실상부한 진(晉)나라의 태자이고, 해제는 진헌공이 가장 총애하는 부인인 여희가 낳은 아이다.

자신의 아들이 왕위를 이어받기를 바란 여희는 진헌공이 총애하는 조정의 신하와 대부를 구슬려 태자 신생과 중이, 이오를 변방으로 내보내게 했다. 이것으로는 부족했던지 여희는 음모를 꾸며 진헌공이 아들들이 모반을 꾸민다고 믿게 만들었다. 신생은 변명하지 않은 채 스스로 목을 맸고 중이와 이오는 다른 나라로 도망쳤다.

노희공 9년, 진헌공은 죽기 전 해제를 임금으로 세웠고 순식이 상국(相國)을 담당하게 했다. 하지만 헌공이 죽자 진나라에 내란이 일어났고 중이를 지지한 대부 이극은 해제를 죽였다. 순식이 다시 탁자를 임금으로 세우자 이극은 탁자를 죽였고 이어 순식도 제거했다. 그런데 중이가 임금 자리에 오르려 하지 않자 이극은 그의 동생 이오를 받들었으니 그가 바로 진혜공이다.

진혜공은 즉위하자마자 이극을 제거하기로 결정했다. 두 명의 임금과 한 명의 원로 중신을 죽인 그를 법에 따라 사형에 처한 것이다. 다른 한편으로 진혜공은 자신이 해제나 탁자와 같은 전철을 밟을까

우려했다.

● 공신(功臣)과 죄신(罪臣) 사이에서 이극은 "다른 사람에게 죄를 더하고자 한다면 이
유를 찾지 못하겠습니까(欲加之罪, 其無辭乎)"라고 말했다. 이후 사람들은 '欲加之
罪, 何患無辭(욕가지죄, 하환무사)'를 다른 사람을 모함하고자 할 때 아무 이유 없이
죄를 만들어내거나 설명할 만한 핑계거리를 만들 수 있다는 뜻으로 사용했다.

● 남조에도 이와 유사한 이야기가 있다.

　　부량(傅亮)은 유송(劉宋)의 개국공신으로 송무제(宋武帝) 유유(劉裕)는 임종 전
에 제위를 이을 송소제(宋少帝)를 그에게 부탁했다. 그런데 송소제가 주색에 빠져
도리를 돌아보지 않자 부량 등 노신들은 유송 정권을 단단히 고착시키기 위해 여릉
왕(廬陵王)과 송소제를 죽이고 송문제(宋文帝)를 즉위시켰다. 여릉왕과 송소제는
모두 송문제의 혈육으로 부량이 죽인 사람은 일반인이 아니었다. 송문제가 부량을
죽이려 하자 부량이 말했다.

　　"암군(暗君)을 몰아내고 명군(明君)을 세운 것은 사직을 위한 계책입니다. 죄를
더하고자 한다면 이유를 찾지 못하겠습니까(黜昏立明, 社稷之計 ; 欲加之罪, 其無辭
乎)?"

　　말을 마친 부량 역시 법에 따라 처벌을 받았다.

　　남송 때 악비의 전공이 혁혁하자 송고종(宋高宗)은 악비가 금나라를 이겨 금나
라에 포로로 잡혀 있던 휘종과 흠종이 돌아옴으로써 자신의 제위가 위태로워지는
것을 막기 위해 악비를 불러들였다. 임안(臨安)에 돌아온 악비는 재상 진회(秦檜)의
계략대로 반란을 일으키려 한다는 모함에 빠져 병권을 빼앗긴 채 옥에 갇혔다. 금나
라에 항거한 또 한 명의 명장 한세충(韓世忠)은 매우 분노하면서 악비가 모반을 꾀
한다는 말이 어디에서 나왔는지 진회에게 물었다. 진회가 대답했다.

　　"어쩌면 그런 일이 있을지도 모른다(其事體莫須有)."

이는 한마디로 구체적인 사실은 필요 없다는 얘기다. 당시 악비가 억울하게 죽으면서 '막수유(莫須有)'라는 말도 유명해졌다. '욕가지죄, 하환무사'와 '막수유'는 모두 다른 사람을 모함할 때 쓰는 말의 대명사다.

털을 아껴 그 가죽이
다하는 것을 알지 못하면
털은 의지할 곳이 없다

030

慶鄭曰: "背施無親, 幸災¹不仁, 貪愛不祥,
경정왈 : "배시무친, 행재¹불인, 탐애불상,

怒鄰不義, 四德皆失, 何以守國?"
노린불의, 사덕개실, 하이수국?"

虢射曰: "皮之不存, 毛將安傅²?"
괵석왈 : "피지부존, 모장안부²?"

—희공 14년

---

1 幸災(행재): 재난을 당한 사람을 보고 기뻐하다.
2 傅(부): 달라붙다. 의지하다.

▸ 진(晉)나라의 대부 경정(慶鄭)이 말했다. "자신의 은인을 배신하는 사람에게는 친한 사람이 없다. 재난을 당한 사람을 보고 기뻐하는 이에게는 인덕이 없다. 남이 아까워하는 물건을 욕심내는 사람은 선하지 않다. 이웃의 화를 이끌어내는 사람은 의롭지 않다. 이 네 종류의 덕행을 모두 잃었으니 무엇을 가지고 나라를 지키겠는가?" 괵석(虢射)이 대답했다. "이미 가죽이 없는데 털이 어디에 붙어 있을 수 있겠습니까?"

노희공 14년 가을, 진(晉)나라에 있는 사록산(沙鹿山)이 갑자기 무너졌다. 당시 점을 담당한 관리 복언(卜偃)이 자세히 점을 친 후 예측했다.

"일 년 내에 큰 재난이 발생하는데 우리 나라가 거의 멸망할 정도입니다."

과연 가을이 끝나자 진나라에 바로 재난이 발생했다.

북쪽에 있던 진(秦)나라는 겨울의 추위로 충분한 식량을 조달하지 못해 백성이 기아에 빠지고 말았다. 그들은 진(晉)나라에 사신을 보내 식량을 구했지만 진혜공은 식량 원조를 거절했다. 사실 진혜공은 진(秦)나라에서 국제적인 지지를 받고서야 임금의 자리에 오를 수 있었다. 당시 진혜공은 감사의 뜻으로 진(秦)나라에 다섯 성을 바치기로 했으나 그 일을 '잊어버렸다.' 더구나 진(晉)나라가 이전에 수확이 좋지 않았을 때 진혜공은 진(秦)나라에 식량 원조를 요구해 식량을 조달받은 일까지 있었다.

이처럼 진혜공이 의리를 저버리자 진(晉)나라 대부 경정은 진혜공이 네 가지 덕행을 잃었기에 나라가 위기에 빠질 것이라고 비난했다. 또 한 명의 대부 괵석은 애초에 지키지도 않을 성을 진(秦)나라에 주겠다고 약속함으로써 이미 두 나라 사이에 원한을 심어놓았는데, 이제 식량을 준들 원망하는 마음을 줄일 수는 없고 오히려 적의 능력을 늘려주는 꼴이므로 주지 않느니만 못하다고 여겼다. 진혜공은 괵석의 의견을 받아들였고 경정은 반드시 후회할 거라며 탄식했다.

결국 노희공 15년 진(秦)나라와 진(晉)나라 사이에 전쟁이 발발했고, 진목공은 진혜공을 포로로 잡았다. 점괘와 경정의 우려가 확실히 들어맞은 것이다.

역사를 사로잡은 명문장

● 서한의 유향(劉向)이 쓴 『신서(新序)』「잡사2(雜事二)」에는 '가죽과 털이 서로 의지하는(皮毛相依)' 이야기가 수록되어 있다.

어느 날 외출을 한 위문후(魏文侯)가 길에서 양털 옷을 뒤집어 입은 사람을 만났다. 그 모습을 이상하게 여긴 위문후가 그에게 말했다.

"그대는 왜 옷을 뒤집어 입어 가죽 부분이 밖으로 드러나게 하였는가?"

그 사람이 말했다.

"이 옷의 털을 매우 아끼는데 훼손될까 걱정되어 그렇습니다."

그 말을 들은 위문후가 그에게 말했다.

"만약 가죽 부분이 상하면 양털 또한 붙어 있을 곳이 없다는 것을 그대는 모르는가?"

일 년 후 위나라의 동양(東陽) 지방에서 거둔 세수가 작년의 10배에 이르렀다. 대신들이 위문후에게 축하의 말을 건네자 위문후는 전혀 기뻐하는 내색 없이 말했다.

"털을 아껴 그 속이 다하는 것을 알지 못하면 털은 의지할 곳이 없다."

가죽에 붙어 있는 털을 아까워하면서 가죽이 없어지는 것을 알지 못하면 오히려 털이 붙어 있을 곳이 없어진다는 의미다. 다시 말해 동양 지방의 경작지가 늘어난 것도 아니고 인구수도 그대로인데 세수가 어찌 작년의 열 배가 될 수 있단 말인가. 이는 반드시 지방관이 백성을 혹독하게 쥐어짰기 때문일 것이다. 위문후는 이러한 세수 증가는 축하 받을 가치가 없다고 봤다.

　사물이 존재하려면 그 근거가 있게 마련이니 근본을 공고히 해야 존재가 지속된다. 만약 근본을 버리고 외형만 추구해 사물의 중요성과 중요치 않음을 잊으면 장차 얻는 것보다 잃는 게 많다.

재앙은 하늘에서 내리는 것이 아니라
사람의 행동거지에서 나오는 것이다

031

詩曰: "下民之孼[1], 匪降自天. 傅遝背憎[2],
시 왈 : "하 민 지 얼[1], 비 강 자 천. 준 답 배 증[2],

職競[3]由人."
직 경[3]유 인 ."

—희공15년

1　孼(얼) : 재앙.
2　傅遝背憎(준답배증) : 만났을 때는 서로 따르지만 뒤에서는 끊임없이 미워하는 것이다. 傅
　遝(준답)은 '噂沓(준답)', '僔遝(준답)'으로도 쓰이는데 이는 모여 다투면서 논의하는 것을
　가리킨다. 僔(준)은 모인다는 뜻이다.
3　職競(직경) : 서로 다투는 것에 집중한다.

▶ 『시경』「소아·시월지교(十月之交)」에서 말했다. "백성에게 떨어지는 재앙은 하늘에서 내리는 게 아니다. 앞에서는 따르는 듯하고 돌아서서 미워하며 다투는 것에 집중하기 때문이다."

이전에 진목공은 진혜공이 임금의 자리에 오르도록 보내주었다. 더구나 진(晉)나라가 기아에 빠졌을 때는 관대하게 식량을 제공해주기로 했다. 그런데 진혜공은 그런 의리를 버렸고 진목공은 진(晉)나라를 공격했다.

진(晉)나라 군대가 연속으로 패배하면서 한(韓) 지방까지 물러나자 진(晉)나라 대부 경정은 이를 두고 진혜공의 자업자득이라고 했다. 매우 화가 난 진혜공은 임금의 수레를 모실 무사로 지정해둔 경정을 다른 사람으로 바꾸었고 수레를 끄는 말도 정나라에서 온 것을 썼다. 그때 경정이 전쟁에서는 그 지역의 말을 써서 수레를 끌게 해야 한다고 말했다. 그 지역의 말이라야 해당 지역의 도로에 익숙해 주인의 명령을 잘 따르기 때문이다. 하지만 진혜공은 경정의 말을 듣지 않았다. 진혜공은 한간(韓簡)을 보내 군대의 상황을 시찰하게 했고 한간이 돌아와 보고했다.

"본래 진(晉)나라는 진(秦)나라에게 여러 차례 도움을 받고도 아직까지 보답하지 않은 데다 오히려 지금 그들을 공격하려 합니다. 따라서 진(秦)나라 군대는 우리보다 그 수가 적지만 사기가 높습니다. 우리 쪽은 사기가 오르지 않습니다."

전쟁 중 진혜공의 수레는 진흙에 빠져 빙빙 돌면서 빠져나오지 못했다. 그 기회를 놓치지 않고 진(秦)나라는 진혜공을 포로로 사로잡왔다. 그때 진혜공은 반성하지 않고 자신의 아버지를 탓했다. 본래 진헌공이 혼인으로 진(秦)과 진(晉)의 관계를 돈독하게 하려 할 때 사소(史蘇)가 점을 쳐 하나의 괘(卦)를 얻었다.

"이기는 쪽의 성(姓)은 영(嬴)이고 지는 쪽의 성(姓)은 희(姬)다."

이에 따라 진혜공은 애초에 통혼을 포기했으면 지금 같은 결과는 없었을 거라고 생각했다. 그때 진(秦)나라에 함께 포로가 된 한간이 말했다.

"점은 한낱 형상이자 숫자일 뿐입니다. 먼저 상황이 있었기에 형상이 나타나는 것이고, 형상이 있고 난 후 숫자가 나타나는 것입니다."

먼저 악행이 있지 않았다면 어떻게 좋지 못한 점괘가 나오겠는가. 재화는 하늘에서 내리는 것이 아니라 사람의 행동거지에서 나오는 것으로 사소의 점괘는 먼저 이를 경계한 것뿐이다.

역사를 사로잡은 명문장

● 『시경』의 「시월지교」에서는 먼저 흉조(凶兆)를 상징하는 자연 현상과 대자연의 재난을 묘사하고 있다. 이어 작가는 그런 현상을 당시 권력자가 좋은 정치를 하지 못하는 것에 대해 하늘이 경고를 내리는 것으로 보았다.

백성은 '부지런히 일하면서도 감히 다른 사람에게 그것을 알리지 못해(黽勉從事, 不敢告勞)' 단지 열심히 일할 뿐 한마디도 못하며, '죄가 없는 데도 참언이 시끄럽게 재잘대는 것(無罪無辜, 讒口嚻嚻)'을 겁내 본래 죄가 없음에도 간사한 사람들에게 피해를 볼 것을 두려워한다. 그러므로 하늘이 나서서 백성의 말을 듣고 도와주는 것이다.

또한 작가는 이렇게 묘사한다.

"백성에게 떨어지는 재앙은 하늘에서 내린 것이 아니다. 앞에서는 따르는 듯하고, 돌아서서 미워하며, 다투는 것에 집중하기 때문이다(下民之孼, 匪降自天. 噂沓背憎, 職競由人)."

사실 한 왕조의 정권 구조가 느슨해질 때는 천재지변에 대항하거나 피할 능력이 사라진다. 예를 들어 당나라 때 안사의 난 이후 번진(藩鎭)이 점령당하고 환관이 권력을 독점하며 붕당(朋黨)이 다투는 등 중앙정권이 문제를 해결하지 못하는데 관원들이 무슨 수로 백성을 돌본다는 말인가. 『전당문(全唐文)』에 나오는 대로 당나라 후기에는 대규모 역병이 나타나 백성이 일정한 곳에 거주할 수 없었다.

"요사이 강회(江淮) 지방의 여러 도에서 가뭄에 역병이 더해져 사람들이 거주지를 버리고 떠돌아다니면서 열 집 중 아홉 집이 비어 있다(近者江淮數道, 因之以水旱, 加之以疾癘, 流亡轉徙, 十室九空)."

당 왕조의 기반을 흔든 황소의 난(黃巢之亂)은 10년에 걸친 오랜 민란으로 그 영향이 남북 10여 개의 성(省)에 두루 미쳤으니 백성이 어찌 감당할 수 있겠는가? 이는 사람이 일으킨 재앙 탓이다.

플라톤은 『국가』에서 말했다.

"가장 좋은 정치 체제는 지혜, 용기, 절제, 정의의 덕성을 갖춘 것으로 영도자가 이 네 가지 덕성을 갖춰야 비로소 '사람들이 다투는 데 전념하는 일'이 발생하지 않는다."

큰일을 이루려 할 때는
반드시 사람을 근본으로
삼아야 한다

032

宋襄公欲合諸侯, 臧文仲[1]聞之曰: "以欲從人,
송 양 공 욕 합 제 후, 장 문 중 [1] 문 지 왈: "이 욕 종 인,

則可; 以人從欲[2], 鮮濟[3]."
즉 가; 이 인 종 욕 [2], 선 제 [3]."

— 희공 20년

---

1 臧文仲(장문중): 춘추시대 노나라의 대신. 대대로 사구(司寇)를 하면서 예법으로
  노나라의 공실을 지켰고 네 명의 노나라 임금을 보좌했다.
2 從欲(종욕): 자신의 개인적인 욕심을 따르다.
3 濟(제): 성공하다. 도움을 주다. 이용하다. 발휘하다.

▶ 송양공(宋襄公)이 제후를 통합하려 하자 노나라의 장문중(臧文仲)이 이를 듣고 말했다. "자신의 바람이 다른 사람이 바라는 것에 부합하면 성공한다. 다른 사람이 자신의 바람에 맞추게 하면 성공하기 어렵다."

선진 시기 '회맹'에서 맹주 자리를 얻으면 현대의 정상회담처럼 국제적 이익을 주도할 기회를 얻었다. 춘추오패(春秋五霸) 중 하나인 송양공은 제환공의 뒤를 이어 제후를 모으려 한 인물이다.

세상을 떠나기 전 제환공은 태자 공자소(公子昭)를 송양공에게 부탁했다. 제환공이 죽자 제나라에서는 임금 자리를 놓고 심한 내란이 일어났다. 송양공은 제환공의 부탁을 저버리지 않고 제나라로 출병해 공자소가 임금 자리에 올라 제효공(齊孝公)이 되도록 도왔다. 이 일로 스스로 맹주에 오를 기회를 잡았다고 생각한 송양공은 다급히 세 가지 일을 벌였다.

첫째, 등선공(滕宣公)을 잡아 송나라를 맹주로 섬기라고 협박했고 조(曹)나라와 주(邾)나라에 회맹에 참석할 것을 요청했다. 둘째, 몇몇 제후에게 주나라에서 회맹할 것을 요청하고 주문공(邾文公)에게는 증(鄫)나라 임금인 증자(鄫子)를 희생으로 써서 신에게 제사를 지내라고 했다. 이와 더불어 동이(東夷)를 위협해 송나라에 신하로서 복종하도록 했다. 셋째, 송양공은 말을 듣지 않는 조(曹)나라를 공격했다.

협박이라는 수단을 쓰고 살아 있는 사람을 제물로 삼아 제사를 지내게 하는 등 송양공의 조치는 국제적인 정의에 위배된다. 이에 따라 제후들은 '제환공 때가 좋았다'는 마음을 품었고, 제환공이 살아 있었을 때의 우호연맹을 회복하려 했다. 그런데 송양공은 이런 분위기를 알아채지 못하고 단순히 회맹만 하려고 했다.

노희공 21년, 송양공이 제안한 녹상(鹿上)의 회맹이 열렸지만 제효공은 출석해 지지하지 않았다. 또한 그 자리에 있던 초성왕(楚成王)은 군대를 대동해 자신의 지위를 강화하는 한편 송양공을 잡아 초나라로 돌아갔다. 결국 송양공이 제후를 모으는 일은 실패했다.

노나라의 장문중은 한마디로 송양공의 개인적인 욕심이 너무 컸다고 지적했다. 여러 사람이 바라는 부분을 이해하지 못하고 개인적인 욕심으로 패자(覇者)가 되려고 했다가 성공하지 못했다는 얘기다.

역사를 사로잡은 명문장

● '욕심(欲)'이란 바라는 것이자 하고 싶은 것을 말한다. 개인적인 욕심으로 목표를 달성하면 그 자신을 좋게 한다. 여러 사람의 욕심을 실천해 목표를 달성하면 여러 사람에게 이익이 미치고 두루 복을 받는다. 『삼국지』에는 이런 글이 나온다.

　"큰일을 이루려 할 때는 반드시 사람을 근본으로 삼아야 한다(夫濟大事必以人爲本)."

　여러 사람의 이익에 부합하는 것으로 출발해야 큰일을 이룰 수 있다는 말이다. 송양공이 실패한 것은 '자신의 욕심을 굽히고 여러 사람이 좋다고 하는 것을 따라야 함(屈己之欲, 從衆之善)'(두예(杜預) 『춘추좌전주소(春秋左傳注疏)』)을 잊은 것으로 여러 사람의 이익을 마음으로 용납할 수 없는 사람이 어찌 큰일을 담당하고 여러 사람을 영도(領導)할 수 있겠는가.

● 청나라 양광총독(兩廣總督) 임칙서(林則徐)는 다음과 같은 대련(對聯)을 쓴 적이 있다.

　"바다는 수많은 강을 받아들여야 하니 담을 수 있는 용량이 크다. 가파른 절벽은 천 길이나 되니 욕심이 없으며 강직하다(海納百川, 有容乃大 ; 壁立千仞, 無欲則剛)."

큰 바다는 넓은 용량으로 수많은 하천의 물을 받아들인다. 절벽이 우뚝 솟은 것은 개인적인 욕심 없이 굳세게 서 있기 때문이다. 큰 바다와 암벽은 대자연의 추세에 따른 덕분에 넓고 높을 수 있다는 의미다. 사람의 마음에도 관용과 도량이 필요하며 정직하게 일해야 무리가 따르지 않는다.

개인의 욕심이 여러 사람의 이익과 부합할 경우 양쪽 모두 이로운 국면을 만들어낼 수 있다. 이 같은 일이 있어야 큰일을 할 기회가 생긴다.

군사 작전을 펼칠 때는
항상 명분 있는 출동이어야 한다

033

軍吏曰: "以君辟¹臣, 辱也; 且楚師老²矣, 何故退?"
군 리 왈 : " 이 군 피 ¹ 신 , 욕 야 ; 차 초 사 로 ² 의 , 하 고 퇴 ? "

子犯曰: "師³直爲壯, 曲⁴爲老, 豈在久乎? 微⁵楚之惠不及此,
자 범 왈 : " 사 ³ 직 위 장 , 곡 ⁴ 위 로 , 기 재 구 호 ? 미 ⁵ 초 지 혜 불 급 차 ,

退三舍⁶辟之, 所以報也. 背惠食言, 以亢⁷其讎,
퇴 삼 사 ⁶ 피 지 , 소 이 보 야 . 배 혜 식 언 , 이 항 ⁷ 기 수 ,

我曲楚直, 其衆素飽, 不可謂老. 我退而楚還,
아 곡 초 직 , 기 중 소 포 , 불 가 위 로 . 아 퇴 이 초 환 ,

我將何求? 若其不還, 君退, 臣犯, 曲在彼矣."
아 장 하 구 ? 약 기 불 환 , 군 퇴 , 신 범 , 곡 재 피 의 . "

—희공 28년

1 辟(피): '피하다(避)'와 같다.
2 老(로): 피곤하다. 지치다. 당시 초나라는 병력을 주둔시킨 지 반 년이 되어 지친 상태였다.
3 師(사): 군대
4 曲(곡): 바르지 않다.
5 微(미): 없다.
6 三舍(삼사): 일사(一舍)는 30리, 삼사(三舍)는 90리다. 이는 희공 23년 진문공(晉文公)
   이 초성왕에게 다음과 같이 허락한 내용이다. "진(晉)나라와 초나라가 군대를 이끌고
   중원에서 만나면 삼사만큼 임금의 군대를 피하겠습니다."
7 亢(항): 보호하다.

▶ 군리(軍吏)가 말했다. "진(晉)나라 임금이 초나라 신하를 피한 것은 치욕입니다. 초나라 군대는 지쳤습니다. 우리가 왜 물러나야 합니까?" 자범(子犯)이 대답했다. "정정당당한 정의의 군대는 투지가 강력하다. 도리에 문제가 있는 군대의 기세는 쇠약하다. 어찌 군대를 부리는 시간의 길고 짧음으로 쇠약함을 판단할 수 있겠는가? 애초에 초나라가 우리 임금을 예우하지 않았다면 우리에게 오늘 같은 상황이 없을 것이다. 그래서 90리를 후퇴하겠다는 약속을 지켜 초나라에게 보답하는 것이다. 만약 은혜를 저버리고 약속을 지키지 않으면서 초나라의 원수인 송나라를 비호한다면 우리의 이치는 어그러지고 초나라의 이치는 바르게 될 것이다. 초나라 군대의 사기가 충만하면 그들이 지쳤다고 말할 수 없다. 만약 우리가 후퇴하고 초나라도 후퇴한다면 우리가 무엇을 요구하겠는가? 만약 그들이 후퇴하지 않으면 이는 임금이 후퇴하는데 신하되는 사람이 침범하는 것이니 이는 초나라의 이치가 어그러지는 것이다!"

진(晉)나라와 초나라는 중원에서 패권을 다투기 위해 성복(城濮)에서 전투를 치렀다. 이 전쟁의 기원은 송나라가 초나라를 배반하고 진나라와 동맹을 맺자, 초나라가 제후국인 진(陳), 채, 정, 허 나라 군대와 연합해 송나라의 도성을 포위한 일까지 거슬러 올라간다. 송나라는 상황이 다급해지자 진나라에 구원을 요청했다. 진문공은 송양공이 과거에 한 예우에 사례하고 이를 틈타 국제적 명망을 얻기 위해 참전을 결정했다.

당시 초나라는 네 제후국의 지지뿐 아니라 조와 위 두 나라와 동맹을 맺었기 때문에 진나라 홀로 고독하게 남았다. 진나라에게 가장 다급한 일은 동맹을 맺는 것이었다. 진문공은 먼저 조와 위 두 나라를 공격해 얻은 땅을 송나라에 준 뒤, 송나라가 제와 진(秦) 두 강대국에 뇌물을 보내 초나라를 설득해달라고 부탁하게 했다. 초나라는 전쟁을 그만두고 싶어 하지 않았고 제나라와 진(秦)나라도 기뻐하지 않아 이들은 진(晉)나라와 함께 전쟁하기로 결정했다.

초성왕은 진나라의 날카로운 칼끝을 잠시 피하고자 송나라를 포위하던 군대에 철수 명령을 내렸다. 하지만 장군 자옥(子玉)은 이 명령을 듣지 않고 오히려 대군을 이끌고 출병해 진(晉)나라에 위나라 임금의 왕위를 회복시키고 조나라에게 빼앗은 토지를 돌려주기를 요구했다. 만약 진(晉)나라가 두 조건에 응하면 초나라는 송나라에서 철군하겠다고 했다.

진문공의 외삼촌 자범은 자옥이 신하된 사람으로서 진(晉)나라의 임금에게 두 가지 조건을 내세운 것은 무례한 짓으로 기회를 봐서 그와 전쟁을 해야 한다고 여겼다. 반면 책략가 선진(先軫)은 진(晉)나라가 허락하지 않으면 초나라가 송, 조, 위 세 나라에 은혜를 내려주는 것과 같으니 몰래 조나라와 위나라를 회복시키고 초나라가 제시한 은혜를 진(晉)나라 쪽으로 가져와 그들과 초나라의 관계를 갈라놓는 것이 낫다고 보았다. 진문공은 선진의 의견을 받아들였고 두 나라가 진(晉)나라에 감사하게 하는 한편 초나라와 단교하게 만들었다.

이 사실을 안 자옥은 몹시 노해 진(晉)나라 군대와 전쟁을 벌이려 했다. 반대로 진(晉)나라 군대는 뒤로 물러나려 했다. 진(晉)나라 군관들이 모두 항의를 표하자 자범이 설명했다.

"우리 군대가 작전을 펼칠 때 가장 중요한 것은 '명분 있는 출동'임을 드러내고 진문공이 일찍이 초성왕에게 허락한 '삼사를 후퇴한다'는 약속을 지키는 일이다. 약속을 지키지 못하면 진(晉)나라의 이치

는 어그러진다. 진(晉)나라가 삼사를 후퇴하면 초나라 또한 군대를 후
퇴시켜 송나라의 곤경을 풀어줄 것이다. 만약 진(晉)나라 군대가 물
러났는데 초나라 군대가 물러나지 않으면 이는 신하가 임금을 압박
하는 것으로 진(晉)나라 군대는 반격할 이치가 올바르고 기운이 장대
해 자연스럽게 승리를 얻어낼 수 있다."

　자옥의 무례한 요구 앞에서 진문공은 그와 직접적으로 충돌하지
않고 삼사를 물러났다. 이 모든 것은 진(晉)나라가 '이치상' 올바른 지
위에서 정의의 군대로 서게 했다. 반대로 초나라의 장군 자옥은 진
(晉)나라가 후퇴할 때 병사들이 권하는 내용을 듣지 않고 추격을 고
집하다가 결국 전쟁에서 참패했다.

역사를 사로잡은 명문장

● 대외적인 충돌이 빈번하던 북송시대에는 외환(外患)에 직면해 조정이 맹약을 조정
　함으로써 평화를 유지하는 정책을 다양하게 채택했다.

　송진종(宋眞宗) 때 조정한 전연(澶淵)의 맹약으로 송과 요는 수십 년간 평화를 유
지했지만 국경 때문에 수시로 다툼이 일어났다. 송신종(宋神宗) 때 두 나라는 국경
의 경계를 다시 정하고자 교섭에 들어갔다. 당시 경성(京城)에 도착한 요나라의 사
신 소희(蕭禧)는 산서의 황외산(黃嵬山)을 경계로 삼을 것을 요구하며 심지어 목표
를 달성하지 못하면 돌아가지 않겠다고 선언했다.

　신종은 심괄(沈括)에게 담판을 지시했고, 그는 사전에 추밀원(樞密院)에 가서 과
거 문서를 훑어보았다. 그러자 옛날에는 고장성(古長城)을 경계로 했기 때문에 만약
지금 요나라의 요구를 들어줄 경우 요나라는 국경이 30리(里)나 늘어나는 셈이었
다. 그 결과를 신종에게 알리자 신종은 매우 기뻐하면서 그것을 지도로 그려 소희에
게 보여주게 했다. 이치상으로 굴복한 소희는 두 번 다시 논쟁을 하지 않았다.

　이번에는 심괄이 송왕조를 대표해 사신으로서 요나라를 방문했다. 요나라는 재

상 양익계(楊益戒)가 담판자로 나섰고, 심괄은 사전에 관련 인물들에게 두 나라 국경과 관련된 문건을 모두 암기하게 했다. 그리고 담판 중에 양익계가 의문을 표시할 때마다 예를 들어 답변하게 했다. 송나라 사신들의 답변이 물 흐르듯 자연스럽자 양익계는 불편한 표정을 지으며 말했다.

"결국 한 뙈기의 땅도 내놓을 수 없다는 얘기인데, 그대는 두 나라의 우호관계가 단절되기를 바라는 겁니까?"

심괄이 대답했다.

"지금 요나라는 한 뙈기의 땅 때문에 과거 임금께서 세워놓은 중대한 약속을 저버리고 우리 백성을 위협하고 있습니다. 이는 송나라 조정에 이치가 있는 일이므로 일단 전쟁이 발발하면 우리에게는 명분이 있어 결코 불리하지 않습니다."

여섯 번의 담판을 거친 요 나라는 심괄에게 어떠한 이점도 얻어낼 수 없음을 알고 황외산 분수령 다툼을 그만두었다. 담판장에서 소희와 양익계를 설득한 심괄의 태도는 '군대가 올바르면 강직하다(師直爲壯)'는 표현에 들어맞는다.

어지러움으로
정리된 것을 바꾸는 것은
좋은 전략이 아니다

034

子犯請擊之. 公曰:"不可. 微¹夫人²之力不及此.
자 범 청 격 지. 공 왈:"불 가. 미¹부 인²지 력 불 급 차.

因人之力而敝³之, 不仁:失其所與⁴,
인 인 지 력 이 폐³지, 불 인:실 기 소 여⁴,

不知:以亂易⁵整, 不武. 吾其還也."
부 지 : 이 란 역⁵정, 불 무. 오 기 환 야."

—회공 30년

1 微(미):없다. 여기서는 '아니었으면'의 뜻이다.

2 夫人(부인):그 사람. 진목공을 가리킨다.

3 敝(폐):상해. 상해를 끼치다.

4 所與(소여):우호적인 국가로 동맹국을 가리킨다.

5 易(역):대체하다.

▶ 진(晉)나라 대부 자범이 군대를 동원하여 진(秦)나라 군대를 공격하자고 요청했다. 진문공이 말했다. "안 되오. 애초에 진(秦)나라의 도움이 없었다면 나는 진(晉)나라의 임금 자리로 돌아올 수 없었을 것이오. 다른 사람의 힘을 빌렸음에도 오히려 그 사람을 공격한다면 그것은 인의에 어긋나는 일이오. 나와 함께하는 쪽, 즉 진(秦)나라라는 동맹국을 잃는 것은 지혜롭지 못한 일이오. 분열로 단결을 대신하는 것은 좋은 전략이 아니오. 우리는 아무래도 서둘러 돌아가는 것이 좋겠소."

진문공 중이는 왕위에 오르기 전, '원치 않은 형태'로 19년간 여러 나라를 떠돌았다. 진(晉)나라에 왕위 쟁탈전이 벌어져 중이의 계모, 아버지, 동생이 모두 그를 죽이려 하자 어쩔 수 없이 떠돌이 신세를 면치 못한 것이다. 다행히 중이에게는 외삼촌 호언(狐偃)(자는 자범)을 비롯해 그를 따르는 신하들이 있었고, 중이는 연약한 때도 있었지만 중요한 시기에는 신하들의 건의를 흔쾌히 받아들여 매번 위험한 상태를 안전하게 만들었다.

진(秦)나라와 진(晉)나라는 대대로 통혼을 해서 둘 사이의 관계를 강화해왔다. 이른바 '진진지호(秦晉之好: 두 집안이 혼인을 맺는다는 뜻의 속담)'의 관계였다. 진목공이 진헌공의 딸과 결혼한 것을 시작으로 진회공(晉懷公, 태자어(太子圉))이 태자 시절 진(秦)나라의 인질로 있을 때 진목공이 자신의 딸 회영(懷嬴)을 그에게 시집보냈지만, 태자어는 회영을 두고 진(晉)나라로 돌아갔다. 이때 중이를 돕기로 결정한 진목공은 회영을 포함해 다섯 딸을 그에게 시집보내고는 중이가 군대의 호위를 받으며 진(晉)나라로 돌아가도록 배려했다. 그렇게 돌아간 중이는 진문공으로 즉위했고 내정과 외교, 문치(文治)와 무공(武功)에서 모두 업적을 이룬 춘추오패 중 하나가 되었다.

정나라는 진(晉)나라 남쪽에 있는 작은 나라로 본래 진(晉)나라에 의지했다. 중이가 망명하던 중 정나라에 도착했는데 정문공은 "제후의 여러 망한 공자가 여기를 많이 지나갑니다. 어찌 예의를 다할 수 있겠습니까?(諸侯亡公子過此者衆, 安可盡禮)"라며 중이를 대접하지 않았다.

이후 정나라는 진(晉)나라에 두 마음을 품고 초나라에 의지하기를 바랐다. 이때 진문공은 진목공과 연합해 정나라를 치려 했고 정나라 임금은 일지호(佚之狐)의 의견을 받아들여 협상가 촉지무(燭之武)를 진목공에게 보냈다. 진목공을 만난 촉지무는 정(情)으로 움직이고 이익으로 유혹하고 이치로 설득했다.

"정나라가 망하면 진(晉)나라는 유리한 점이 있지만 진(秦)나라에는 유리한 점이 없습니다. 또한 이후 진(秦)나라를 주인으로 모셔 진(秦)나라가 동쪽으로 나아가고자 할 때 정나라는 진(秦)나라의 보급을 제공할 것입니다."

그는 진(秦)나라와 진(晉)나라 사이의 모순을 들춰내 진목공이 고개를 끄덕이게 만들었고 결국 정나라를 공격하지 않도록 결정하게 했다. 이처럼 촉지무는 병사 한 명 쓰지 않고 정나라를 위기에서 구해냈으니 이것이 바로 "촉지무가 진(秦)나라 군대를 몰아냈다(燭之武退秦師)"는 표현이 탄생한 배경이다.

자범은 진문공에게 승세를 타 추격할 것을 요구했지만 진문공은 진목공이 그에게 준 은정(恩情)을 생각해 정나라를 침범하지 않았다. 이를 통해 중이의 사람됨이 따뜻함을 알 수 있으니 '춘추'라는 난세에 이는 보기 힘든 인격적 특질이다.

역사를 사로잡은 명문장

● 춘추시대의 정치는 변화무쌍해 나라와 나라 사이에 영원한 동지도 영원한 적도 없었다. 『설원(說苑)』「존현(尊賢)」에서는 당시의 정세를 이렇게 묘사하고 있다.

"춘추시대에 천자는 미약하고 제후는 힘이 강해 모두가 배반하면서 조례를 하지 않았다. 많은 사람이 없는 사람에게 포악하고, 강한 사람이 약한 사람을 협박했으며, 남쪽과 북쪽의 이민족이 번갈아 중원을 침범하는 것이 선처럼 끊이지 않았다(春秋之時, 天子微弱, 諸侯力政, 皆叛不朝 ; 衆暴寡, 强劫弱, 南夷與北狄交侵中國之不絶若線)."

주나라 천자는 당시 거의 이름만 있을 뿐 실제로는 망한 것과 다름없어 각각의 제후는 주천자를 무시하고 모두 패자가 되려 했다. 이때는 인의도덕이 거의 실종돼 강한 나라는 약한 나라를 끊임없이 공격했고, 작은 나라는 그저 큰 나라에 의지할 수밖에 없었다. 또한 북방의 적인(狄人)과 남방의 초나라 세력이 일어나 중원은 매우 아슬아슬한 상황이었다. 이때 진문공은 성복에서 초나라를 물리치고 천토(踐土)에서 회맹해 여러 사람이 힘을 합쳐 주왕실을 보호하게 함으로써 당시의 맹주가 되었다.

"촉지무가 진(秦)나라 군대를 몰아냈다"는 고사에서 진문공이 정나라를 공격한 까닭은 정나라가 예의를 다하지 않은 원한을 보복하는 것 외에 정나라가 초나라에 의지하려 했기 때문이다. 진(晉)나라와 함께 정나라를 공격하려 한 진(秦)나라가 병사를 물린 까닭은 촉지무가 정나라를 공격하는 것이 자신들에게 불리하다는 점을 일깨워주었기 때문이다. 물론 진(晉)나라는 군대를 동원하여 진(秦)나라의 배신을 응징할 만했지만 진문공은 "다른 사람의 힘을 빌렸음에도 그를 공격하는 것은 사람답지 못한 것입니다. 함께하는 사람을 잃는 것은 지혜롭지 못한 일입니다. 어지러움으로 정리된 것을 바꾸는 것은 좋은 전략이 아닙니다(因人之力而敝之, 不仁 ; 失其所與, 不知 ; 以亂易整, 不武)"라며 진(秦)나라를 공격하지 않았다.

전략적 측면에서도 진(秦)나라를 공격하는 것은 국제 조화를 파괴하는 것으로 진(晉)나라는 아직 그럴 준비가 되지 않았다. 『맹자』「공손추」에는 이런 말이 나온다.

"힘으로 인자함을 빌리는 것이 패다(以力假仁者, 霸)."

이에 대해 조기(趙岐)는 『맹자장구(孟子章句)』 주(注)에서 말했다.

"패자는 큰 나라의 힘으로 인의의 도를 빌린 후에야 될 수 있으니 제환공과 진문공 등이 이러하다(言霸者以大國之力, 假仁義之道, 然後能霸. 若齊桓, 晉文公等是也)."

무엇이 패주일까? 인의도덕으로 포장하긴 했지만 그들은 확실히 주먹에 의지해 승리를 얻어냈다. 춘추시대의 관점으로 지금의 국제 정세를 봐도 그리 큰 차이가 나지 않는다.

예의가 없으면
일을 성공시키기 어렵다

035

三十三年春, 秦師過周北門, 左右免冑而下[1],
삼 십 삼 년 춘 , 진 사 과 주 북 문 , 좌 우 면 주 이 하[1],

超乘[2]者三百乘. 王孫滿尙幼, 觀之,
초 승[2] 자 삼 백 승 . 왕 손 만 상 유 , 관 지 ,

言於王曰: "秦師輕而無禮, 必敗. 輕則寡謀,
언 어 왕 왈 : "진 사 경 이 무 례 , 필 패 . 경 즉 과 모 ,

無禮則脫[3]. 入險而脫, 又不能謀,
무 례 즉 탈[3]. 입 험 이 탈 , 우 불 능 모 ,

能無敗乎?"
능 무 패 호 ? "

—희공 33년

---

1 免冑而下(면주이하) : 병사들이 투구를 벗고 수레에서 내려 걸어가다.
2 超乘(초승) : 병사들이 매우 빠르게 전차에 올라타다. 乘(승)은 전차다.
3 脫(탈) : 꼼꼼하지 못하고 경솔하다.

▶ 노희공 33년 봄, 진(秦)나라 군대가 주나라 왕성(王城)의 북문을 지나갔다. 수레를 모는 사람을 제외하고 좌우측 병사는 모두 투구를 벗고 수레에서 내려 걸어갔다. 얼마 지나지 않아 그들은 뛰어서 수레에 올라탔고 3백 량의 전차가 모두 그랬다. 당시 주양왕(周襄王)의 손자 만(滿)은 아직 어렸지만 그 광경을 본 후 양왕에게 말했다. "진나라 군대가 경박하고 오만하며 예법을 지키지 않는 것을 보니 반드시 전쟁에서 질 것입니다. 경박하고 오만한 사람은 계략이 부족하고 스스로를 잘 단속하지 못합니다. 험악한 땅으로 가면서도 경솔하고 기강이 없으며 모략을 이해하지 못하는 데 이들이 실패하지 않을 수 있겠습니까?"

노희공 32년, 정나라에 머물고 있는 대부 기자(杞子)가 진목공에게 비밀리에 보고했다. 그가 이미 정나라 수도의 북문 열쇠를 장악했으니 만약 군대를 보내 정나라를 기습한다면 내부에서 호응해 정나라를 점령할 수 있을 거라는 내용이었다. 진목공이 대신 건숙에게 의견을 묻자 건숙이 반대하며 말했다.

"정나라는 매우 멉니다. 대군이 천 리 동안 고생하면서 나아간다면 상대방이 어찌 소문을 듣고 대비하지 않겠습니까? 매우 위험합니다."

하지만 진목공은 맹명시(孟明視: 백리혜[百里奚]의 아들), 백을병(百乙丙), 서걸술(西乞術: 건숙의 아들)에게 군대를 이끌고 출정할 것을 명령했다. 군대가 출발할 때 세 장수의 두 아버지인 건숙과 백리혜는 도중에 군대를 가로막고 큰 소리로 울었다. 건숙은 자신의 아들에게 진(晉)나라가 반드시 효산(崤山)의 두 언덕 사이에 복병을 둘 것이라고 했다. 그는 크게 울면서 말했다.

"아이야! 나는 대군이 나라의 문을 나서는 것만 볼 뿐 돌아오는 것은 못 볼 것 같다!"

진목공은 오히려 건숙이 너무 늙었다고 여기고는 군대가 돌아오면 그대의 무덤 위에 있는 나무는 이미 두 팔로 감쌀 만큼 자랐을 것이라고 욕했다.

아버지들의 경고가 마음에 걸렸지만 원정군은 내내 내색하지 않고 '높은 기세'로 왕성(王城) 북문의 길을 빌렸다. 그들의 경박한 모습에서 식견이 있는 사람들은 그들에게 걱정이 있음을 알아챘다. 당시 제후국의 수레 부대가 왕성을 지날 때 사병들은 전투용 갑옷을 벗고 병기를 거두고는 수레에서 내려 왕성을 떠날 때까지 걸어갔다. 그런데 진(秦)나라 군대는 단지 투구만 벗었고 사병들도 매우 빠르게 뛰어 수레로 돌아가는 바람에 사람들에게 부주의하고 예의가 없다는 인상을 남겼다. 예부터 군대의 전체 모습은 기묘하게 승패와 관련이 있었으니 왕손만이 그 점을 관찰하고 패배를 예측한 것이다. 과연 그의 예측은 맞아떨어졌다.

당시 정나라의 상인 현고(弦高)는 때마침 주나라에서 장사를 하다가 진(秦)나라 군대가 정나라를 공격한다는 소식을 들었다. 그는 진나라 군대에 가서 네 장의 소가죽과 열두 마리의 소를 바치고는 정나라 임금이 진나라 군대가 온다는 얘기를 듣고 그를 보내 진나라 군대를 먼저 접대하게 했다고 말했다. 그리고 따로 사람을 보내 정목공(鄭穆公)에게 그 사실을 알렸다.

정나라에 있는 기자의 동향을 살펴 그가 일찌감치 전쟁 준비를 하고 있었음을 알아챈 정목공은 다른 한편으로 사람을 보내 진나라 군대를 살폈다. 기자는 깜짝 놀라 제나라로 도망갔다. 진나라의 장군

맹명시는 정나라가 철저히 준비했음을 보고 계획을 변경해 허둥지둥 활(滑)나라를 공격하고는 군대를 거둬 복귀했다. 그렇지만 그들의 액운(厄運)은 아직 끝나지 않았다.

진(晉)나라는 진문공이 세상을 떠난 지 얼마 되지 않은 상황으로 진(秦)나라를 이겨야 했던 진양공(晉襄公)은 이 기회를 놓치지 않았다. 그는 상복을 입고 출병했고 효산에 매복해 있다가 진(秦)나라 군대가 지나갈 때 단박에 적을 궤멸시켜 세 명의 대장을 산 채로 잡았다. 진양공의 어머니는 진(秦)나라에서 시집온 여자로 세 명의 대장을 위해 용서를 구했고 진양공은 그들을 곧바로 풀어주었다. 대신 선진이 조회에 와서 그 일을 알고는 크게 화를 내면서 땅에 침을 뱉었다. 진양공은 바로 후회하며 양처보(陽處父)를 보내 그들을 쫓으라고 했지만 세 명의 진(秦)나라 장군을 태운 배는 이미 강가를 떠났다. 양처보는 진양공의 명령을 받드는 것처럼 하면서 그들에게 말을 주겠다고 했다. 그러나 맹명시는 그 계략을 간파하고 되돌아가지 않았다.

그들이 진(秦)나라에 돌아간 후 진목공은 소복(素服)을 입고 교외로 나와 울면서 말했다.

"내가 건숙의 말을 듣지 않아 그대들에게 욕을 보도록 했으니 내 죄입니다!"

이후 사람들은 "건숙이 군대를 보고 울고, 세 장수가 효산에서 곤란을 겪는다(蹇叔哭師, 三帥困崤山)"는 말로 희롱했다. 따지고 보면 장군들이 경솔해 전략을 제대로 세우지 못하고 스스로를 제어하지 못한 것이 패배의 주요 원인이다. 이 이야기는 예의가 없으면 일을 망칠 수 있다는 점을 확실히 보여준다.

역사를 사로잡은 명문장

● 『한시외전(韓詩外傳)』에 예의에 관한 이야기가 나온다.

어느 날 술에 취한 제경공이 머리의 관을 벗고 옷을 풀어헤치고는 금(琴)을 연주했다. 그는 좌우에서 수행하던 사람에게 말했다.

"인자한 사람도 나처럼 이렇게 즐길 줄 아는지요?"

모시던 사람이 답했다.

"인자한 사람도 사람입니다. 어찌 즐기지 않겠습니까?"

기분이 매우 좋았던 제경공은 사람을 보내 안자(晏子: 안영[晏嬰]을 가리킨다)를 불러오라고 했다. 안자가 조복(朝服)을 입고 임금 앞에 나아가자 제경공이 말했다.

"그대도 나와 함께 술을 마시고 즐깁시다!"

안자가 대답했다.

"그 말은 잘못되었습니다! 제나라에서 키가 5척 이상이고 힘이 임금과 저를 넘어서는 사람은 매우 많습니다. 그래도 그들이 윗사람을 업신여기지 않는 까닭은 예절을 넘어서기를 두려워하기 때문입니다. 만약 천자께 예의가 없으면 사직을 지키지 못합니다. 제후에게 예의가 없으면 나라를 지키지 못합니다. 사람에게 예의가 없으면 부하를 부리는 입장에 있을 수 없습니다. 어떤 사람의 부하에게 예의가 없으면 윗사람을 받들어 모실 수 없습니다. 『시경』에서 말하길 '사람에게 예의가 없으면 어찌 빨리 죽지 않겠는가(人而無禮, 胡不遄死)!'라고 했습니다."

이 말을 들은 제경공은 부끄러운 기색을 드러내며 곧바로 조복으로 바꿔 입고는 안자에게 술을 권했다.

예의 구속력은 단지 수단일 뿐 그 목적은 다른 사람이 이런 훈련을 거쳐 잘못을 줄이고 조금씩 성장하게 하는 데 있다. 그래도 예의 수단과 내용, 정신을 같은 것으로 이야기할 수는 없다. 『논어』「태백」에는 "**공손하지만 예의가 없으면 수고스럽다(恭而無禮則勞)**"는 말이 나온다. 이는 예의를 지키는 원인과 도리가 형식적인 공경보다 훨씬 더 중요하다는 것을 깨우쳐준다.

문(文)의 관점에서는 순리를 위반하지 않아야 하고, 무(武)의 관점에서는 적을 피하지 않아야 한다

036

晉陽處父侵蔡, 楚子上救之, 與晉師夾泜而軍.
진 양 처 보 침 채. 초 자 상 구 지, 여 진 사 협 지 이 군.

陽子患之,
양 자 환 지,

使謂子上曰: "吾聞之: '文不犯順, 武不違敵.'
사 위 자 상 왈 : "오 문 지 : '문 불 범 순, 무 불 위 적.'

子若欲戰, 則吾退舍¹, 子濟而陳²,
자 약 욕 전, 즉 오 퇴 사¹, 자 제 이 진².

遲速唯命. 不然, 紓我, 老師³費財,
지 속 유 명. 불 연, 서 아, 노 사³비 재,

亦無益也!"
역 무 익 야!"

— 희공 33년

---

1 退舍(퇴사): 1사는 30리다. 이는 군대가 뒤로 30리 물러난다는 말이다.
2 子濟而陳(자제이진): 濟(제)는 강을 건너는 것이다. 陳(진)은 '陣(진)' 자와 같으며 진을
   갖춘다는 뜻이다.
3 老師(노사): 老(노)는 군대가 오래 있어 나날이 피곤해짐을 말한다. 師(사)는 군대다.
   (적과 나) 두 군대가 맞서는 날이 길어져 병사들이 피곤함을 말한다.

164

▶ 진(晉)나라 대부 양처보가 군대를 이끌고 채나라를 침입했다. 초나라 영윤(令尹) 자상(子上)이 구원하러 가다가 진(晉)나라 군대에 막혀 지수(泜水)에서 두 군대가 대치했다. 양처보가 사신을 보내 자상에게 말했다. "'문(文)의 관점에서는 순리를 어길 수 없고, 무(武)의 관점에서는 적을 피하지 말아야 한다'고 들었습니다. 그대가 싸우고자 한다면 우리는 30리를 후퇴할 것입니다. 그대는 강을 건너 진을 친 뒤 마음대로 공격하면 됩니다. 그렇게 하지 않을 거라면 조금 늦춰주길 바랍니다. 우리가 건너가서 진을 치겠습니다. 지금처럼 한다면 병사들을 피곤하게 하고 군량과 비용을 소모할 뿐 좋은 점이 없습니다!"

춘추 중엽은 진(晉)과 초 두 강대국이 패권을 다투던 시기였다. 주변의 작은 나라는 대부분 누가 패주가 되느냐에 따라 그에게 의지하려 했다. 노희공 33년, 초나라는 정나라를 공격해 초나라와 친한 사람을 임금으로 세우려 했다. 정나라는 진나라에 구원을 요청했고, 양처보는 군대를 내 초나라의 동맹국인 채나라를 공격해 초나라가 목표를 바꾸게 함으로써 정나라를 구하려 했다. 이것이 바로 '문의 관점에서는 순리를 어길 수 없는 쪽, 무의 관점에서는 적을 피하지 않는 쪽'의 원인이다. 양처보는 쌍방이 군대를 동원한 데는 명분이 있으므로 통쾌하게 한바탕 싸워야지 서로 대치하며 움직이지 않으면 안 된다고 보았다.

이 일 외에 다음과 같은 이야기도 있다.

양처보가 사람을 보내 자상에게 소식을 전한 후, 자상이 강을 건너가 진을 치려 하자 막료들이 만류하며 말했다.

"우리가 강을 건널 때 어지러운 틈을 타 그들이 공격하면 곤란하지 않겠습니까? 우리가 30리 물러나고 그들이 강을 건너게 하는 것이 좋겠습니다."

자상이 대군을 뒤로 물리자 양처보는 곧바로 선포했다.

"초나라 군대가 도망간다!"

그가 곧바로 군대를 철수시키자 초나라 군대도 돌아갔다. 이후 초성왕은 자상이 초나라의 체면을 구겼다고 여겨 그를 죽이라고 명령했다. 계략을 잘 세운 양처보는 병사를 한 명도 쓰지 않고 정나라를 구했고 적국의 대장까지 물리쳤다.

역사를 사로잡은 명문장

● 춘추 시기 오나라가 진(陳)나라를 공격한 적이 있다. 오나라의 행위는 잔학해 집에 있는 사당을 부쉈을 뿐 아니라 역병에 걸린 사람들까지 죽였다. 이후 진나라의 태재(太宰) 비(嚭)가 사신으로 오나라에 가자 오나라 임금 부차(夫差)는 사신을 접대하는 사람에게 말했다.

"듣기에 비라는 사람이 말을 잘한다고 하니 그에게 묻는 것이 낫겠소. '군대에는 명분이 있어야 한다(師必有名)'고 하던데, 그렇다면 우리가 진나라를 칠 때는 어떤 명분이 있는지 물어보시오."

태재 비가 듣고는 대답했다.

"옛 사람들은 정벌할 때 상대방 나라의 사당을 부수지 않고, 병들고 약한 사람을 죽이지 않으며, 백발이 성성한 사람을 포로로 삼지 않았습니다. 그런데 지금 귀국의 행실은 모두 상반되니 어찌 '살해하는 포악한 군대(殺厲之師)'라 하지 않을 수 있겠습니까?"

부차가 또 말했다.

"만약 우리 쪽이 땅을 돌려주고 그대의 백성을 풀어준다면 우리 군대를 어떻게 부를 것이오?"

태재 비가 말했다.

"우리 나라에 죄가 있어 대왕께서 토벌했는데, 불쌍하게 여겨 풀어준다면 임금께서는 귀국의 군대가 '명분이 바른 군대(正名之師)'가 아닐 거라는 걱정을 하실 필요가 있겠습니까?"

이를 통해 옛 사람들은 올바른 명칭에 매우 신경 썼음을 알 수 있다. 『좌전』에 나오는 **"말이 순조로운데 따르지 않으면 상서롭지 못하다(辭順而弗從, 不祥)"(문공 14년), "그 말이 순조로운데 순조로움을 해치면 상서롭지 못하다(其辭順, 犯順不祥)"(양공 25년)** 등의 말은 대략 '문불범순(文不犯順)'과 같은 뜻이다. 옛날에 탕(湯) 임금이 걸(桀) 임금을 토벌하고, 무왕(武王)이 주(紂) 임금을 토벌한 것은 모두 명분이 바른 군사라는 명칭을 얻었다. 하늘의 이치와 여론, 민심이 모두 같은 편에 있었기 때문이다. 정의의 군대는 곧 무적의 군대이고 올바른 도리가 바로 여기에 있다.

제 3 장

머리와 꼬리가 모두
두려워하면 두려워하지 않을
몸의 부위가 있겠는가?

현명한 군주는 때를 알고, 그때에 맞춰 정치를 편다

037

閏月不告朔, 非禮也. 閏以正時, 時以作事[1],
윤 월 불 고 삭 . 비 례 야 . 윤 이 정 시 . 시 이 작 사 [1] .

事以厚生. 生民之道, 於是乎在矣. 不告閏朔,
사 이 후 생 . 생 민 지 도 . 어 시 호 재 의 . 불 고 윤 삭 .

棄時政也, 何以爲民?
기 시 정 야 . 하 이 위 민 ?

—문공(文公) 6년

---

1 作事(작사): 경작하는 농사다.

▶ 윤달 첫 1일 노나라에서는 고삭(告朔)이라는 의식을 거행하지 않았는데 이는 예법에 맞지 않는다. 윤달은 역법을 수정해 사계절이 변하는 오차를 셈하는 것으로 농사는 정확한 시간을 근거로 짓는다. 농사가 순조로우면 결국 백성의 생활이 풍족해진다. 백성을 다스리는 방식이 여기에 있다. 고삭의 의식을 거행하지 않는 것은 때맞춰 정치를 펴는 이념을 포기하는 것으로, 이로써 어떻게 백성을 다스릴 수 있겠는가?

고대의 역법은 오늘날의 음력과 거의 비슷한데 음력 평년(平年)에는 12개월이 있다. 여섯 개의 큰 달에는 30일이 있고 여섯 개의 작은 달에는 29일이 있으니 더하면 1년은 354일이다. 그렇지만 지구가 태양을 한 바퀴 공전할 때는 약 365일이 소요된다. 평년으로 일월을 기록하는 방식에 따르면 일 년에 11일씩 줄어들어 3년이면 한 달의 차이가 난다. 이 때문에 옛날 사람들은 윤달을 두는 방식을 생각해냈다. 3년에 1년씩 한 달을 두고(윤달을 두면 1년은 13개월이다) 19년에 일곱 번 윤달을 두는 식이다. 『상서』「요전(堯典)」은 "윤달을 두어 사시(四時)를 정하고 한 해를 이뤘다(以閏月定四時成歲)"는 말이 나온다. 이는 윤달을 두어 사계절의 시간을 확정한 것으로 이로써 백공(百工)의 일을 기획하고 발전에 장애가 없음을 말한 것이다.

옛날의 달력은 천자의 희화관(羲和官)에서 제정하고 천자가 다음 해의 정령(政令)과 연동해 한 번에 제후에게 반포했다. 제후는 그것을 받아 사당에 두고 매달 첫날 정령서(政令書)를 꺼내 축사관(祝史官)이 여러 사람 앞에서 낭독한 뒤 해당 달의 시정(施政)의 근거로 삼았다. 이것이 바로 '고삭(告朔)'이다. 고삭은 제후가 매달 거행하는 의식으로 정령을 때맞춰 하고 달력이 없는 백성은 이것에 의거해 농사의 때를 결정했다. 노문공(魯文公)이 '윤달에 고삭을 하지 않은 것(閏月不告朔)'은 나라 전체에 이번 달이 윤달이라는 것을 알리지 않은 것으로 농사, 경제, 민생이 간접적으로 영향을 받는다. 이 때문에『좌전』에서는 '예법에 맞지 않는다(非禮也)'고 풍자했다.

역사를 사로잡은 명문장

● 옛날 사람들은 윤달을 두는 것을 큰 일로 여겼고 당나라의 진창언(陳昌言)은 「선왕정시령부(先王正時令賦)」에서 다음과 같이 적고 있다.

"해당하는 때에 올바른 역법을 잃으면 여름에 우박이 내리고 겨울에 우레가 친다(時失其經, 則夏雹而冬震). 따라서 때가 바르지 않을 수 없고 한 해에 대해 윤달을 헤아리지 않을 수 없다(故時不得不正, 歲不得不閏也)."

만약 역법이 잘못되면 때가 이미 오래되어 사람들은 여름에 우박을 보고 겨울에는 우레 소리를 들을 것이다. 백성 또한 이 때문에 역병으로 고생하고 농사를 망치니 이는 모두 역법이 잘못되어 발생하는 일이다.

윤달에 고삭을 하지 않는 것은 확실히 예의에 어긋나고, 평달에 고삭을 하지 않는 것 또한 예법에 맞지 않는다. 주여왕(周厲王)과 주유왕(周幽王) 때 모두 고삭의 예를 소홀히 해 조정이 문란해졌고 심지어 망하고 말았다. 공자는『춘추』에서 노나라 임금이 고삭을 하지 않는 것을 비난했고『논어』에서는 고삭의 예가 중요하다는 것을 드러냈다.

●『논어』「팔일(八佾)」에 보면 이런 대목이 나온다.

"자공이 고삭에 쓰는 희생양(희양[餼羊])을 생략하려 하자 공자가 말했다. '사(賜)야, 너는 그 양을 아끼지만 나는 그 예법을 아낀다.'(子貢欲去告朔之餼羊. 子曰："賜也, 爾愛其羊, 我愛其禮.")"

희양이란 희생물을 잡는 재(宰)가 죽인 후 아직 불에 굽지 않은 온전한 양을 말한다. 노나라는 문공 이후 임금이 직접 고삭을 하는 예는 점점 폐지했지만, 매달 첫날 태묘(太廟)에 양을 바치는 의식은 여전히 계속하고 있었다. 자공은 임금이 이미 고삭을 하지 않으므로 매달 양을 한 마리씩 죽이는 것은 필요치 않은 일로 여겼다. 공자가 그걸 알고 말했다.

"사야! 너는 그 양 한 마리를 아까워하지만 나는 그 고삭의 예가 아쉬울 따름이다."

양 한 마리도 바치지 않는다면 고삭의 예는 '단지 형식으로만 남았던 것'마저 모두 사라지는 셈이다. 이는 양을 아끼느니 예법을 아까워하는 게 낫다는 의미로 공자는 좋은 것을 택해 굳게 지키고자 하는 심정을 온전히 드러내고 있다.

백성에게 진실로 이익되는 것이
군주에게도 진실로 이익된다

038

苟利於民. 孤¹之利也. 天生民而樹²之君.
구 리 어 민. 고 ¹ 지 리 야. 천 생 민 이 수 ² 지 군.

以利之也. 民旣利矣. 孤必與焉.
이 리 지 민. 민 기 리 의. 고 필 여 언.

—문공 13년

---

1 孤(고): 고대 제후, 임금이 스스로를 가리킬 때의 명칭이다.
2 樹(수): 세우다.

▶ 만약 백성에게 좋은 것이면 내게도 좋은 것이다. 하늘이 만민을 만든 후 임금을 세웠으니 그 목적은 임금이 백성의 복리를 도모하게 하는 데 있다. 만민이 모두 복이라는 좋은 점을 얻고 나 또한 일정한 복을 얻을 수 있다.

주(邾)나라는 선진 시기 산동(山東) 지방의 작은 나라로 전국 시기 이후에는 추(鄒)나라로 불렸다. 주나라는 종종 인접한 노나라의 침략을 받았는데『좌전』에 따르면 춘추 시기 200여 년 동안 노나라가 주나라를 침략한 것은 10여 차례다.

노희공 21년, 주나라가 노나라를 침략했는데 노희공은 주나라를 깔보고 제대로 방비를 하지 않았다. 대부 장문중은 노희공에게 적을 가볍게 보지 말라고 권했지만 그는 듣지 않았다. 결국 두 군대는 승형(升陘)에서 전투를 벌였고 노나라가 패배했다. 주나라는 노희공의 투구를 얻어 성문에 걸어놓고는 축하를 했다. 하지만 주나라와 노나라 사이의 전쟁에서는 주나라가 손해를 보는 경우가 더 많았다.

이후 주나라는 수도를 역(繹: 지금 산동성 역산(繹山)의 남쪽)으로 옮기려 했다. 도성 자루(訾婁)가 하필 군사적 요충지라 주나라는 항상 이웃국가인 노나라, 제나라, 거(莒)나라의 침략을 받았던 것이다. 도성의 백성은 큰 손실을 보겠지만 도성을 군사적 요충지와 먼 곳에 정하면 전쟁 때 피해를 덜 볼 것이고, 역산 남쪽의 지리 형세가 좋아 방어에 유리하고 농사에도 적합했다. 당시에는 국가에 큰일이 있을 때 사관에게 점을 치게 했다. 천도에 대한 점괘는 이러했다.

"백성에게는 이롭지만 임금에게는 불리하다(利於民而不利於君)."

이때 주문공은 우선 백성이 있어야 비로소 임금이 있고, 임금의 임무는 모든 사람이 좋은 생활을 누리도록 하는 것이라고 말했다. 주변 사람들이 그에게 말했다.

"천도하지 않으면 그대는 장수할 수 있는데 왜 그렇게 하지 않으십니까?"

주문공이 말했다.

"내 명(命)은 백성을 다스리는 데 있습니다. 수명은 때에 달린 것입니다. 백성에게 진실로 이익이 된다면 옮겨야 합니다. 이보다 더 길한 것이 없습니다."

주문공은 자신의 수명은 백성을 돌보는 것에 있으니 만약 백성에게 좋은 것이면 자신에게도 좋은 일이라고 여긴 것이다. 결과적으로 천도한 그해 5월 주문공은 죽었다. 『좌전』은 주문공에게 '명을 안다(知命)'는, 즉 자신의 천명을 안다는 평가를 내렸다.

역사를 사로잡은 명문장

● 주문공의 천도에 대해 전목(錢穆)은 「춘추시대 사람의 도덕정신에 대해서 논한다(論春秋時代人之道德精神)」에서 다음과 같이 말했다.

"이 일은 언뜻 미신과 관련된 이야기로 보이지만 실제로는 풍부한 도덕정신을 보여주는 얘기다. 주문공의 뜻은 임금의 직위는 백성을 이롭게 하는 것으로, 임금이 되어 임금의 직위를 다했다. 옛날 사람들은 이를 가리켜 명(命)이라 했는데 명은 천직과 같다."

주문공의 좌우에 있는 사람들은 그에게 천도하지 말라고 건의하며 말했다.

"명은 늘릴 수 있습니다. 임금께서는 왜 그렇게 하지 않습니까?"

이때 명은 수명으로 주문공은 수명의 길고 짧음을 누가 조절할 수 있겠는가 하고 반문했다. 그러나 개인의 평생 사명은 마땅히 힘을 다하는 것으로 공자는 이렇게 말했다.

"나이 쉰이면 천명을 안다(五十知天命)."

여기에서 명은 개인의 사명, 즉 의무다.

전제통치(專制統治) 시절에 임금이 백성을 자기 앞에 놓는 것은 결코 쉽지 않은 일이다. 주문공 사후 200여 년 뒤 동일한 추(鄒) 지방의 유명한 인물인 맹자가 "백성이 귀하고, 사직은 그다음이며, 임금은 가볍다(民爲貴, 社稷次之, 君爲輕)"는 개념을 제시했다. 그는 『상서』「태서(泰誓)」의 다음 구절을 인용했다.

"하늘은 백성이 보는 것으로 보고, 하늘은 백성이 듣는 것으로 듣는다(天視自我民視, 天聽自我民聽)."

이는 곧 하늘은 백성이 보고 듣는 것을 통해 좋은 일에 상을 주고 악한 일에 벌을 주므로 임금은 반드시 백성의 뜻을 최우선시해야 한다는 것을 알려준다. 이러한 관점에서 주문공은 시대의 선행자이자 민본사상(民本思想)의 선구자라고 할 수 있다.

큰일을 당했을 때 지식을 갖추고
지식 속에서 담력이 생기면
두려움이 줄어든다

039

古人有言曰：“畏首畏尾, 身其餘幾？”
고 인 유 언 왈 : “ 외 수 외 미, 신 기 여 기 ？ ”

又曰：“鹿死不擇音[1].”小國之事大國也, 德,
우 왈 : “ 녹 사 불 택 음[1]. ” 소 국 지 사 대 국 야, 덕,

則其人也；不德, 則其鹿也, 鋌而走險[2],
즉 기 인 야 ； 부 덕, 즉 기 록 야, 정 이 주 험[2],

急何能擇？命之罔極[3], 亦知亡矣.
급 하 능 택 ？ 명 지 망 극[3], 역 지 망 의.

—문공 17년

---

1 音(음) : '蔭(음, 그늘)'과 같다.

2 鋌而走險(정이주험) : 핍박받을 때 위험을 무릅쓰는 행동을 선택한다. 鋌(정)은 질주하는
  모양을 나타낸다.

3 命之罔極(명지망극) : 내려온 명령에 따를 만한 도리가 없음을 가리킨다.

▶ 옛사람들이 일찍이 말했습니다. "머리와 꼬리를 모두 두려워하면 남은 부분에서 두려워하지 않을 부분이 얼마나 있겠는가?" 또한 그들은 말했습니다. "사슴이 죽으려고 할 때는 보호받을 만한 그늘을 고를 틈이 없다." 작은 나라가 큰 나라를 섬길 때 만약 큰 나라가 인덕으로 상대하면 작은 나라는 인간의 도리로 받듭니다. 만약 큰 나라가 인덕으로 상대할 수 없다면 작은 나라는 다급한 사슴과 같습니다. 맹렬하게 달려가다가 위험을 무릅써야 하는 곳을 밟아 위태로울 때 어찌 안전한 지방을 고를 수 있겠습니까? 귀국이 내린 명령에 따를 만한 도리가 없기에 우리 또한 장차 멸망에 직면할 것입니다.

이는 '정자가(鄭子家)가 조선자(趙宣子)에게 알리는 편지'의 한 단락이다. 이 편지의 내용에는 역사적 배경이 있다.

어느 때 진영공(晉靈公)은 송나라 문제를 처리하기 위해 맹주를 자처하고는 여덟 나라의 제후를 호(扈) 지방에 소집해 맹회(盟會)를 열었다. 회의 중에 진영공은 정목공이 만나자는 것을 거절하고 정나라가 초나라에 두 마음을 품고 있다며 질책했다. 정나라 대부 자가(子家)가 이 사실을 알고 진(晉)나라의 조선자에게 편지를 썼다.

그는 정목공이 즉위 이후 진나라 군주에게 부지런히 인사했고 또한 주변의 작은 나라가 진나라에 충성하려는 마음을 단단히 하도록 협력했음을 일일이 열거했다. 이어 정나라가 충성과 마음을 다한 것이 이와 같은데 진나라가 '그대는 내 마음에 들지 않는다!'고 한다며 서운해했다. 그렇다면 정나라는 멸망만 기다릴 뿐 더 이상 어쩔 수 없다고 했다. 더불어 비록 멸망을 기다리지만 작은 나라에게도 그 나름대로 존엄이 있음을 강조했다. 그리고 이렇게 마무리를 지었다.

"옛 사람은 처음도 걱정되고 끝도 걱정되는 상황을 하찮게 여겼는데 '사슴이 죽을 때는 그늘을 고르지 않듯(鹿死不擇音)' 만약 진나라가 정나라를 핍박하면 이후에는 위태로움에 처할 때 빠르게 위험을 무릅쓰느라 어떤 행동을 취할지 알 수 없다."

조선자가 편지를 읽고 난 후 대부를 정나라에 보내 화해를 청해 화해했다. 생사존망(生死存亡)의 시련을 만났을 때 '처음부터 끝까지 걱정하는 것(畏首畏尾)'은 인지상정이지만 두려움을 이겨내고 대담하게 부딪치면 절망의 지점에서 활로를 만날 수도 있다.

역사를 사로잡은 명문장

● 『삼협오의(三俠五義)』에는 이런 글이 나온다.

망명한 무리인 등차(鄧車)와 심중원(沈仲元)은 포증(包拯)의 대인(大印)이 진짜인지 가짜인지 밝히는 일 때문에 의도적으로 아문(衙門)에 잠입해 살인으로 분풀이하고자 했다. 원래는 등차가 행동하고 심중원은 망을 보기로 했으나 행동에 들어가기도 전에 심중원의 모습이 보이지 않았다. 등차는 이렇게 생각했다.

"그렇구나! 그 또한 처음부터 끝까지 걱정하는 사람으로 평소에 허풍만 떨었지 일이 닥치면 어찌할 줄 모르는 것을 못 보았구나."

사람이 겁을 먹고 위축되면 주도권을 잃으며 일에 임할 때 당연히 자연스럽지 못하다.

『진서(陳書)』「후주본기(後主本紀)」에는 "처음부터 끝까지 두려워하면 있는 듯 없는 듯하다(畏首畏尾, 若存若亡)"라는 말이 나오는데, 이는 강력한 권력을 두려워해 주저하고 결정하지 못하면 운명을 다른 사람에게 주는 것이나 마찬가지니 존재하고 망하는 것이 모두 내게서 비롯되지 않는다는 뜻이다.

청나라의 훌륭한 관리이자 학자인 왕휘조(王輝祖)는 『학치억설(學治臆說)』에서 "의심이 많으면 반드시 패한다(多疑必敗)"라고 했다. 그는 일반적으로 다른 사람이

나 일을 잘 의심하는 것은 모두 '확고한 지식(定識)'이 부족하기 때문이라고 말했다. 지식이 확고하지 못하면 누군가가 한마디 할 때 마음이 곧바로 흔들린다. 사람은 먼저 '확고한 지식'을 갖춘 후에야 '고정된 한마음으로 헤아릴(權於一心)' 수 있다. '고정된 한마음으로 헤아리면' 만사에 막연함이 없어 "자연스럽게 모든 일에서 두려운 상황에 이르지 않으므로 이를 가리켜 지식의 담력이 생긴다고 한다(自然不致畏首畏尾, 是謂膽生於識)." 이 말은 모든 일을 두려워하는 것에 대한 처방전이다.

　일반적인 사람이 큰일을 당했을 때 의심하지 않거나 두려워하지 않는 경우는 매우 드물다. 그렇지만 어떤 상황에서든 지식을 갖추고 지식 속에서 담력이 생기면 두려운 마음이 줄어든다.

인자한 마음만 있고
그에 상응하는 실력이 없으면
인덕을 실현할 수 없다

040

書[1]曰 "鄭公子歸生弑其君夷", 權不足也.
서[1]왈 "정공자귀생시기군이", 권부족야.

君子曰: "仁而不武, 無能達[2]也."
군자왈: "인이불무, 무능달[2]야."

—문공 17년

1 書(서): 기록을 나타낸다. 여기서는 「춘추」에 이 사건을 기록한 것을 가리킨다.
2 達(달): 실현, 완성의 뜻이다.

▶ 『춘추』에는 다음과 같은 글이 있다. "정나라의 공자 귀생(歸生. 자가[子家])이 그의 임금 이(夷)를 죽였다." 이는 자가의 권리가 부족했기 때문이다. 군자가 말했다. "자애로운 마음만 있을 뿐 무력이 부족하면 사람다움을 실현할 방법이 없다."

어느 날 초나라 사람이 큰 자라 한 마리를 가지고 와서 정영공(鄭靈公)에게 바쳤다. 공자 송(宋)과 가(家)가 때마침 영공에게 인사를 드리기 위해 가고 있었다. 건물 앞에 이르자 자송(子宋)의 집게손가락이 저절로 움직였다. 자송은 자신의 집게손가락을 자가에게 보여주며 다음과 같이 말했다.

"내 집게손가락이 이렇게 움직일 때마다 맛있는 음식을 먹게 되더군요."

두 사람은 들어가 인사를 드릴 때 요리사가 자라를 자르는 것을 보았다. 두 사람은 서로 쳐다보면서 웃을 수밖에 없었다. 영공은 왜 웃는지 궁금해서 물어보았다.

"그대들은 무슨 일 때문에 웃는가?"

자가는 방금 전에 자송과 나눈 대화를 영공에게 알려주었다. 이후 자라를 여러 신하에게 나누어주고 먹을 때 정영공은 일부러 자송을 놀리느라 자송만 먹을 수 없게 했다. 화가 난 자송은 이성을 잃고 팔을 뻗어 손가락을 솥 안에 넣어 맛을 본 후 몸을 돌려 투덜대면서 자리를 떴다('염지[染指]*'라는 전고가 나온 곳이다). 그 무례한 행동에 정영공은 크게 화를 내면서 그를 죽이려 했다. 자송은 자가와 연합해 먼

● 자기 몫이 아닌 것을 취하다. 부당한 이익을 취하다.

저 손을 쓰는 것이 낫다고 생각했다. 이때 자가가 동의하지 않자 자송은 그를 협박해 영공에게 자가가 법도에 맞지 않는 일을 꾸미고자 한다고 모함할 것이라고 했다. 자가는 어쩔 수 없이 자송과 함께 영공을 살해했다.

자가는 정나라 대부로 임금과 나라에 대해 책임이 있다. 그러나 자송을 제지하지 못하고 오히려 자송의 협박을 받아 정영공을 살해했으니 임금을 죽이는 일을 모의했다는 죄명을 얻는 지경에 이르렀다. 이 일에 대해 『좌전』은 덕이 있는 군자의 입을 통해 인자한 마음만 있고 그에 상응하는 실력이 없으면 인덕을 실현할 수 없다고 했다.

역사를 사로잡은 명문장

● 선진 사상가 한비자는 『한비자』 「난세(難勢)」에서 말했다.

"요 임금이 평범한 사람이었다면 세 명도 다스리지 못했을 것이다. 걸(桀)은 천자였기에 세상을 어지럽힐 수 있었다(堯爲匹夫, 不能治三人, 而桀爲天子, 能亂天下)."

요 임금은 성왕(聖王)으로 고결한 품행과 나라를 제대로 다스리는 현명한 덕을 갖추고 있었다. 그런데 한비자는 만약 요 임금이 평범한 백성이었다면 세 명조차 다스리지 못했을 거라고 가정했다. 더구나 나라를 다스리고 인자한 정치를 하는 것은 언급조차 하지 않았다.

부국강병을 주장한 한비자는 임금의 권위를 세워 어지러운 세상을 끝내고 나라가 오랫동안 태평성대를 누리게 하려고 했다. 한비자에 따르면 단순히 한 사람의 도덕에 의지할 경우 이상사회를 실현할 수 없고 그에 걸맞은 역량이 있어야 어지러운 문제를 끝낼 수 있다.

한고조 유방은 척부인을 워낙 총애한 데다 태자가 너무 연약하다고 여겨 척부인이 낳은 아들인 여의(如意)를 태자로 다시 세우고자 했지만 오랜 고심 끝에 결국 이 생각을 단념했다.● 고조가 죽은 후, 혜제(惠帝)는 여후가 질투로 여의를 죽이려 한다는 것을 알고 그를 직접 궁에 들여 배다른 형제 여의를 보호했다. 또한 여후가 독을 타는 것을 막고자 매일 그와 함께 침실에 들고 함께 밥을 먹었다. 그러나 아무리 막아도 틈이 있듯 혜제가 아침 일찍 사냥에 나가고 여의는 아직 일어나지 않은 날, 여후는 여의가 홀로 있음을 알고 사람을 보내 독주(毒酒)를 억지로 부었다. 혜제가 돌아왔을 때 사태는 이미 되돌릴 수 없었다.

권력 투쟁과 어지러운 난리 속에 있을 때 실력이 없으면 좋은 뜻을 관철할 방법이 없고, 심지어 자가처럼 자신의 양심에 어긋나는 일을 하도록 협박받을 수도 있다. 이것은 춘추시대에 나타난 개념이지만 역사상 이와 유사한 사례는 셀 수 없을 만큼 많다.

● 본편 15번 참조

무(武)의 뜻은
전쟁을 없애는 데 있다

041

夫武, 禁暴, 戢¹兵, 保大², 定功³, 安民, 和衆, 豐財者也.
부 무, 금 포, 집¹ 병, 보 대², 정 공³, 안 민, 화 중, 풍 재 자 야.

故使子孫無忘其章⁴. 今我使二國暴骨⁵, 暴矣!
고 사 자 손 무 망 기 장⁴. 금 아 사 이 국 폭 골⁵, 포 의!

觀兵以威諸侯, 兵不戢矣! 暴而不戢, 安能保大? 猶有晉在,
관 병 이 위 제 후, 병 부 집 의! 포 이 부 집, 안 능 보 대? 유 유 진 재,

焉得定功? 所違民欲猶多, 民何安焉? 無德而強爭諸侯,
언 득 정 공? 소 위 민 욕 유 다, 민 하 안 언? 무 사 이 강 쟁 제 후,

何以和衆? 利人之幾⁶, 而安人之亂, 以爲己榮, 何以豐財?
하 이 화 중? 이 인 지 기⁶, 이 안 민 지 란, 이 위 기 영, 하 이 풍 재?

武有七德, 我無一焉, 何以示子孫? 其爲先君宮,
무 유 칠 덕, 아 무 일 언, 하 이 시 자 손? 기 위 선 군 궁,

告成事而已, 武非吾功也.
고 성 사 이 이, 무 비 오 공 야.

—선공(宣公) 12년

---

1 戢(집) : 군대를 거두다.
2 保大(보대) : 국가의 사직을 보호하다.
3 定功(정공) : 토대를 단단히 하다.
4 章(장) : 드러나는 공적이다.
5 暴骨(폭골) : 시체가 햇빛을 받는 것. 여기에서는 전쟁을 일으켜 병사들이 전쟁터에서 죽게 하는 것을 가리킨다. 暴은 '曝(폭, 드러내다)'과 같다.
6 幾(기) : 위험을 나타낸다.

▶ 무를 포악함을 막고 전쟁을 소멸시키며, 국가의 사직을 보호하고 토대를 단단히 하며, 백성을 안정시키고 여러 사람이 조화롭게 하며, 재력을 늘리는 데 쓰면 자손들이 그 혁혁한 공적을 잊지 않고 기억한다. 지금 나는 진(晉)과 초의 병사들이 들판에서 시체로 나뒹굴게 하고 있으니 이것이 바로 포악한 힘이다. 병사들을 나열해 제후들에게 시위하면 전쟁이 그치지 않는다. 포악한 힘을 쓰면서 전쟁이 그치지 않으니 어찌 국가의 사직을 보호할 수 있겠는가? 진나라가 여전히 존립하고 있으니 어떻게 기반을 단단히 할 수 있겠는가? 백성의 바람과 어긋나는 것이 많은데 어떻게 백성을 안정시킬 수 있겠는가? 덕행 없이 억지로 행하면서 제후와 서로 다투니 어찌 여러 사람과 화합할 수 있겠는가? 진(晉)나라의 어지러움을 틈타 이익을 얻어내고 진나라의 불안함을 틈타 전쟁을 일으키고 안정을 꾀하였으니, 이것으로 어떻게 재산을 늘릴 수 있겠는가? 무에는 일곱 가지 미덕이 있지만 나는 그중 아무것도 갖고 있지 못한데 무슨 공적을 자손에게 알려주겠는가? 차라리 우리 초나라의 이전 왕을 위해 신묘(神廟)를 짓고 제사지내면서 진나라와의 전쟁에서 이겼음을 알리는 쪽이 더 나을 것이다. 무는 내 공적이 아니다.

노선공(魯宣公) 12년, 진(晉)과 초 사이에 두 차례 전쟁이 있었는데 모두 초나라가 크게 승리했다. 초나라의 대신 반당(潘黨)은 초장왕에게 진나라 군대의 시체를 모아 경관(京觀: 전쟁에 패한 쪽의 시체를 쌓아 흙으로 덮어 만드는 큰 언덕)을 만들자고 건의했다. 이는 후손들이 초나라의 무공을 잊지 말라는 의미다. 전쟁에서 승리한 나라는 이런 식으로 승리를 과시했지만 초장왕은 그 의견을 받아들이지 않았다.

그는 '무(武)' 자의 뜻이 '지과(止戈: 전쟁[戈]을 그치다[止])', 즉 전쟁을 없애는 것에 있다고 새롭게 해석하면서 무의 일곱 가지 덕목인 포악함을 금지한다(禁暴), 무기를 거둬 전쟁을 멈춘다(戢兵), 국가의 사직을 보존한다(保大), 토대를 단단히 한다(定功), 백성을 안정시킨다(安民), 여러 사람과 조화롭게 지낸다(和衆), 재산을 풍족하게 한다(豐財)를 열거했다. 초장왕은 자신이 비록 전쟁에서 승리했지만 두 나라 병사의 사상자가 셀 수 없이 많고 공연히 무력을 과시해 제후들의 두려움을 샀으며, 백성을 안정시키지 못하고 여러 사람이 믿고 복종하도록 만들지도 못했으니 무력의 일곱 가지 덕 중 어느 하나에도 부합하지 못했기에 기념할 만한 것이 없다고 본 것이다.

옛 성왕(聖王)은 못된 임금을 토벌하고 악을 징벌하기 위해 경관을 세웠다. 진나라에 아무런 죄가 없었음에도 초나라가 그 승리를 공적으로 삼으면 오히려 예의에 맞지 않는다. 다행히 초장왕은 승리에 취해 판단력이 흐려지지 않았고 단지 조상의 신묘에 승리를 보고하기만 했다.

서양의 군사학자 클라우제비츠는 『전쟁론(戰爭論)』에서 전쟁을 '포악한 힘을 최대한 사용하기'로 정의하고 전쟁의 목적은 적을 궤멸하는 데 있다고 주장했다. 그러나 초장왕은 무와 덕을 결합해 흉기인 병력에 인의의 가치를 부여했다.

무력은 소극적으로 전쟁을 방지하는 한편 국가의 발전을 촉진하고 사회 안정과 질서 유지 및 경제 번영에 도움을 준다. 무덕(武德)의 핵심은 인자함과 백성을 보호하는 데 있지 침략하고 이익을 약탈하는 것에 있지 않다. '무(武)'에는 도덕상의 철학적 내용이 담겨 있어 유가의 정신과 함께 서로 빛을 낸다.

● 동한의 허신(許愼)은 『설문해자(說文解字)』에서 '지과위무(止戈爲武)'를 인용해 '무 (武)' 자를 해석하고 있다.

"초장왕이 말했다. 무력은 토대를 단단히 하고 무기를 거둠으로써 전쟁을 그치는 것이 무다(楚莊王曰, 夫武定功戢兵, 故止戈爲武)."

'지(止)'는 발가락의 상형자이고 '과(戈)'는 무기를 가리킨다. 따라서 '무(武)'의 본 래 뜻은 한 사람이 무기를 메고 싸우러 가는 것이지 초장왕이 해석한 '전쟁을 그만 두다'라는 뜻은 아니다. 그렇지만 허신은 초장왕의 설명을 채택해 '무' 자를 회의자 (會意字)로 묶는 동시에 무의 도덕준칙과 이상 경계를 밝혔다.

무에 일곱 가지 덕이 있다는 관념은 이후로도 이어졌다. 천재적인 군사전략가 제 갈량은 병서에서 장군에게는 작전 능력과 인애라는 품덕, 약한 사람 돌보기, 국가 를 지키는 책임감이 있어야 한다고 했다. 그는 『장원(將苑)』「음찰제16(陰察第十六)」 에서 "포악함과 전쟁을 막고, 현명한 사람에게는 상을 내리고 죄지은 사람에게는 벌을 주고, 인자함으로 안정시키며 여러 사람과 조화롭게 굴고, 국가의 사직을 보 호하면서 토대를 단단히 하고, 약한 것을 풍부하게 하고 거짓된 것을 물리친다(禁 暴止兵, 賞賢罰罪, 安仁和衆, 保大定功, 豐撓拒讒)"는 다섯 가지 덕목을 제시했다.

당나라 때 대형 궁정악무인 「칠덕무(七德舞)」가 있었는데, 이는 당태종(唐太宗)이 정벌 전쟁으로 나라를 세우는 일을 칭송한 것으로, '칠덕무'라는 이름은 무와 인덕 을 함께 갖춘다는 정신적 의미를 강조한 것이다. 시인 백거이도 일찍이 동일한 명칭 의 악부시(樂府詩)를 지어 태종의 공적을 기렸다. 시 속의 몇몇 구절은 다음과 같다.

"노래에는 일곱 가지 덕이 있고 춤에도 일곱 가지 덕이 있어 성인(聖人)에게 무한 히 복이 드리운다. 어찌 신령스러운 무력만 드러내고, 어찌 성스러운 문장만 자랑할 것인가? 태종의 뜻은 왕업(王業)을 펼치는 데 있으니 왕업이 괴롭고 힘들다는 것을 자손에게 보였다(歌七德, 舞七德, 聖人有祚垂無極. 豈徒燿神武, 豈徒誇聖文, 太宗意 在陳王業, 王業艱難示子孫)."

초장왕은 반당의 의견에 반박하며 "자손에게 보여야 할 것이 어찌 임금의 똑똑하 고 대단한 무력이겠는가? 왕조를 세우기 위한 기초를 설립하는 것은 어렵다는 것이 아닌가!"라고 했다.

요행을 바라는
백성이 많아지는 것은
국가의 불행이다

042

善人在上, 則國無幸¹民.
선 인 재 상 , 즉 국 무 행 ¹ 민 .

諺曰: "民之多幸, 國之不幸²也"
언 왈 : " 민 지 다 행 , 국 지 불 행 ² 야 ."

是無善人之謂也.
시 무 선 지 인 지 위 야 .

—선공 16년

---

1 幸(행): 요행을 뜻한다.
2 國之不幸(국지불행): 국가가 행복하지 않다.

▶ 좋은 사람이 지도자의 자리에 있으면 국가에는 요행을 바라는 백성이 있을 수 없다. 속담에서 말했다. "백성이 대부분 요행을 바란다면 이는 국가의 불행이다." 이는 좋은 사람이 지도자로 있지 않음을 가리킨다.

노선공 16년, 진(晉)나라의 사회(士會)는 군대를 통솔해 적적(赤狄) 갑씨(甲氏) 등의 부락을 멸망시켰다. 3월에 사회는 잡아들인 적적의 포로를 주천자에게 바쳤다. 진경공(晉景公)은 주천자에게 사회를 경의 등급(주나라 관제에서 제후 아래가 경이고, 경 아래가 대부다)으로 올리는 것에 대해 허락을 요청했고, 그를 진나라의 중군장(中軍將) 겸 태부(太傅)로 임명했다. 중군장은 진나라의 상중하 삼군(三軍) 중 가장 중요한 장군이고 태부는 임금을 보좌하는 삼공 중 하나로, 둘 다 중요하고 지위가 높은 관직이다. 이로써 진경공이 사회를 매우 중요하게 대했음을 알 수 있다.

사회의 임명을 선포하자 진(晉)나라의 도적들은 뿔뿔이 진(秦)나라로 도망갔다. 이를 보고 진(晉)나라의 대부 양설직(羊舌職)이 말했다.

"일찍이 듣기로 하우가 현명하고 좋은 사람들을 임명하자 좋지 않은 사람들이 스스로 떠났다고 합니다. 이는 사회의 상황과 매우 유사합니다."

또한 그는 『시경』「소아·소민(小旻)」의 시 구절을 인용했다.

"조심스럽기가 깊은 못에 다가가는 것이나 얇은 얼음판을 밟는 것과 같네(戰戰兢兢, 如臨深淵, 如履薄冰)."

현명한 사람이 국가를 이끌면 백성이 조심하면서 엄숙하고 경건한 마음을 가져 깊은 호수 옆을 지나는 것이나 얇은 얼음 위를 밟는 것과 같으니, 감히 요행을 바라지 않는다. 그 반대의 경우에는 백성이 편한 것만 찾고 일하기를 싫어하며 온갖 나쁜 짓을 일삼으면서 요행을 바라므로 시간이 지나면 나라 안에 화란(禍亂)이 일어날 수 있다. 이는 국가의 불행이다.

역사를 사로잡은 명문장

● 양설직은 사회를 좋은 사람이라고 칭찬하면서 "나라에 요행을 바라는 사람이 없도록(國無幸民)" 만들었다고 했다. 사회는 어떤 사람일까? 노선공 12년, 진(晉)나라와 초나라가 필(邲) 지방에서 전투를 할 때 진나라 군대는 황하를 건너 정나라를 구원하려 했다. 진나라 군대가 황하에 이르자 정나라의 도성은 이미 파괴되었고 심지어 정양공(鄭襄公)은 웃옷을 벗고 양을 끌고 가서는 초장왕에게 죄를 청했다. 정나라와 초나라가 화해했다는 소식을 듣고 당시 상군(上軍)의 주장(主將)이던 사회는 초나라와 결전하려 하지 않았다. 그는 말했다.

"듣기로 군대를 쓸 때는 틈을 보고 움직이고 덕(德), 형(刑), 정(政), 사(事), 전(典), 예(禮)의 항목이 바뀌지 않으면 상대할 수 없으므로 정벌할 수 없다 했습니다."

전투를 할 때는 상대방의 약점을 정확히 보고 허점을 틈타 공격해야 한다. 그런데 초나라의 덕, 형, 정, 사, 전, 예가 모두 도리에 맞아 그들을 적으로 삼을 수 없다는 얘기다. 결국 사회의 예상대로 그 전투에서 초나라가 승리했다. 그런데 사회가 통솔하던 군대는 맨 뒤에서 퇴각을 지휘했고, 덕분에 진나라 군대가 궤멸한 상황에서도 패하지 않은 병사로 남았는데 이는 사회의 견식이 평범하지 않음을 보여준다.

"백성 대부분이 요행을 바라면 나라는 불행하다(民之多幸, 國之不幸也)"에는 두 차례나 '幸(행)' 자가 등장한다. 어떤 사람은 이 '幸'을 동일하게 '행운' 또는 '행복'으로 본다. 그러나 '幸' 자를 단지 하나의 의미로 해석하면 전체 문장은 이렇게 변할 것이다.

"백성이 행복하다고 느끼는 것은 국가의 불행이다."

그러면 백성과 정부의 관계가 서로 대립하고 이는 양설직과 사회의 언행에 들어

맞지 않는다. 그런 의미에서 '민지다행'(民之多'幸')의 '행'은 요행으로 보아야 한다. 『논어』「옹야(雍也)」에는 "사람은 정직하게 살아야지 정직함이 없는데도 살아간다면 이는 다행히도 피한 것이다(人之生也直, 罔之生也幸而免)"라는 말이 나온다. 그 뜻은 사람은 정직하게 살아야 하며, 그렇지 않고 구차하게 살아가는 사람은 요행히 어려움을 피한 것뿐이다. '국지불행(國之不幸)'의 '행'은 행복으로 해석하는 것이 비교적 전체 맥락에 부합한다.

편안한 곳에 있을 때
위태로움을 생각하라

043

齊, 楚結好[1], 我新與晉盟, 晉, 楚爭盟[2], 齊師必至.
제, 초 결 호[1], 아 신 여 진 맹, 진, 초 쟁 맹[2], 제 사 필 지.

雖晉人伐齊, 楚必救之, 是齊, 楚同我[3]也.
수 진 인 벌 제, 초 필 구 지, 시 제, 초 동 아[3] 야.

知難而有備, 乃可以逞[4].
지 난 이 유 비, 내 가 이 령[4].

—성공(成公) 원년

---

1 結好(결호): 우호를 결성하다.
2 爭盟(쟁맹): 맹주를 다투다.
3 同我(동아): 함께 우리 나라(노나라를 가리킨다)에 대처하는 것으로, 함께 우리 나라를
  적으로 여기는 것을 말한다.
4 逞(령): 없앤다는 뜻으로 여기서는 재난을 없앤다는 의미다.

▶ 현재 제나라와 초나라는 우호관계이고 우리 나라(노나라를 가리킨다)는 방금 진(晉)나라와 맹약을 맺었다. 진나라와 초나라는 맹주의 자리를 두고 서로 다투고 있으며, 제나라는 이 기회를 틈타 우리 노나라를 침략할 것이다. 진나라가 제나라를 공격하겠지만 초나라가 제나라를 구원하러 갈 테니 끝내 제와 초가 모두 노나라를 적국으로 여기는 상황이 되고 만다. 환란이 발생할 것을 알고 먼저 대비하면 우환과 재난을 없애거나 완화할 수 있다.

노선공은 제나라를 섬겼지만 노선공 17년, 진(晉)과 노나라 등이 연맹하자 제나라는 적으로 변했다. 이때 노나라의 대부 장선숙(臧宣叔)이 말했다.

"우리는 새로 진나라와 연맹했고 진나라와 초나라는 맹주의 자리를 두고 다투고 있습니다. 제나라 군대는 반드시 쳐들어올 것입니다."

노나라는 제나라의 침입에 대비해 군대를 확대했고 장선숙은 '세금을 걷고 담을 수리하고 수비를 갖추게 했다(令脩賦, 繕完, 具守備), 즉 군용 세금을 징수하고 성곽을 수리해 방어태세를 갖췄다. 이는 '어려움을 알고 대비하면 해소할 수 있기(知難而有備, 乃可以逞)' 때문이다.

유향의 『신서』 「잡사」에는 다음과 같은 기록이 있다.

어느 날 제환공과 세 대신 관중, 포숙아(鮑叔牙), 영척(寧戚)이 함께 술을 마셨다. 제환공이 포숙아에게 말했다.

"잠시 잔을 들고 과인을 위해 축복을 빌어주길 바랍니다."

포숙아는 술잔을 받들고 일어나서 말했다.

"임금께서 일찍이 외국으로 도망갔다가 거나라에 이르러 여러 곤란한 일을 겪은 후 임금 자리에 오른 것을 잊지 않길 기원합니다. 또한 관중은 일찍이 죄수가 되어 줄에 묶인 채 노나라에서 돌아올 때의 상황을 잊지 않길 기원합니다. 또한 영척은 장사를 하며 수레 옆에서 소에게 먹이를 먹이던 일을 잊지 않길 기원합니다."

제환공은 포숙아에게 절을 하고 예의를 갖추며 말했다.

"과인과 두 명의 대부가 그대가 한 말을 잊지 않는다면 제나라의 사직이 망하는 일에 이르지는 않을 것입니다."

포숙아가 이 일을 거론한 것은 제환공과 관중, 영척을 격려하기 위해서다. 비록 임금과 중신이라는 귀한 자리에 있지만 어렵고 고생스러웠던 때를 잊지 않아야 한다는 얘기니, 이는 편안한 곳에 있을 때 위태로움을 생각하라는 뜻이다.

포숙아의 말뿐 아니라 장선숙이 말한 "어려움을 알고 대비한다 (知難而有備)"는 것도 편안한 곳에 있을 때 위태로움을 생각해 미리 걱정거리를 방지하는 것으로, 그래야 비로소 유비무환(有備無患)할 수 있다.

역사를 사로잡은 명문장

● 전국 시기 제나라 사람 순우곤(淳于髡)은 어느 날 이웃집에 갔다가 부엌의 굴뚝이 곧고 부엌 옆에 땔나무가 가득 쌓여 있는 것을 보고 이웃집 주인에게 말했다.

"이런 상황에서 만약 화재가 발생하면 매우 위험해 구원하기가 쉽지 않겠습니다."

그는 곧은 굴뚝을 구부리고 땔감을 부엌에서 멀리 떨어진 곳으로 옮길 것을 권했지만 이웃집은 그의 권고를 받아들이지 않았다. 이후 이웃집에 불이 났는데 불기운이 부엌에서 솟구쳐 옆에 쌓아 놓은 땔나무를 태웠고 이어 집까지 태워버렸다. 다행히 이웃들의 도움을 받아 불을 끄고 나서야 비로소 그는 재난에서 벗어날 수 있었다. 불을 끈 후 이웃집 주인은 술과 고기를 준비해 도움을 준 사람들에게 대접하면서도 순우곤에게는 함께 먹자고 청하지 않았다.

어떤 사람이 이웃집 주인에게 말했다.

"순우곤은 불에서 구해준 은혜가 없긴 합니다. 그런데 그대는 왜 불에서 구조하려 애쓴 사람들을 손님으로 모십니까? 애초에 순우곤의 권고를 받아들였으면 화재가 발생하지도 않았을 테고, 또한 이 사람들을 초청할 일도 없었을 것인데!"

그때부터 사람들은 '곡돌사신(曲突徙薪: 굴뚝을 밖으로 굽히고 장작을 옮긴다)'을 문제를 방지하는 조치를 미리 취해 위험이 발생하는 것을 막는다는 의미로 사용한다. '곡돌사신' 또는 '지난이유비(知難而有備)'는 모두 비가 오기 전에 창문을 고치는 것을 강조하는데, "범사를 예측할 수 있으면 제대로 할 수 있고, 예측하지 못하면 망하기(凡事豫則立, 不豫則廢)" 때문이다. 어떤 일을 할 때 미리 준비하면 성공할 수 있지만 미리 준비하지 않으면 실패하기 십상이다.

도의는 이익을 만들어내고
이익은 백성을 안정시킨다

044

仲尼聞之曰:"惜也, 不如多與之邑, 唯器¹與名²,
중 니 문 지 왈 : " 석 야 . 불 여 다 여 지 읍 . 유 기 ¹ 여 명 ² .

不可以假³人, 君之所司也, 名以出信,
불 가 이 가 ³ 인 . 군 지 소 사 야 . 명 이 출 신 .

信以守器, 器以藏禮, 禮以行義,
신 이 수 기 . 기 이 장 례 . 예 이 행 의 .

義以生利, 利以平⁴民, 政之大節也."
의 이 생 리 . 이 이 평 ⁴ 민 . 정 지 대 절 야 ."

—성공 20년

---

1 器(기): 임금의 권력을 상징하는 기물로 제기(祭器)나 거복(車服) 등을 가리킨다.

2 名(명): 예법 제도가 규정하는 명분이다.

3 假(가): 빌려 쓰다. 힘입다.

4 平(평): 안정의 뜻이다.

▶ 공자가 이 사건●을 알고 난 후 말했다. "애석하구나! 그들에게 성읍을 더 주느니만 못하다. 기물과 명분은 다른 사람에게 빌릴 수 없는 것으로, 이는 임금이 장악하는 권한과 책임이다. 임금이 명칭을 수여하면 신하의 신뢰를 얻을 수 있고 신뢰는 국가 체제를 상징하는 기물을 보호한다. 기물은 사회질서의 예법을 의미하며 예법은 도의를 추진하는 방식이다. 도의는 이익을 만들어내고 이익은 백성을 안정시킨다. 이는 국가를 다스리는 사람이 해야 하는 일이다."

노선공 17년, 진경공은 제나라가 패주의 지위에 있은 지 오래된 틈을 타 노나라와 위나라 등 작은 나라와 접촉해 제나라에 가서 진나라에서 회맹을 소집하는 일을 논의하고자 했다. 하지만 제경공은 이들 대표를 조롱했다.●● 각국의 대표들은 모욕감을 참지 못하고 제나라를 엄격히 응징할 것을 맹세했다. 노성공(魯成公) 2년, 제경공은 노나라가 초나라와 연합해 제나라에 대항한다는 이야기를 듣고는 주도권을 잡고자 선수를 쳤다.

위목공(衛穆公)도 대부 손환자(孫桓子)를 보내 제나라를 치게 했지만 신축(新築) 지방에서 패했고 손환자는 신축 지방 사람인 중숙우혜(仲叔于奚)의 도움으로 포로가 되는 일을 피했다. 위나라 사람들은 감사의 뜻으로 중숙우혜에게 성읍을 주려고 했다. 하지만 중숙우혜는 과분한 예의를 사양하면서 귀족 신분임을 식별할 정도의 '번영(繁

● 아래에 설명하는 중숙우혜(仲叔于奚)에게 '번영(繁纓)'을 준 사건

●● 조롱한 내용은 다음과 같다. 제경공이 그의 어머니를 웃게 하고자 사신 중 다리가 불편한 사람과 한쪽 눈이 불편한 사람에게 각각 똑같이 불편한 사람으로 응대하게 했다. 이 때문에 그의 어머니가 소리 내 웃자 그들이 불쾌해했다. 『공양전(公羊傳)』 「성공 2년」에 자세히 나온다.

繶)'을 요구했다. 예법을 중시하는 사회에서 귀족이 아닌 중숙우혜의 요청은 정치적 의의를 갖춘 것으로, 그는 단지 사회적 계급을 올려달라고 요구한 셈이다. 위나라 임금은 돈 한 푼 들지 않는 그 요구를 신속하게 들어주었다.

공자가 명확히 지적했다.

"다른 사람에게 그런 기구를 주는 것은 다른 사람에게 정권을 주는 셈이다. 정권이 망하면 국가가 그 뒤를 따르며 이는 막을 수 없다(若以假人, 與人政也. 政亡, 則國家從之, 弗可止也已)."

임금이 명분과 기물을 주면 안 되는 사람에게 주는 것은 다른 사람과 정권을 나누는 셈이다. 임금이 정권을 잃으면 국가는 멸망을 피할 수 없다. 이는 위나라가 빠르게 멸망한 원인일지도 모른다.

역사를 사로잡은 명문장

● 명분과 기물은 비록 마음대로 줄 수 없지만 역사상 합법적으로 명분과 기물을 얻어내는 방법은 항상 존재했다. 「사기」 「진시황본기(秦始皇本紀)」에 나오는 내용으로 메뚜기의 습격을 받아 식량이 부족해지자 진시황(秦始皇)이 명령을 내렸다.

"백성 중에 천 석(石)의 곡식을 바치는 사람은 작위 한 등급을 올려줄 것이다(百姓納粟千石, 拜爵一級)."

이는 천 석의 곡식으로 작위를 한 등급 올려주어 명분을 얻은 것이다. 역대로 동한부터 '관직을 손상하는(損官)' 방식이 있었고 심지어 관직의 높고 낮음에 따라 매매가격을 조절하기도 했다.

그런데 '난세간웅(亂世奸雄)' 조조는 승상의 명분을 얻고 난 후, 천자의 규격인 수레와 복장을 썼고 백관(百官)을 내리는 일에도 간섭하면서 실질적으로 한헌제(漢獻帝)의 권한 및 책임을 행사했다. 당시 동한은 이름만 있을 뿐 사실은 망한 것이나 다름없었다.

동한의 유현(劉玄)은 왕망(王莽)을 무찌르고 한경시제(漢更始帝)로 즉위한 후, 수많은 관직과 작위를 만들어 많은 소인배에게 주었다. 당시의 상황에 대해 이런 말이 전해진다.

"썩어 문드러진 양의 위 같은 사람이 기도위고, 썩어 문드러진 양의 머리 같은 사람이 관내후다(爛羊胃, 騎都尉 ; 爛羊頭, 關內侯)." (『후한서』 「유현전[劉玄傳]」)

기도위와 관내후는 모두 관직의 명칭으로 이는 곳곳에 관직과 명분이 있는 사람이 양의 머리와 위처럼 많으면서 똑같이 저열(低劣)하다는 의미다. 이후 사람들은 난양위(爛羊胃), 난양두(爛羊頭)를 관직과 명분을 마구 팔아버리는 것에 비유하기 시작했다.

교만한 군대는
반드시 패배한다

045

齊高固¹入晉師, 桀²石以投人, 禽³之而乘其車,
제 고 고¹ 입 진 사, 걸² 석 이 투 인, 금³ 지 이 승 기 거,

繫桑本⁴焉, 以徇⁵齊壘⁶, 曰: "欲勇者賈余餘勇!"
계 상 본⁴ 언, 이 순⁵ 제 뢰⁶, 왈: "욕 용 자 매 여 여 용!"

—성공 2년

1 高固(고고): 제나라의 상경으로 고선자(高宣子)라고도 한다.
2 桀(걸): 들다. '揭(게)'의 통가자(通假字)다.
3 禽(금): '擒(금)'과 같은 글자로 '잡다'의 뜻이다.
4 桑本(상본): 뿌리가 붙어 있는 뽕나무다.
5 徇(순): 돌아다니면서 두루 알리다.
6 壘(뢰): 진영을 가리킨다.

▶ 제나라의 상경 고고(高固)는 걸어서 진(晉)나라 군영으로 갔다. 그는 돌로 사람을 치고 진나라 병사를 잡아 그의 전거(戰車)에 올라타고는 뽕나무를 뿌리째 뽑아 수레에 묶고 제나라 군영으로 돌아와 한 바퀴 돌며 큰 목소리로 말했다. "용기가 필요한 사람은 넘쳐나는 내 용기를 사라!"

노성공 2년 봄, 제경공은 군대를 이끌고 노나라에 침입했다. 위나라는 대부 손량부(孫良夫)가 군대를 이끌고 제나라를 공격해 노나라를 도왔다. 그런데 노나라와 위나라는 모두 패해 진(晉)나라에 구원을 요청했고 진경공은 800량의 병거(兵車)를 내주었다. 이들은 극극(郤克)이 중군(中軍), 사섭(士燮)이 상군(上軍), 난서(欒書)가 하군(下軍)을 이끌었다. 그리고 한궐(韓厥)이 사마(司馬)를 담당하면서 노나라와 위나라를 구원하러 갔다. 노나라 대부 장선숙은 진나라 군대를 위해 길잡이 노릇을 했다. 노나라의 경(卿) 계문자(季文子)가 지휘하는 노나라 군대와 연합해 위나라로 출발했다. 어느덧 이들은 제나라 군대와 근접한 위나라 국경 안의 신(莘) 지방에 도착했다. 여기는 제나라로 가는 중요한 길목이다. 오래지 않아 연합군은 제나라의 미계산(靡笄山) 아래에 이르렀다.

당시 제경공은 진나라 주장(主將) 극극에게 사람을 보내 다음 날 새벽에 싸우자고 했고 이에 극극이 대답했다.

"노나라와 위나라, 진나라는 형제 같은 나라입니다. 우리 임금은 형제 같은 나라가 제나라에게 모욕당하는 것을 참을 수 없다고 하셨습니다. 그래서 우리를 보내 귀국(貴國)이 노나라와 위나라를 잘 봐주고, 절대 귀국을 오래 머물지 않게 하라고 명령하셨습니다. 우리는 앞으로만 나아갈 뿐 물러날 수 없습니다. 귀국의 임금께서 다음 날 싸우자 하시니 임금의 명령을 욕보일 수 없습니다."

제경공은 이를 듣고 말했다.

"진나라의 대부가 싸움을 승낙했으니 이는 내가 바라는 바다. 만약 전쟁을 허락하지 않았어도 우리는 싸우고자 했을 것이다."

이때 제나라의 상경 고고가 홀로 진나라 군영에 쳐들어가 여러 사람을 돌로 쳤다. 그런 다음 한 병사의 전투용 수레를 빼앗아 제나라의 군영으로 돌아와서는 큰소리쳤다.

"용기가 필요한 사람은 넘쳐나는 내 용기를 사라."

도발적인 이 용기로 제나라와 진나라의 안(鞍) 전투가 그 서막을 올렸다.

역사를 사로잡은 명문장

● "남는 용기를 살 만하다(餘勇可買)"라는 고사성어는 여기에서 나온 것으로 한 사람의 왕성한 용기가 오래 유지되면 해이해지지 않음을 비유한다. 고고의 행동은 개인의 용기가 대단하다는 것을 나타내는 것 외에 제나라 군대가 교만하고 위세를 부렸음에도 실제로는 전쟁에서 패배하는 복선을 깔고 있다.

기운이 넘쳐 사람을 깔본 고고의 교만함과 자만은 제경공에게도 있었다. 다음 날 두 군대는 제나라의 안 지방에서 전쟁을 준비했고 대군이 아직 출발하지도 않았는데 제경공이 말했다.

"내가 저들을 무찌르고 돌아와서 아침밥을 먹어도 늦지 않을 것이다!"

심지어 그는 말에 마갑(馬甲)을 씌우지도 않고 급히 진나라 군대로 달려 나갔다. 제나라 군대가 스스로를 과대평가하고 적을 가볍게 여겨 무모하게 나아간 것이다. 진나라 군대는 위아래가 한마음으로 움직였고 주장 극극은 화살을 맞아 피가 신발까지 흘렀음에도 멈추지 않고 북을 두드려 진격하게 했다. 이들은 각자 전쟁터에서 죽을 각오로 제나라 군대와 맞서 싸웠고 끝내 승리해 '교만한 군대는 반드시 진다(驕兵必敗)'는 이치를 증명했다.

● 『장자』「서무귀(徐無鬼)」에는 다음과 같은 이야기가 나온다.

오왕(吳王)이 미후산(獼猴山)에 오를 때 여러 원숭이가 그를 보고 뿔뿔이 흩어졌다. 다만 한 마리 원숭이가 돌아와 팔짝 뛰면서 오왕에게 민첩함을 뽐내는 듯했다. 오왕이 화살로 그를 쏘자 원숭이는 민첩하게 그것을 잡았다. 이때 오왕이 좌우 사람들의 도움을 받아 일제히 활을 쏘자 그 원숭이는 결국 화살에 맞아 죽었다. 오왕이 그의 친구 안불의(顔不疑)에게 말했다.

"저 원숭이는 자신의 민첩함을 믿었지만 결국 죽임을 당했습니다. 우리는 이것을 경계로 삼아 교만한 태도로 다른 사람을 대하면 안 됩니다."

만약 제나라의 임금과 신하가 교만하지 않았다면 안 지방의 전쟁 결과는 달라졌을 것이다.

아름다운 덕을 드러내 높이고
형벌을 신중하게 사용하라

046

申公巫臣[1]曰: "『周書』曰: '明德愼罰[2].'
신공무신[1]왈: "『주서』왈: '명덕신벌[2].'

文王所以造周也. 明德, 務崇之之謂也:
문왕소이조주야. 명덕, 무숭지지위야:

愼罰, 務去之之謂也. 若興諸侯以取大罰,
신벌, 무거지지위야. 약흥제후이취대벌,

非愼之也. 君其圖之!"
비신지야. 군기도지!"

—성공 2년

---

1 申公巫臣(신공무신): 초나라 대부 굴무(屈巫)로, 자는 자령(子靈)이다. 봉지가 신(申) 지방
(지금의 하남[河南] 남양[南陽])이라 신공무신이라고도 부른다.
2 明德愼罰(명덕신벌): 좋은 덕을 밝히고 형벌을 신중하게 시행한다.

206

▶ 신공무신(申公巫臣)이 말했다. "『주서(周書)』에서 말하길 '좋은 덕을 밝게 드러내고 신중하게 형벌을 더하라(明德愼罰)'고 했습니다. 이는 문왕이 주 왕조를 세울 수 있었던 까닭입니다. 명덕은 좋은 덕행을 드러내려 노력하는 것입니다. 신벌은 사악한 행동을 피하려 노력하는 것입니다. 만약 미색 때문에 제후의 군대를 움직이면 큰 징벌이 내려질 것입니다. 이는 '신벌'의 뜻에 맞지 않습니다. 임금께서는 다시 생각해주십시오."

상대(商代)에 주왕(紂王)과 함께 주지육림에서 즐기던 달기(妲己)가 있다면, 춘추시대 진(陳)나라에는 여러 사람에게 비난받은 미녀 하희(夏姬)가 있다. 그녀는 정목공의 딸로 진나라의 사마 하어숙(夏御叔)에게 시집갔기 때문에 '하희'라 불렸다. 전해지는 말에 따르면 결혼 전 그녀는 청년 자만(子蠻)과 관계가 있었지만 그는 성년이 되기 전에 죽고 말았다. 결혼하고 오래지 않아 하어숙이 죽자 그녀는 당시 진나라 임금인 영공을 비롯해 신하 공녕(孔寧), 의행보(儀行父) 등과 사통했다.

진영공이 이 일로 하희의 아들 하징서(夏徵舒)를 모욕하자 화가 난 하징서는 진영공을 살해했고 두 대부 공녕, 의행보는 도망갔다. 이 기회를 틈탄 초장왕은 진나라를 토벌해 하징서를 거열(車裂: 수레에 사지를 묶어 찢어 죽임)형으로 처형하고 진성공(陳成公)을 후계자로 세웠다.

초나라가 진나라의 하징서를 토벌할 때 초장왕은 하희를 첩으로 들일까 생각했다. 그때 신공무신이 장왕을 만류했다. 제후를 소집한 것은 하징서가 임금을 죽인 죄를 묻고 토벌하기 위해서인데, 만약 하희를 받아들이면 이는 미색을 탐했음을 명백히 드러내는 것이라는 얘기였다. 미색을 탐하는 것은 음란한 것이고 음란은 큰 징벌을 받을 수 있다. 이때 무신은 『상서』「강고(康誥)」에서의 한 단락을 인용했다.

"이에 크게 빛나신 문왕께서는 덕을 밝히고 벌을 신중하게 주셨으니, 감히 약하고 외로운 사람을 괴롭히지 말고 부릴 만한 사람을 부리고, 존경할 만한 사람을 존경하며, 위세를 보일 사람에게 위세를 부리는 것으로 우리 중국 지방을 세워 우리 한두 나라와 우리 서쪽 땅을 손보았다(惟乃丕顯考文王, 克明德慎罰, 不敢侮鰥寡, 庸庸, 祗祗, 威威, 顯民, 用肇造我區夏, 越我一二邦, 以修我西土)."

그 뜻은 다음과 같다.

주문왕은 덕을 밝히고 벌을 신중하게 내려 홀아비와 과부 등 의지할 곳 없는 사람을 속이고 모욕을 주지 않았다. 또 쓸 만한 사람을 임용하고 존경할 만한 사람을 존경하며 위협받을 만한 사람을 위협하면서 이러한 도리를 백성에게 확실히 했다. 이 때문에 하늘에서는 작은 주나라를 일으켜 이웃나라와 함께 서쪽 지방을 다스렸다.

무신은 역사적인 사실로 임금에게 강하게 간언했고 '명덕신벌'에 자신의 해석을 더했다. 이로써 그는 중원의 패권을 장악하려 한 초장왕이 하희를 받아들이지 않게 했다.

초나라 장수 자반(子反)도 하희를 부인으로 맞이하려 했으나 무신은 여기에도 반대 의견을 냈다. 그는 하희는 불길한 여자로 자만과 하어숙이 죽였을 뿐 아니라 진나라는 그녀 때문에 거의 나라가 망할 뻔했다고 직접적으로 말했다. 자반은 하희를 포기했고 초장왕은 하희를 초나라의 대부 연윤양로(連尹襄老)에게 주어 첩으로 삼게 했다. 1년 후 양로가 필(邲: 지금의 하남성[河南省] 형양[滎陽] 동북쪽)의 전투(춘추시대 진(晉)과 초(楚)의 중요한 전투로 초장왕은 이 전투에서 진나라를 크게 이겨 패주의 지위를 차지했다)에서 죽자 양로의 아들이 계모 하희와 사통했다.

그런데 임금에게 미색을 탐하지 말라고 강하게 간언한 무신 자신도 결국 하희의 매력에 빠져 제나라 사신으로 가는 기회를 이용해 하희와 사사로이 도망가 멸족의 화를 초래했다. 이로써 하희는 "남편 셋, 임금 하나, 아들 하나를 죽이고 나라 하나와 경 둘을 망하게 했다"는 오명을 남기면서 달기처럼 '화근'의 대명사로 불린다.

역사를 사로잡은 명문장

● 『좌전』에서는 하희 이야기에서 '명덕신벌'의 뜻을 풀이하며 임금은 미색에 빠져 '아름다운 덕을 드러내 높이고 형벌을 신중하게 쓴다(發揚美德, 慎用刑罰)'는 덕에 의거한 정치 원칙을 파괴하면 안 된다고 경고했다. 실제로 역사상 임금이 미색에 빠져 덕을 잃고는 정치 원칙을 파괴한 상황이 자주 발생했다. 당나라 천보(天寶) 14년(서기 755년)에 발생한 안사의 난도 그 예다.

초반 정치에 힘쓴 당현종은 만년이 되자 점점 향락에 빠져 충신을 멀리했고 아름다운 양귀비를 총애해 돈을 물 쓰듯 쓰면서 정치를 소홀히 했다. 백거이는 「장한가」에서 양귀비와 당현종의 거리낌 없는 생활을 묘사하고 있다.

"구름 같은 머리카락과 꽃 같은 얼굴은 금빛 걸음에 흔들리고, 연꽃 장막 안의 따뜻함 속에 봄밤을 보낸다. 봄밤이 괴로울 만큼 짧아 해 높이 솟으니 이때부터 임금은 아침 조회를 하지 않았네(雲鬢花顏金步搖, 芙蓉帳暖度春宵. 春宵苦短日高起, 從此君王不早朝)."

안사의 난으로 현종 일행은 서쪽으로 도망갔는데, 마외파(馬嵬坡: 지금의 협서성[陝西省] 흥평시[興平市] 서쪽)를 지나다 현종은 여러 장수의 격한 분노 속에서 양귀비에게 죽음을 내릴 수밖에 없었다. 미인이 모두 화근인 것은 아니지만 임금이 여색에 빠져 정사를 돌보지 않으면 임용해서는 안 되는 사람을 임용하고 처벌받아야 하는 사람을 처벌하지 않는다. 일단 조정이 간신의 손에 떨어지면 '명덕신벌'의 시정원칙(施政原則)을 지키기가 어렵다.

국가를 다스릴 때는 확실히 '명덕신벌'의 도리를 소홀히 할 수 없다. 『순자』 「성상 (成相)」은 다음과 같이 지적하고 있다.

"국가를 다스리는 원칙은 예의와 형벌이다. 군자는 이로써 백성을 편안하게 다 스린다. 덕을 밝히고 벌을 신중하게 내리면 국가가 다스려지고 온 세상이 평안해진 다(治之經, 禮與刑, 君子以脩百姓寧. 明德愼罰, 國家旣治四海平)."

그 뜻은 다음과 같다.

국가를 다스리는 근본 원칙은 도덕교화와 형벌을 통한 징벌에 있다. 군자는 예의범절 과 형벌을 이용해 백성을 편안히 다스리고 백성은 분수를 지키며 난리를 일으키지 않 는다. 미덕을 널리 드러내고 형벌을 신중하게 사용하면 국가는 오랫동안 편안하게 다스 려지고 온 세계가 태평해진다.

수레에 바퀴를 고정시키는 쐐기가 없으면
움직일 수 없듯 사람과 사람 사이에
믿음이 없으면 사회는 무너진다

047

信以行義, 義以成命[1], 小國所望而懷也[2].
신 이 행 의, 의 이 성 명[1], 소 국 소 망 이 회 야[2].

信不可知, 義無所立[3]. 四方諸侯, 其誰不解體[4]?
신 불 가 지, 의 무 소 립[3]. 사 방 제 후, 기 수 불 해 체[4]?

—성공 8년

---

1 成命(성명): 명령을 완성하다.
2 望而懷也(망이회야): 희망하고 마음에 품는다.
3 立(립): 수립하다. 세우다.
4 解體(해체): 와해(瓦解)되다. 흩어지다.

▶ 신용은 도의를 추진하는 데 쓰이고 도의를 말하는 것은 명령을 완성하기 위해서다. 이는 작은 나라가 희망하고 마음에 품는 것이다. 만약 신용이 어디에 있는지 알지 못하면 도의를 세울 수 없다. 그때 사방의 제후가 어찌 이 때문에 마음이 떠나 흐트러지지 않겠는가?

노성공 8년 봄, 진경공은 국경(國卿) 한천(韓穿)을 노나라에 보내 문양(汶陽) 이북 땅을 제나라에게 줄 것을 통지했다. 이 땅은 노희공 때 노나라 공자 계우(季友)에게 내려진 것으로 이후 제나라에게 빼앗겼다가 노성공 2년에 이르러 진(晉)나라와 제나라 사이의 안 전투 때 제나라가 패하면서 노나라에 돌려준 땅이다.

6년 후 진나라는 제나라의 환심을 사기 위해 노나라에게 이 땅을 제나라에 바칠 것을 요구했다. 노나라의 집정을 담당한 국경 계문자(계우의 손자)는 한천을 보낼 때 끝내 참지 못하고 비공개로 한천에게 말했다.

"큰 나라는 의리로 통제해 맹주가 되기 때문에 제후는 덕을 품고 토벌하는 것을 두려워하면서 두 마음을 갖지 않습니다(大國制義, 以爲盟主, 是以諸侯懷德畏討, 無有貳心)."

그 뜻은 다음과 같다.

큰 나라는 일을 처리할 때 정리(情理)에 맞춰 일을 처리함으로써 제후의 맹주가 된다. 이때 여러 나라의 제후는 큰 나라의 은덕에 감사하고 토벌을 두려워하며 배신의 마음을 품지 못한다.

계문자는 연달아 『시경』 「대아·판(板)」의 시구를 인용했다.

"꾀하는 것이 멀지 못하니 이러한 큰 도리를 써서 크게 간하다(猶

之未遠, 是用大簡). *"

이는 진나라가 깊고 멀리 생각하지 못하는 것을 걱정해 큰 도리를 써서 간언한다는 것을 나타낸다. 나아가 계문자는 진나라가 믿음과 의리를 저버려 제후들의 마음이 떠남으로써 오랫동안 제후의 추대를 받지 못하는 일이 없기를 바란다고 했다.

평범한 남자도 앞뒤가 다르면 배우자를 잃을 수 있는데 하물며 제후의 패주는 어떻겠는가? 진나라의 행동은 노나라의 불만을 자아냈고 다음 해 제후국 정나라가 배신하면서 초나라에 의지했다. 진(秦)나라 또한 이 틈을 타서 진(晉)나라를 공격했다.

역사를 사로잡은 명문장

● 공자가 일찍이 말했다.

"사람에게 믿음이 없으면 그가 괜찮은지 알 수 없다. 큰 수레에 쐐기(예[輗])가 없고 작은 수레에 쐐기(월[軏])가 없다면 어떻게 가겠는가(人而無信, 不知其可也. 大車無輗, 小車無軏, 其何以行之哉)?"(『논어』「위정」)

사람에게 신용이 없으면 사회에 어떻게 발을 붙일지 알 수 없다. 이는 큰 수레와 작은 수레의 수레바퀴를 고정시키는 쐐기가 없는 것과 같으니 수레가 어떻게 움직이겠는가? 쐐기는 매우 작은 물건이지만 수레가 길에서 원활하고 안전하게 주행하는 데 필수적이다. 마찬가지로 '믿음'도 사회가 발전하면서 안정을 유지하는 데 중요한 도덕이다. 만약 사회에 믿음이 없으면 사람과 사람 사이에 이해관계만 남고 거짓이 가득 차 서로서로를 속이다가 결국 사회가 무너지고 만다.

● 노나라 문양 이북 땅에 대해 진(晉)나라는 한마디로 이랬다저랬다 했다. 그러자 계

● 「모시(毛詩)」에는 '諫'으로 되어 있다.

문자는 『시경』「위풍(衛風)·맹(氓)」을 예로 들며 말했다.

"여자는 잘못이 없지만 사내는 그 행동을 두 가지로 하네. 사내는 법칙이 없어 그 덕이 일치하지 않네(女也不爽, 士貳其行. 士也罔極, 二三其德)."

이는 여자는 잘못이 없어 행동에 일관성이 있지만 남자의 행동은 원칙이 전혀 없어 앞뒤가 일치하지 않는다는 의미다. 이것은 진나라를 '덕이 일치하지 않는', 즉 어느 때는 둘이고 어느 때는 셋으로 하나의 원칙과 절조가 없는 남자에 비유한 것이다.

한 남자의 언행이 변덕스러우면 그 영향은 한 개인에게 미치지만, 한 국가 집정자의 언행이 변덕스러우면 그 영향은 국가 전체에 미친다. 어찌 신중하고 조심하지 않을 수 있겠는가?

큰일의 완성은 근본을
어기지 않는 것에서 출발한다

048

不背本¹. 仁也 ; 不忘舊². 信也 ; 無私. 忠也 ;
불 배 본 ¹. 인 야 : 불 망 구 ². 신 야 : 무 사. 충 야 :

尊君. 敏也. 仁以接事³. 信以守之. 忠以成之.
존 군. 민 야. 인 이 접 사 ³. 신 이 수 지. 충 이 성 지.

敏以行之. 事雖大. 必濟⁴.
민 이 행 지. 사 수 대. 필 제 ⁴.

—성공 9년

1 不背本(불배본) : 근본을 어기지 않다.
2 不忘舊(불망구) : 옛날을 잊지 않는다.
3 接事(접사) : 사물을 맞이하다. 즉, 일을 처리함을 가리킨다.
4 濟(제) : 성공하다.

▶ 근본을 어기지 않는 것은 인덕이 있는 것이다. 옛날을 잊지 않는 것은 신용을 지키는 것이다. 사심이 없는 것은 충성이고, 임금을 존중하고 숭배하는 것은 민첩하면서도 통달한 것이다. 인덕으로 일을 처리하고 신용으로 사물을 굳게 지키며, 충성으로 일을 완성하고 민첩하면서도 통달하는 것으로 일을 추진한다. 이 네 가지 덕행이 있으면 어떤 큰 일도 반드시 완성할 수 있다.

이 명구는 진(晉)나라 대부 범문자(范文子)가 종의(鍾儀)에게 한 칭찬이다.

노성공 9년, 정나라의 배신을 대면한 진(晉)나라와 초나라는 일촉즉발의 상황에 놓여 있었다. 이때 진경공이 병기를 저장하는 군용 창고를 시찰하다가 한 죄수를 발견했다. 진경공이 크게 놀라 물었다.

"남방의 모자를 쓰고 있는 저 죄수는 누구인가?"

2년 전 가을 정나라에서 초나라 운현(鄖縣) 지방 관리 종의를 포로로 잡아 바쳤는데 이후 그는 계속 감금당하고 있었다. 진경공이 종의를 석방하자 종의는 진경공에게 두 차례 절한 뒤 머리를 조아리고 감사의 뜻을 나타냈다. 진경공은 그의 관족(官族)과 세계(世系)를 자세히 물었다.

"배우이자 악관(樂官)입니다."

진경공이 또 물었다.

"음악을 연주할 수 있는가?"

종의가 대답했다.

"그것은 조상의 직관으로 제가 어찌 다른 일에 종사할 수 있겠습니까?"

진경공은 종의에게 금(琴)을 주었다. 종의는 전혀 두려워하지 않고 진경공 앞에서 초나라 지방의 음악을 연주했다. 진경공이 물었다.

"그대의 임금은 어떤 사람인가?"

그가 말했다.

"그것은 제가 알 수 있는 일이 아닙니다."

진경공이 여러 차례 묻자 그제야 종의가 대답했다.

"우리 임금께서 태자일 때 한 사보(師保: 태자를 가르치는 관직 명칭)가 섬기면서 그를 가르쳤습니다. 그는 매일 아침 영윤 영제(嬰齊: 자는 자중[子重]이다)에게 가르침을 청했고, 저녁에는 사마측(司馬側: 자는 자반이다)에게 가르침을 청했습니다. 그 외의 일은 저는 모릅니다."

진경공이 이 일을 범문자에게 알리자 범문자는 종의를 칭찬했다.

"초나라의 그 포로는 군자입니다!"

역사를 사로잡은 명문장

● 범문자는 종의를 재주와 덕이 있는 군자로 보았는데 이는 다음과 같은 이유 때문이다.

"조상의 관직을 말한 것은 근본을 어기지 않아서입니다. 자신의 향토 음악을 연주하는 것은 옛날을 잊지 않은 것입니다. 태자를 칭찬하는 것은 사사로운 마음이 없기 때문입니다. 두 경의 이름을 거론한 것은 임금을 존중해서입니다(言稱先職, 不背本也 ; 樂操土風, 不忘舊也 ; 稱大子, 抑無私也 ; 名其二卿, 尊君也)."

조상의 관직을 말한 것은 인덕을 갖춰 근본을 어기지 않은 행동이다. 고향의 음악을 연주한 것은 그가 자신의 뿌리를 잊지 않았으니 신용을 지킬 수 있음을 나타낸다. 초공왕(楚共王)이 태자일 때의 일을 이야기한 것은 그가 사심 때문에 초나라 임금에게 아첨하며 칭송하는 것이 아니라 매우 충성스러움을 알 수 있다. 초나라 두 경의 이름을 직접 부르면서 자를 부르지 않은 것은 진나라 임금을 존중한 것으로 민첩하면서도 통달한 것이다.

범문자는 종의가 인(仁), 신(信), 충(忠), 민(敏)의 네 가지 덕행을 갖췄으니 큰 일도 잘 처리할 것으로 파악해 그를 초나라로 돌려보내 진나라와 초나라 사이의 화해를 촉진하도록 진경공에게 건의했다. 이전 해에 진나라는 노나라가 제나라에게 빼앗겼던 문양 이북 땅을 다시 제나라에 돌려줄 것을 요구했고, 정나라는 진나라를 배신했으며, 진(秦)나라 또한 그 틈을 타 진(晉)나라를 공격하는 바람에 진나라는 곤란한 상황이었다. 진경공은 범문자의 건의를 받아들여 두터운 예를 갖춰 종의를 대접했고, 그가 초나라에 돌아간 후 진나라를 대신해 화해를 요청하도록 했다.

종의는 진(晉)나라에 갇혀 있을 때 2년 동안 행동거지가 비천하지도 건방지지도 않았고, 여전히 남쪽의 관(冠)을 쓰고 남쪽 음악을 연주했다. 이를 통해 그가 뜻을 바꾸지도, 근본을 배신하지도 않았음을 알 수 있다. 그의 이야기는 후세에 유명한 고사로 남았는데, 예를 들면 '남관초수(南冠楚囚)'는 갇혀 있는 사람이 고국의 의관을 잊지 못하는 것을 비유할 때 쓰인다. '종의초주(鍾儀楚奏)'는 포로가 되어 핍박받는 상황에서도 근본을 잊지 않는 것을 비유할 때 쓴다.

작은 병도 때를 놓치면
큰 병이 되어
죽음에 이르게 된다

049

醫至, 曰: "疾不可爲也! 在肓之上, 膏之下[1],
의 지 . 왈 : " 질 불 가 위 야 ! 재 황 지 상 , 고 지 하[1],

攻之不可[2], 達之不及[3], 藥不至焉,
공 지 불 가[2], 달 지 불 급[3], 약 부 지 언,

不可爲也!"
불 가 위 야 !"

—성공 10년

1 在肓之上, 膏之下(재황고지상, 고지하): 옛날 의학에서는 심장 끝의 지방을 '고(膏)'라 했고
  가슴 횡격막(橫膈膜) 사이를 '황(肓)'이라 했다.
2 攻之不可(공지불가): 뜸으로 치료할 수 없음을 가리킨다. 공(攻)은 치료한다는 뜻이다.
3 達之不及(달지불급): 침으로도 닿을 수 없다. 즉, 치료할 수 없다.

▶ 의사가 도착해서 말했다. "이 병은 치료할 수 없습니다. 병이 황(肓) 위쪽과 고(膏) 아래쪽에 있어 뜸을 써도 닿지 않고 침을 써도 닿지 않으며, 먹는 약의 약효도 이르지 않습니다. 이 병은 치료할 수 없습니다!"

노성공 5년, 진(晉)나라 대부 조영(趙嬰)과 조카며느리 조장희(趙莊姬)가 사사로이 간통하며 윤리를 어지럽히자 집안 형인 조동(趙同)과 조괄(趙括)이 그를 제나라로 쫓아냈다. 3년 후 원한을 품은 장희는 조동과 조괄이 반란을 일으키려 한다며 누명을 씌웠다. 진경공은 조씨(趙氏) 자손을 죽이라고 명령을 내렸고, 장희와 그의 아들 조무(趙武)만 남겨 토지를 계승하게 했다.

2년 후 진경공은 꿈에서 악귀를 만났는데 그 악귀는 긴 머리카락을 산발하고 흉악한 낯빛을 드러내며 매섭게 말했다.

"네가 도의 없이 함부로 우리 자손을 죽였다. 마침내 하늘에 눈이 있어 상제께서 내가 너에게 복수할 수 있도록 허락하셨다."

악귀는 궁전과 침궁의 대문을 부수고 진경공을 때렸다. 겁이 난 진경공이 내실로 피하자 악귀는 내실의 문도 부쉈고 매우 위험한 지경에 놓였을 때 진경공은 놀라면서 깨어났다. 두려웠던 경공은 무인(巫人)을 불러 꿈을 풀이하게 했다. 무인은 임금이 오래 살지 못할 것이며, 아마 새로 수확하는 보리를 먹지 못할 것이라고 말했다. 오래지 않아 진경공의 병이 위독해져 진나라에서 의사를 초청했다. 명의가 도착하기 전 진경공은 꿈에서 두 아이를 보았는데, 한 아이가 말했다.

"명의가 오면 우리를 해칠까 두려운데 어디로 도망가면 좋을까?"

또 다른 아이가 말했다.

"우리가 황(肓) 윗부분과 고(膏) 아랫부분에서 기다리면 그가 우리를 어떻게 잡을까?"

명의의 진단은 경공이 꿈에서 본 아이가 말한 것과 같았고, 경공의 병은 이미 고황에 들어 명의 또한 힘을 쓸 수 없었다.

역사를 사로잡은 명문장

● 『한비자』 「유로(喩老)」에도 '병입고황(病入膏肓)' 이야기가 나온다.

춘추 시기 명의 편작(扁鵲)이 채환공(蔡桓公)을 만난 자리에서 말했다.

"임금께서는 병에 걸렸습니다만 아직 증상이 가벼워 피부 사이에 있을 뿐입니다. 때맞춰 치료하면 시기를 놓치지 않을 것입니다."

채환공은 별로 기뻐하지 않았다.

"나는 어떤 병에도 걸리지 않았다."

편작이 떠나길 기다렸다가 채환공이 다른 사람에게 말했다.

"저런 의사가 걸핏하면 사람에게 병이 있다고 말하면서 치료를 핑계로 병이 없는 사람을 치료하며 의술을 과시하는 꼴을 참을 수가 없다."

열흘 후, 편작이 다시 채환공을 살핀 뒤 말했다.

"임금의 병은 이미 근육에 퍼졌습니다. 만약 치료하지 않으면 병이 위중해질 것입니다."

채환공은 여전히 편작의 말을 듣지 않았다. 열흘이 지난 뒤 편작은 세번째로 말했다.

"임금의 병은 더 이상 미룰 수 없습니다. 현재 내장 속으로 퍼졌습니다. 서둘러 치료하지 않으면 병이 악화됩니다. 잘 생각해보십시오."

채환공은 들은 척도 하지 않았다. 또다시 열흘이 지나고 나서 편작이 채환공을 살펴보고는 몸을 돌려 돌아갔다. 말없이 돌아가는 것이 이상했던 채환공은 사람을 보내 물었고 편작이 대답했다.

"처음에는 임금의 병이 매우 가벼워서 피부 사이에 이르렀기에 탕약을 써서 씻어내거나 뜨거운 뜸을 붙이면 쉽게 치료할 수 있었습니다. 병이 좀 더 위중해져 근육에 이르렀을 때도 금침을 써서 이겨낼 수 있었습니다. 질병이 내장에 침범했을 때도 약초를 달인 탕제를 복용해 치료 효과를 볼 수 있었습니다. 하지만 지금 임금의 병은 골수에 이르렀습니다. 저는 힘을 쓸 수 없습니다."

닷새가 지난 후, 온몸이 아프고 쑤시자 채환공은 그제야 사람을 보내 편작을 찾아오도록 했다. 그렇지만 편작은 이미 진(秦)나라로 도망가고 없었다. 병이 심해지자 채환공은 두루 명의를 찾았지만 끝내 찾지 못한 채 오래지 않아 죽고 말았다.

"어찌 임금의 자리를 탐내 절의를 잃겠습니까?"

050

諸侯將見子臧[1]於王而立之. 子臧辭曰:
제 후 장 견 자 장[1] 어 왕 이 립 지. 자 장 사 왈

"『前志』[2]有之曰: '聖達節[3], 次守節,
"『전 지』[2]유 지 왈: '성 달 절[3], 차 수 절,

下失節.' 爲君非吾節也. 雖不能聖[4],
하 실 절.' 위 군 비 오 절 야. 수 불 능 성[4],

敢失守[5]乎?" 遂逃, 奔宋.
감 실 수[5]호?" 수 도, 분 송.

—성공 15년

---

1 子臧(자장): 조나라 공자 흔시(欣時)(『공양전』에서는 공자 희시[喜時]로 되어 있다)로 자는
  자장이며 조선공(曹宣公)의 서자다.
2 『前志(전지)』: 옛날 책 이름이다.
3 達節(달절): 사람의 행동이 나아가고 물러가고를 떠나 모두 절의에 합당한 것을
  가리킨다.
4 不能聖(불능성): 성인(聖人)에 미칠 수 없다.
5 失守(실수): 절의를 잃는 것이다.

▶ 회맹한 여러 제후가 자장(子臧)이 주천자를 뵙게 한 뒤 그를 조나라 임금으로 세우고자 했다. 그러자 자장이 사양하며 다음과 같이 말했다. "옛날 책에서 말하길 '성인은 나아가든 물러나든 모두 절의의 가장 높은 수준에 도달한다. 그다음은 절의를 지키는 것이고 가장 낮은 수준은 이익만 추구하며 절의가 없는 것이다'라고 했습니다. 임금이 되는 일은 제 절의에 맞지 않습니다. 저는 성인에 미치지 못하는데 어찌 임금의 자리를 탐내 절의를 잃겠습니까?" 이후 그는 송나라로 도망갔다.

2년 전 조선공이 진(秦)나라 군중(軍中)에서 죽자, 조나라 사람들은 공자 부추(負芻)에게 나라를 지키게 하고 공자 흔시(자장)는 조선공의 영구(靈柩)를 맞이해 돌아오게 했다. 그런데 부추가 태자를 죽이고 스스로 임금이 되었으니 그가 바로 조성공(曹成公)이다. 이 대역무도한 행동은 제후들의 불만을 불러일으켰고 연달아 진(晉)나라에 조나라를 토벌할 것을 요청했다. 하지만 그때는 진나라가 진(秦)나라와의 전쟁을 마친 지 얼마 되지 않아 군사와 백성 모두 피곤한 상태였기에 곧바로 전쟁을 일으키려 하지 않았다.

여러 신하와 함께 조선공의 장례를 치른 후 자장은 떠날 준비를 했는데 그때 나라의 중요한 인물들이 모두 그를 따르고자 했다. 당황한 조성공은 자장에게 잘못을 인정하고 그가 나라 안에 머물기를 요구했다. 결국 자장은 조나라에 남았지만 봉읍을 조성공에게 돌려주면서 마음속 불만을 나타냈다.

마침내 노성공 15년 진여공(晉厲公)과 노, 위, 정, 조 나라가 회맹해 태자를 죽이고 자리를 빼앗은 조성공을 토벌했다. 승리 후 이들은 조성공을 경사(京師)로 보내 주천자의 결정을 받고자 했고 회맹에 참여한 제후들은 자장을 조나라 임금으로 세우길 희망했다. 이때 자장은 앞의 명구를 말하며 송나라로 도망갔다. 그러나 조나라 사람이 여러 차례 진여공에게 요구하자, 노성공 16년에 진여공이 송나라로 도망간 자장에게 말했다.

"그대는 나라로 돌아가시오. 그러면 그대의 임금인 조성공을 돌려보내겠소."

자장이 돌아간 이후 조성공도 조나라로 돌아왔다. 이때 자장은 봉읍뿐 아니라 국경 직위마저도 물리고는 조나라의 어떠한 관직도 맡지 않았다.

역사를 사로잡은 명문장

● 춘추시대 오나라 임금 수몽(壽夢)에게는 네 명의 아들이 있었다. 그는 넷째 계찰(季札)이 가장 현명하고 능력이 있다고 여겨 왕위를 그에게 주려 했다. 나머지 세 형제는 부친의 뜻을 알고 있었고, 그들 또한 계찰에게 덕과 재주가 있다고 여겨 그의 즉위를 추대했다.

　오왕 수몽이 죽은 후 큰아들 제번(諸樊)이 자리를 이었지만 상을 치르자 그는 동생 계찰을 임금으로 세워야 한다고 생각했다. 하지만 계찰은 자장을 예로 들며 사양했다. 자장은 임금이 되지 않는 것으로 절의를 지켰다. 더구나 제번은 조성공처럼 의롭지 않은 수단으로 임금이 된 것도 아니고 자리를 이은 것이 명분과 사리에 맞는데 누가 감히 그 자리를 범하겠는가?

　자장이 말했다.

　"임금이 되는 것은 내 절개가 아닙니다."

　계찰 또한 말했다.

　"나라를 갖는 것은 내 절개가 아닙니다."

　임금이 되는 것은 그의 절도와 표준에 맞지 않는다. 그는 자신이 재무가 없지만

여전히 자장을 따라서 '절개를 잃지 않고자' 한다고 하였다.

　제번과 계찰이 서로 나라를 양보하는 것은 결코 우연이 아니다. 그 조상인 주의 태백은 아버지 태왕이 임금 자리를 막내 계력과 그의 손자 창에게 넘기려는 뜻이 있음을 알고 스스로 낙후한 곳으로 도망가 오나라를 세웠다. 오나라가 오랫동안 평안을 유지한 것은 이처럼 나라를 양보하는 풍토가 있었기 때문이 아닐까.

나라를 다스리는 도리는
현명한 사람과 백성에게
의지하는 것이다

051

德. 刑. 詳¹. 義. 禮. 信. 戰之器也. 德以施惠,
덕 . 형 . 상¹ . 의 . 예 . 신 . 전 지 기 야 . 덕 이 시 혜 .

刑以正邪, 詳以事神, 義以建利, 禮以順時,
형 이 정 사 . 상 이 사 신 . 의 이 건 리 . 예 이 순 시 .

信以守物.
신 이 수 물 .

—성공 16년

1 詳(상): 장중하고 조급하지 않은 모습

227

▶ 덕행, 형벌, 장중, 도의, 예법, 신용은 전쟁에서 승리를 얻고자 할 때 갖추는 방식이다. 덕행은 백성에게 은혜를 베푸는 것이고, 형벌은 사악함에서 올바른 곳으로 인도할 때 쓰이고, 장중함으로 신명(神明)을 받들어 모시고, 도의로 이익을 세우고, 예법으로 계절의 변화에 따르고, 신용이 있다면 대세를 지켜나갈 수 있다.

초와 진(晉)이 패권을 다툰 지 여러 해가 지난 노성공 16년 봄, 초공왕은 공자성(公子成)을 보내 여음(汝陰) 일대의 땅을 정나라에 바쳤다. 정나라는 이익이 눈앞에 다가오자 진나라를 배반했고 정목공의 아들 자사(子駟)가 무성(武城)에서 초나라와 동맹을 맺었다. 같은 해 여름, 정나라의 자한(子罕)이 진나라에 의지하던 송나라를 공격해 승리했다. 이때 진나라의 또 다른 동맹국인 위나라는 군대를 일으켜 정나라를 공격했다. 그러자 진여공도 병사를 동원하며 정나라를 정벌하려 했다.

진나라가 출병하려 한다는 말을 들은 정나라 사람이 서둘러 초나라에 사자를 보내 보고했다. 이때 정나라의 대부 요구이(姚句耳)도 함께 갔다. 초공왕은 즉각 정나라를 구한다는 결정을 내렸다. 초나라 대장 중 한 명인 사마자반(司馬子反)이 병사를 이끌고 전장에 가던 중 신(申) 지방을 지나가다 초나라 대부 신숙시(申叔時)를 만나 이번 전쟁이 어떤 결과를 가져올지 물었다.

신숙시는 『시경』「주송(周頌)·사문(思文)」을 인용해서 말했다.

"나를 세워 백성을 다스림에 있어 그 덕이 지극하지 않은 것이 없다(立我烝民, 莫匪爾極)."

이 문장은 '하늘의 도리와 법칙인 덕, 형, 상, 의, 예, 신에 일치하는 방식으로 백성을 편안하게 하면 재난이 일어나지 않고 백성의 생활이 부유해져 국가에 충성을 다할 것'이라는 뜻이다. 신숙시는 초나라가 현재 그 도리를 어긴다고 지적했다.

"맹약(미병[弭兵]의 맹약)을 위반하고 때에 걸맞은 명령을 어기면서 전쟁을 일으키니 백성이 어찌 그를 위해 힘을 다하고자 하겠는가?"

한마디로 신숙시는 초나라가 하늘의 때에 맞는 도리를 어겨 전쟁에서 질 것이라고 예측한 것이었다. 요구이가 정나라로 들어서자 자사가 초나라의 전쟁 준비 상황을 물어보았다. 요구이는 초나라의 군대는 빠르긴 하지만 요충지를 지나면서 법도가 없는 것으로 보아 준비가 갖춰지지 않은 상황에서 군사를 일으킨 게 분명하다고 말했다. 이후 초나라는 언릉(鄢陵)에서 크게 졌다.

역사를 사로잡은 명문장

● 여섯 가지 전쟁 수단 '덕, 형, 상, 의, 예, 신'의 핵심은 '민심을 얻는 것', 다시 말해 백성의 동의와 지지를 얻는 것에 있다. 『손빈병법(孫臏兵法)』 「월전(月戰)」에는 다음과 같은 말이 나온다.

"하늘과 땅 사이에 사람보다 귀한 것은 없다(於天地之間, 莫貴於人)."

일단 전쟁이 벌어지면 교섭을 벌여 전쟁을 그만두지 않는 한 군대를 동원하여 대항해야 한다. 승리를 얻는 열쇠는 민심이 향한 곳에 있다.

『황석공삼략(黃石公三略)』에는 이런 말이 있다.

"나라를 다스리는 도리는 현명한 사람과 백성에게 의지하는 것이다. 현명한 사람을 마음속처럼 믿고 백성을 손발처럼 부릴 수 있으면 모든 정책은 이뤄진다(夫爲國之道, 恃賢與民. 信賢如腹心, 使民如四肢, 則策無遺)."

나라는 현명한 사람과 백성에게 의지해서 다스려야 한다. 현명한 사람은 자신의 마음처럼 신임하고 백성을 자신의 손발처럼 아끼고 보호하면 국가 정책은 문제없이 이뤄진다.

만청(滿淸)이 산해관(山海關)에 들어가기 전 여러 차례 명나라 조정과 다퉜다. 그는 명나라 왕조의 운명이 아직 다하지 않았음을 알고 산해관 밖에서 기다리기로 했다. 홍타이치(皇太極: 청태종[淸太宗])는 한인(漢人)을 신하로 기용해 '이한치한(以漢治漢: 한인으로 한인을 다스림)'을 채택했다. 또한 몽고(蒙古)와 소통하고 조선(朝鮮)을 여러 차례 무찌르고는 명나라 장수를 모반하도록 선동했다. 더불어 적극적으로 '백성을 편안케 해' 민심을 매수했다. 그는 누르하치(努爾哈赤)가 다음과 같이 말한 것을 실천했다.

"큰 나무를 한 번에 벨 수 있겠는가? 반드시 도끼로 쳐서 점점 가늘게 만든 후에야 벨 수 있다(欲伐大木, 豈能驟折? 必以斤斧伐之, 漸至微細, 然後能折)." (『만주실록(滿洲實錄)』)

큰 나무는 한 번에 벨 수 없으니 나무가 가늘어질 때까지 도끼로 쳐야 벨 수 있다는 의미다.

만청은 명나라 왕조 내부가 부패해 사방에서 도둑이 일어나고 백성이 도탄에 빠지자 비로소 그들을 한 번에 정벌해 천하를 얻었다.

통치자는 바깥이 편안해야
내부의 위기를 수용할 수 있다

052

文子[1]曰: "惟聖人能内外無患. 自非聖人,
문자[1]왈: "유성인능내외무환. 자비성인,

外寧[2]必有内憂[3],
외녕[2]필유내우[3],

盍釋楚以爲外懼乎?"
합석초이위외구호?"

—성공16년

---

1 文子(문자): 사섭으로 춘추시대 진(晉)나라의 대신이다. 그의 봉지가 범(范)이라 범문자라
   부르기도 한다.
2 外寧(외녕): 국경 밖이 안녕하다는 뜻으로 나라에 외적의 침략이 없음을 가리킨다.
3 內憂(내우): 국가 내부의 정치 상황과 사회가 안정되지 못함을 가리킨다.

▶ 문자(文子)가 말했다. "성인(聖人)이 통치하는 국가만 국경 안쪽과 바깥쪽 모두 우환이 없다. 만약 성인이 아닐 경우 바깥이 편안하면 반드시 내부에 우환이 있을 것이다. 왜 초나라를 먼저 용서해 진(晉)나라가 외부 경계를 유지하게 하지 않는가?"

노성공 16년 6월, 진(晉)나라 군대가 정나라를 공격할 준비를 하자 정나라는 황급히 초나라에 구원을 요청했다. 이때 진나라와 초나라 두 대군은 언릉에서 싸웠다.

진나라 대부 범문자가 이 전쟁을 탐탁지 않게 생각하자 대신 극지(郤至)가 전쟁을 분석했다. 이전에 진나라는 세 차례나 패배의 치욕을 겪었다. 첫번째는 한(韓) 지방 전투로 진혜공은 진(秦)나라에게 패했다. 두번째는 적(狄) 지방 사람들이 진나라를 공격한 기(箕) 지방 전투로 선진은 적군의 군영으로 돌진하다 전사했다. 세번째는 필(邲) 지방 전투로 여러 차례 승전을 기록한 순백(荀伯)이 패했다. 극지는 범문자가 초나라 군대와의 대결을 방치하면 진나라가 치욕을 더할 것으로 판단했다.

범문자는 진나라가 여러 차례 군대를 내보내 전투할 때는 모두 원인이 있었다며 다른 견해를 보였다. 당시 이웃하던 진(秦), 적, 초 나라는 모두 강국으로 만약 진나라가 힘을 다해 대항하지 않았다면 후대는 아마 멸망했을지도 모른다고 본 것이다. 그런데 지금은 진정한 적이라고 할 수 있는 나라가 초나라뿐이다. 간단하게 말해 범문자는 나라 밖에 적을 두어야 사람들이 두려워 서로 협력하고 외부에 대해 의견이 일치하지, 외적이 없는 상황에서는 사람들이 내부의 권력 투쟁에 정신을 소모해 진나라 내정이 혼란스러워질 것으로 보았다.

언릉 전투에서는 전략상 진나라가 승리했지만 범문자가 우려했던 대로 진여공은 이를 기회로 임금의 위세를 떨치고 국내 경대부의 세력을 깎고자 했다. 그는 총애하는 몇몇 신하를 중용했고 그들을 위해 세력이 있는 경대부를 공격했다. 경대부들은 심하게 반발하면서 진여공이 총애하던 신하들을 죽였고 끝내 진여공마저 죽여 혼란스러워진 진나라는 패주의 지위에 심각한 상처를 받았다.

역사를 사로잡은 명문장

● 당 왕조의 재상 적인걸(狄仁傑)은 무측천(武則天)을 보좌할 때 조정에서 병력을 낭비해가며 대외적으로 토벌을 행하던 상황에 대해 충고했다. 적인걸은 변방 지역은 본래 무주(武周)에 속하지 않은 곳인데 국가의 비용을 낭비해가면서 정벌하는 것은 전쟁을 좋아한 진시황이나 한무제(漢武帝)와 마찬가지로 임금의 권위를 세우려는 것으로 보았다. 그는 다음과 같이 지적했다.

"또한 왕도의 통치자는 바깥이 편안해야 내부의 위기를 수용할 수 있습니다. 폐하께서는 잠시 변방을 잘 지키도록 하여 힘을 비축했다가 피곤한 적을 맞이하시기 바랍니다(且王者外甯, 容有內危. 陛下姑敕邊兵謹守備, 以逸待勞)."

진정한 왕조는 국경 밖이 편안해야 나라 안 정세의 몇몇 충돌을 허락할 수 있으니, 황제는 잠시 명령을 내려 변경의 병사들이 국경의 수비만 잘하도록 하고 정예 병사를 길러 기회를 틈타 외적을 무찌르도록 했다.(『신당서(新唐書)』, 「적인걸전」)

적인걸은 무측천에게 국경의 일을 조정 내부에서 처리해야 하는 일치하지 않는 의견과 연계하지 말라고 충고한 것이다.

송나라 이항(李沆)은 진종(真宗) 때의 재상이고 왕단(王旦)은 참지정사(參知政事)였는데 당시 서북 국경에는 거란(契丹), 서하(西夏) 등 외적들이 침범해 혼란스러웠다. 두 사람은 늘 늦게까지 바빴지만 생각은 서로 달랐다. 왕단은 천하가 태평해 한가롭기를 바랐고 이항은 오히려 이렇게 생각했다.

"조금 부지런하면 경계할 만하다. 다른 날 주변의 나라들이 조용해지면 조정이 반드시 무사하지는 않을 것이다(少有有勤, 足爲警戒. 他日四方寧謐, 朝廷未必無事)."

약간 수고로운 것은 사람들이 경계하고 두려워하는 마음을 갖게 하지만, 천하가 태평하면 조정 내부에 다른 사단(事端)이 생기지 않을 수 없다는 얘기다.

이항이 죽은 후 송진종은 거란, 서하와 강화를 맺었고 궁전을 지었으며 간신들을 주위에 두고 다른 사람들을 공격하게 했다. 왕단이 황제에게 간언하고자 했으나 이미 늦었다. 그는 비로소 이항의 혜안에 감탄하며 말했다.

"이문정(李文靖, 항[沆])은 진실로 성인(聖人)이구나!"(『송사』「이항전」)

제 4 장

"나는 탐내지 않음을 보물로
여기고, 그대는 이 옥을
보물로 여깁니다 "

현명한 군주는
자신에게 대적하는 인재에게도
나라를 위해 힘쓸 기회를 준다

053

君子謂: "祁奚[1]於是能擧善矣.
군 자 위 : "기 해[1] 어 시 능 거 선 의 .

稱其讎[2]不爲諂, 立其子不爲比[3].
칭 기 수[2]불 위 첨 . 입 기 자 불 위 비[3].

擧其偏[4]不爲黨.
거 기 편[4]불 위 당 .

『商書』曰: '無偏無黨, 王道蕩蕩'
『상 서 』왈 : '무 편 무 당 . 왕 도 탕 탕 '

其祁奚之謂矣."
기 기 해 지 위 의 ."

—양공(襄公) 3년

---

1 祁奚(기해) : 진(晉)나라 중군위(中軍尉)로, 자는 황양(黃羊)이다.

2 讎(수) : '仇(구, 원수)'와 같다.

3 比(비) : 사사로운 이익을 위해 결합하다.

4 偏(편) : 보좌인이다. 양설직은 본래 기해의 보좌인이다.

▶ 군자가 말했다. "기해(祁奚)는 현명하고 덕이 있는 사람을 추천할 수 있다. 그의 원수를 추천하면서 비위를 맞추려 하지 않고, 그의 아들을 추천하면서 사사롭게 편애하지 않으며, 그의 보좌인을 추천하면서 무리를 만들려고 하지 않았다. 『상서』에서 말했다. '편애하지 않고 무리를 만들려고 하지 않으니 임금의 도리가 호탕하여 끝이 없다.' 여기에 해당하는 사람은 아마 기해일 것이다!"

진(晉)나라의 중군위 기해가 늙었다며 물러나려 하자 진도공(晉悼公)이 대신할 사람을 선발하는 문제를 의논했다. 기해는 자신의 원수인 해호(解狐)를 추천했다. 진도공이 해호를 임명하려 할 때 공교롭게도 해호가 죽었다. 진도공이 기해의 의견을 묻자 그가 답했다.

"기오(祁午)에게 맡길 만합니다."

이때 중군위의 보좌인 양설직이 죽자 진도공이 누구로 대체할 수 있겠는지 물었다.

"제 보좌인 양설직의 아들 양설적(羊舌赤)에게 맡길 만합니다."

진도공은 기오를 중군위로 임명하고 양설적에게는 부수(副手)를 맡겨 보좌하게 했다. 군자는 기해를 "그 원수를 칭찬하면서 아첨하지 않았고, 그 아들을 세우면서 편애하지 않았고, 그의 조수를 뽑으면서 무리를 이루려 하지 않았다"고 평가했다.

하나의 관직으로 세 가지 좋은 일을 이뤘으니 해호는 천거를 받았고, 기오는 직위를 안배받았으며, 양설적은 관직을 얻었다. 이는 기해가 현명하고 덕이 많은 사람을 추천했기 때문이다. 덕이 많은 군자는 『시경』「소아·상상자화(裳裳者華)」의 "그가 덕이 있어 비슷하다(惟其有之,是以似之)"를 예로 인용했다. 이는 착한 사람은 좋은 덕이 있어 추천한 인재도 그와 비슷하다는 의미다. 기해의 현명하고 능력이 있음을 높이 칭찬한 것이다.

역사를 사로잡은 명문장

● 당태종의 명언 "내부에서 기용할 때는 친척을 피하지 않고, 외부에서 기용할 때는 원수를 피하지 않는다(內擧不避親, 外擧不避仇)"는 이 이야기에 잘 들어맞는다.

당태종은 23년간 재위하면서 정관지치(貞觀之治)를 열어 당시 당 왕조가 사방에서 존경받게 했는데, 그 이유 중 하나가 당태종이 인격이 훌륭하고 능력이 우수한 인재를 관리로 뽑았기 때문이다. 비록 당태종은 현무문(玄武門)의 변*으로 정권을 얻었지만 즉위한 후 대적하는 사람을 모조리 죽이지 않았을 뿐더러 울지경덕(尉遲敬德)의 건의를 받아들여 관용적인 태도로 태자 일파 세력을 대했다. 또한 재주가 있는 사람에게 중대한 임무를 맡겼는데 항상 직간(直諫)하면서 꺼림이 없던 위징(魏徵)이 대표적인 예다.

당태종은 사람들의 장점은 쓰고 단점은 피했다. 예를 들어 방현령(房玄齡), 두여회(杜如晦)가 자잘한 업무는 잘 못하지만 계획을 세우고 나라의 의견을 결정하는 데는 뛰어나다는 것을 알고 그들을 재상으로 임명했다. 대주(戴胄)는 경전과 역사는 잘 모르지만 일을 공평하게 처리한다는 것을 알고 그를 대리시소경(大理寺少卿)에 임명해 안건 처리 책임을 맡겼다.

당태종은 이처럼 현명한 자세로 여러 모순을 풀고 사람을 알고 기용했으며 그와 대적하던 인재들에게도 나라를 위해 힘쓸 기회를 주었다.

● 당고조(唐高祖) 무덕(武德) 9년(626년)에 일어난 정변으로 둘째아들 이세민(李世民)은 형 이건성(李建成)과 동생 이원길(李元吉)을 죽이고 황태자의 자리를 이어받아 당태종이 되었다.

군인은 죽을지언정
군기를 어기지 않는다

054

臣聞: "師衆以順¹爲武², 軍事有死無犯爲敬³."
신 문 : " 사 중 이 순 ¹ 위 무 ² , 군 사 유 사 무 범 위 경 ³ ."

君合諸侯, 臣敢不敬? 君師不武,
군 합 제 후 , 신 감 불 경 ? 군 사 불 무 ,

執事不敬, 罪莫大焉.
집 사 불 경 , 죄 막 대 언 .

—양공 3년

1 順(순) : 군대의 기율에 복종하는 것이다.
2 武(무) : 용맹하고 위세가 있다.
3 軍事有死無犯爲敬(군사유사무범위경) : 군대에 복무하면서 차라리 죽을지언정 군대의
  기율을 깨뜨리지 않는 것이 공경하는 것이다.

▶ 신 위강 (魏絳)은 이런 말을 들었습니다. "군대는 군기에 복종하는 것을 용맹하고 위세 있는 것으로 여기고, 군대에서 일을 맡은 사람은 차라리 죽을지언정 군기를 어기지 않는 것을 공경이라고 합니다." 오늘 임금께서 여러 제후를 모아놓았습니다만 신하가 군법을 집행하는 데 어찌 공경하지 않을 수 있겠습니까? 임금의 군대가 용맹하며 위세 있지 못하고 일을 보는 사람이 공경하지 못하면 이보다 더 큰 잘못은 없을 것입니다.

진도공이 노, 송, 위, 정, 거, 주, 제 나라 대표와 계택(雞澤, 하북성[河北省] 남쪽)에서 동맹을 맺을 때 진도공의 동생 양간(揚干)이 갑자기 군대의 행렬을 어지럽혔다. 그러자 중군사마(中軍司馬) 위강은 군법에 따라 수레를 몰던 마부를 죽였다. 창피했던 진도공은 매우 화를 내며 중군위좌(中軍尉佐) 양설적(羊舌赤)에게 말했다.

"제후와 회합하는 것이 얼마나 영광스러운 일인데, 양간이 이 자리에서 모욕을 당하다니! 이보다 심한 모욕이 있겠는가? 그대는 나를 대신해 위강을 죽이시오."

양설적이 말했다.

"위강은 그대에게 충성을 다하는 사람입니다. 그는 반드시 임금께 와서 설명할 것인데, 급히 명령을 내릴 필요가 있겠습니까?"

말이 끝나자 위강이 달려와 올리는 글을 바치고는 칼을 꺼내 자살하려 하자 옆 사람이 급히 올라가 말렸다. 위강은 글에서 운 좋게 사마(司馬) 직책을 얻었다고 말하고는 "군대는 군기에 순종하는 것을 무용이 있다고 하고, 군대에서 일하는 사람은 죽을지언정 군기를 침범하지 않는 것을 공경하는 것으로 본다(師衆以順爲武, 軍事有死無犯爲

敬)"는 내용을 인용해 자신은 이번 맹회를 매우 중요시하며 혹시 군법을 집행하는 데 철저하지 못해 군대의 기강과 위용을 훼손하여 임금에게 수치를 안길까 걱정했음을 밝혔다. 신하된 자로서 미리 전체 군대를 잘 타이르지 못하고 공경하지 못한 죽을죄를 두려워해 마부를 죽이고 임금의 동생인 양간에게까지 죄가 연루되었으니 그 죄는 용서할 수 없다고 했다. 그리고 징벌에 감히 불복종해 임금을 격노하게 할 수 없으니 죽음으로 죗값을 치를 것을 청했다.

위강이 바친 글을 읽고 진도공은 바쁘게 버선발로 뛰어나가 위강에게 말했다.

"과인의 말은 동생을 아끼는 마음에서 나온 것이오. 대부께서 징벌을 내린 것은 군법을 집행하기 위해서입니다. 과인이 동생을 잘 가르치지 못해 그가 군령을 어기도록 하였으니 이는 과인의 잘못이지 그대의 잘못이 아닙니다."

진도공은 위강에게 내린 죄명을 취소하고 위강을 신군(新軍)의 부수(副帥)로 승진시켰다.

역사를 사로잡은 명문장

● 옛날부터 군대를 거느릴 때는 군기를 가장 중요시했다. 춘추 말기 제나라 사람 손무(孫武)는 병법에 정통해 오왕 합려에게 발탁되었다. 합려는 그의 능력을 시험해보고자 일부러 다음과 같이 말했다.

"그대의 병법을 이미 읽었소. 여자 부대를 훈련시키는 것으로 그대의 재능을 보여줄 수 있겠소?"

손무가 승낙하자 합려는 180명의 궁중 미녀를 훈련시키라고 명령했다. 손무는 궁녀를 두 부대로 나눠 각각 오왕의 애첩 두 명에게 대장을 맡기고는 극(戟)을 잡고

서게 했다. 그리고 여러 차례 규칙을 알려주고 사람에게 북을 치라고 한 다음 명령을 실행하도록 했다.

하지만 궁녀들은 명령을 따르지 않았고 오히려 허리가 휘어지도록 웃었다. 이 상황을 보고 손무는 두 명의 대장에게 경고했다.

"병사들이 단속에 복종하지 않는 것은 대장의 죄다."

다시 훈련 동작을 자세하게 설명하고는 한 번 더 북을 치고 명령을 내렸지만 궁녀들은 여전히 무리를 지어 웃었다. 손무는 두 대장의 목을 쳐서 사람들에게 보이라고 명령을 내렸다. 합려는 매우 놀라 앞으로 가서 막았다.

"장군께서 병사를 잘 다루는 것을 이미 충분히 느꼈소이다. 저 두 미인이 없으면 저는 어떠한 좋은 음식도 맛을 느끼지 못할 것이니 제발 그들을 죽이지 마시오."

손무는 강하게 거절했고 그대로 법을 집행해 두 명의 대장을 죽였다. 궁녀들은 더 이상 장난처럼 웃지 않았고 명령에 따라 엄격하게 행동했다.

오왕 합려는 두 명의 미인을 잃었지만 손무의 능력을 확인하는 한편 '용병의 신' 같은 장수를 얻어 패주가 되었다.

잘못을 저지르고도 뉘우쳐
고치지 않으면
반드시 멸망한다

055

穆叔曰: "孫子必亡, 爲臣而君, 過而不悛[1],
목 숙 왈 : "손 자 필 망. 위 신 이 군. 과 이 부 전[1].

亡之本也.
망 지 본 야.

『詩』曰: '退食自公, 委蛇委蛇[2],'謂從者也.
『시』왈 : '퇴 식 자 공. 위 이 위 이[2].'위 종 자 야.

衡[3]而委蛇, 必折."
횡[3]이 위 이. 필 절."

―양공 7년

1 悛(전): 뉘우쳐 고치다.
2 委蛇(위이): 매우 침착한 모양을 가리킨다.
3 衡(횡): '橫(횡)'과 같은 것으로 전횡(專橫) 혹은 '멋대로 하다'의 뜻이다.

▶ 목숙(穆叔)이 말했다. "손문자(孫文子)는 반드시 망할 것이다. 신하된 사람이 임금과 나란히 행동하고 잘못을 저질렀으면서도 뉘우쳐 고치는 것을 알지 못하니 이는 멸망의 근본 원인이다. 『시경』 「소남(召南)·고양(羔羊)」에서 말했다. '조정에서 물러나 집에서 밥을 먹으니 침착하며 태연자약하다(退食自公, 委蛇委蛇).' 이는 임금에게 조심하면서 따르는 사람을 말한다. 멋대로 하면서 천연덕스러운 사람은 반드시 멸망에 이를 것이다."

빙문(聘問)은 춘추 시기 나라와 나라 사이의 교류 활동 중 매우 중요한 예의다. 주대의 예의 규정에 비춰보면 제후는 천자에게 매년 한 번 소빙, 3년에 한 번 대빙, 5년에 한 번 조를 한다(諸侯之於天子也, 比年一小聘, 三年一大聘, 五年一朝). (『예기』 〈왕제(王制)〉)

제후의 임금은 정기적으로 주천자를 알현해 국내 정치를 보고하고 공물을 바쳐야 했다. 제후가 천자를 알현하는 데는 세 가지 형식이 있다. 매년 소빙하는 것은 '문(問)'이라 하고 대부를 보낸다. 규모가 큰 3년 만의 대빙은 경(卿)을 사자로 보낸다. 5년에 한 번 제후가 직접 천자에게 알현하러 가는 것을 '조(朝)'라고 한다. 비록 춘추 시기에 예악이 망가져 제후가 천자를 알현하는 것을 거의 볼 수 없었지만, 열국 사이의 빙문은 여전히 빈번해 예의를 존중하는 사상이 『좌전』에 구체적으로 나온다. 앞의 명구는 위나라 대부 손문자의 사람됨이 무례함을 기록한 것이다.

손문자가 노나라에 와서 빙문을 했는데 빙례할 때 노양공(魯襄公)이 건물의 계단 하나를 오르자, 손문자도 계단 하나를 올라가 임금과 어깨를 나란히 하면서 올라갔다. 『의례(儀禮)』 「빙례(聘禮)」에 따르면 임금이 두 단계 먼저 올라간 후 귀빈이 한 단계 올라가고, 신하는 임금 뒤에 있으면서 한 단계 차이가 있어야 비로소 예의에 맞는다.

당시 노나라에서 의식의 책임을 맡은 숙손목자(叔孫穆子)는 이를 보고 손문자에게 경고했다.

"제후가 만날 때 우리 노나라 임금은 귀국의 임금 뒤에 처지지 않았습니다. 현재 그대는 우리 임금의 뒤에 처지지 않으니 잘 모르겠지만 우리 임금이 무슨 잘못을 저지르신 겁니까? 그대는 잠시 멈추시지요."

손문자는 뭐라고 말하지는 않았지만 부끄러운 낯빛도 잘못을 고치려는 마음도 없었다. 이 때문에 목숙은 "잘못을 했으면서도 고치려는 마음이 없는 것은 망하는 근본 원인이다(過而不悛, 亡之本也)"라며 예의를 잃은 손문자는 반드시 스스로 무너질 것으로 보았다.

이후 위헌공(衛獻公)은 손문자와 영혜자(甯惠子)를 모임에 초청했는데 두 사람이 헛되이 석양이 질 때까지 기다리게 하고는 정원에서 기러기를 쏘며 노닐었다. 이때 두 사람은 화가 나서 위헌공을 몰아내고 상공(殤公)을 왕위에 올렸다. 이후 손문자와 영혜자는 정권을 빼앗기 위해 반목하면서 서로 원수가 되었다. 손문자의 두 아들은 모두 영혜자의 손에 죽었고, 영혜자는 자리를 되찾은 위헌공에게 죽임을 당했으며, 손문자는 진(晉)나라로 도망가 보호해줄 것을 요청했다.

역사를 사로잡은 명문장

● 『사기』 「상군열전(商君列傳)」에 다음과 같은 내용이 나온다.

진효공(秦孝公)은 진목공 시대의 패업을 다시 일으키고자 전국에서 현명한 사람을 뽑으라고 명령을 내렸다. 이때 상앙(商鞅)은 총신 경감(景監)의 추천을 받아 알현할 기회를 얻었다. 첫번째 알현 때 상앙이 오제(五帝)의 도리에 대해 장황하게 설명하자 진효공은 듣다가 하품을 했다. 닷새 후 경감이 진효공에게 상앙을 다시 한 번 만나볼 것을 권했다. 이때 상앙은 삼왕(三王)의 도리를 차근차근 설명했다. 진효공은 하품을 하지는 않았지만 종종 불평했다. 세번째 만났을 때 상앙은 오패(五霸)의 도리를 힘주어 설명했다. 그제야 진효공은 매우 기뻐하며 이야기에 푹 빠져 스스로 점점 상앙에게 가까이 다가가는 것조차 알지 못했다. 경감은 호기심을 참지 못하고 왜 이번에는 임금이 그를 칭찬하는지 상앙에게 물었다. 상앙이 답했다.

"나는 오제, 삼왕의 도로 임금을 설득해 임금께서 하, 상, 주 같은 성대한 세상을 세울 것을 기대했다. 하지만 임금께서는 시간이 너무 오래 걸린다고 생각했다. 그래서 나는 부국강병의 책략으로 바꿨고 임금께서 매우 기쁘게 들었다. 그런데 이와 같이 하면 진(秦)나라의 패업은 은, 주의 덕행과 나란히 할 수 없을 것이다."

진나라는 예를 기본으로 하지 않고 형벌과 법을 엄격하게 적용하는 지름길을 채택해 백성을 말할 수 없이 힘들게 했고, 이후 통일 패업은 우담화(優曇花)처럼 곧바로 사라져버렸다.

편안한 환경에 있을 때
위험에 대비하라

056

『書¹』曰: "居安思危." 思則有備, 有備無患.
『서¹』왈 : " 거 안 사 위 ." 사 즉 유 비 , 유 비 무 환 .

—양공 11년

---

1 『書(서)』: 『상서』로 옛날 왕조의 관용(官用) 문서를 모은 것이다. 여기에서 인용한
'거안사위(居安思危)'는 『상서』에서 일문(佚文)이다. 일문은 흩어져 없어진 문장 또는
문자를 가리킨다.

▶ 『서경(書經)』에서 말했다. "편안한 환경에 있을 때는 때때로 위험이 나타날 수 있다는 점을 생각해야 한다." 문제를 생각해 미리 방비를 잘해야 비로소 재난이 오는 것을 피할 수 있다.

춘추 시기 오랫동안 진(晉)과 초라는 두 대국에게 위협을 당한 정나라는 어느 때는 진나라와의 관계를 개선하고 또 어느 때는 초나라와 동맹을 맺었다. 그런데 이 방식은 오히려 진과 초 두 나라가 정나라를 공격하는 구실이 되기도 했다.

진도공 11년 진나라는 노, 위, 조, 제 나라와 연합해 정나라를 토벌했다. 정나라는 급히 진나라에 사람을 보내 강화(講和)를 청했다. 진도공은 정나라의 화해 요구를 받아들였고 나머지 나라도 동시에 군대를 물렸다. 오래지 않아 정나라는 여러 악사(樂師)와 가녀(歌女), 악기(樂器), 병거(兵車)를 보내 진도공의 두터운 예의에 보답했다.

진도공은 여러 제후의 지도자로서 그 공적을 위강이라는 신하에게 돌렸다. 위강은 먼저 서북(西北)의 이민족 융적과 평화롭게 공존하는 책략을 제시해 전쟁에서 진나라 군대의 힘을 분산시키는 것을 피했다. 진도공은 위강의 건의를 채택해 국내 정치에만 힘을 다했고 그때부터 진나라는 나날이 강대해졌다.

진도공은 정나라가 바친 예물의 반을 위강에게 주면서 말했다.

"과인은 융적과 화목하게 지내고 또 8년 동안 아홉 번 제후를 모았는데 이 공적은 음악처럼 조화로웠습니다. 그렇기에 그대와 함께 누리고자 합니다."

위강이 사양하며 말했다.

"융적과 사이좋게 지내는 것은 진나라의 복입니다. 8년 동안 아홉 번 제후와 모인 것은 대왕께서 현명하시고 여러 신하가 노력해서입니다. 저 혼자 무슨 공로가 있겠습니까? 대왕께서는 음악을 즐기실 때 나중에 국가에 일어날 일을 생각해주시면 좋겠습니다. 『상서』에 이런 말이 있습니다. '편안할 때 위태로움을 생각하라(居安思危).' 편안할 때 앞으로 나타날 위험을 생각해야 한다는 말입니다. 문제를 정확히 생각하면 방비할 수 있고 재난을 피할 수 있을 것입니다. 저는 감히 이런 말로 대왕께 권하고자 합니다."

진도공이 말했다.

"그대의 가르침을 과인이 어찌 따르지 않겠습니까? 만약 그대가 없었다면 과인은 정확한 대책을 세워 융적 사람들을 받아들일 수 없었을 것이고, 황하를 건너 정나라를 복종시킬 수도 없었을 것입니다. 하지만 신하에게 예물을 상으로 내리는 것은 국가의 법령 제도로 이 기록을 맹부(盟府: 맹약 문서를 보존하는 창고)에 보관하는 것은 폐지할 수 없기 때문입니다. 그러니 그대에게 받아달라고 요청합니다."

위강은 진도공의 이 말을 듣고서야 받아들였다.

역사를 사로잡은 명문장

● '유비무환'이라는 말은 『서경』「열명(說命)」에 나온다.

은고종(殷高宗) 무정(武丁)은 꿈속에서 우수한 재상감을 발견했다. 꿈에서 깬 후 그는 사람을 시켜 꿈속에 나타난 사람을 그리게 하고 전국의 여러 관리에게 그림에 맞춰 사람을 찾게 했다. 결국 부암(傅巖: 지금의 산서 평륙현[平陸縣] 동쪽)에서 판축(版築: 흙으로 담을 쌓다)을 짓던 인부 부열(傅說)을 발견했는데, 그 모습이 그림 속의 사람과 완전히 똑같았다. 무정은 곧바로 그를 재상으로 기용했고 부열은 무정에게 의견을 제시했다.

"좋은 점이 있다고 생각하면 좋은 점을 잃을 수 있습니다. 능력이 있음을 자랑스러워하면 공로를 잃을 수 있습니다. 일할 때는 대비하는 것이 있어야 합니다. 대비가 있다면 걱정이 없습니다(有其善, 喪厥善 ; 矜其能, 喪厥功. 惟事事, 乃其有備, 有備無患)."

그 뜻은 다음과 같다.

스스로 좋은 점이 있다고 생각할 수 있지만 다른 사람이 그것을 좋지 않게 보면 오히려 자신의 좋은 행동을 잃고 만다. 스스로 재능을 자랑스러워하는데 사람들이 그것을 재능으로 보지 않으면 오히려 자신의 공로를 잃는다. 매번 일할 때는 모두 준비하는 바가 있어야 한다. 충분히 준비하면 뒤에 일어날 일을 걱정할 필요가 없다.

부열의 도움을 얻은 무정은 정치와 행동을 잘 고치고 부지런히 노력해 은왕조(殷王朝)를 부유하고 강력하게 만들었다.

옛날부터 성현들은 환난을 걱정하고 대비했으니, 위강과 부열의 간언에서도 이전 사람들이 아직 벌어지지 않은 일에 대비하는 것을 중시했음을 알 수 있다.

겸양은 분쟁을 없애는
가장 중요한 요소다

057

讓, 禮之主也. 范宣子¹讓, 其下皆讓.
양, 예 지 주 야. 범 선 자 ¹양, 기 하 개 양.

欒黶²爲汰³, 弗敢違也.
난 염 ²위 대 ³, 불 감 위 야.

晉國以平⁴, 數世賴之, 刑⁵善也夫!
진 국 이 평 ⁴, 수 세 뢰 지, 형 ⁵선 야 부!

一人刑善, 百姓休和⁶, 可不務⁷乎?
일 인 형 선, 백 성 휴 화 ⁶, 가 불 무 ⁷호?

―양공 13년

1 范宣子(범선자) : 진(晉)나라 중군(中軍) 부수(副帥) 사개(士匄)다. 봉읍이 범(范)에 있어서 범(范)이라고도 했다.
2 欒黶(난염) : 진나라 하군(下軍) 주수(主帥)다.
3 汰(대) : 교만하고 사치스러우며 제멋대로 함
4 平(평) : 부드럽게 단결하다.
5 刑(형) : 본보기로 삼다. 본받다.
6 百姓休和(백성휴화) : 여러 관리가 화목하다.
7 務(무) : 마음을 집중하고 힘을 다하다.

▶ 겸양(謙讓)은 예의의 주체로 범선자(范宣子)가 겸양하자 그의 부하들도 겸양했고, 심지어 제멋대로인 난염(欒饜) 또한 어길 수 없었다. 진(晉)나라의 여러 신하들은 덕분에 단결해서 여러 세대 동안 서로를 신뢰하며 이득을 취했으니 이는 좋은 행동을 본받았기 때문이다. 한 사람이 좋은 행동을 본받으면 여러 관리가 화목하니 어찌 좋은 행동을 본받는 데 힘쓰지 않을 수 있겠는가?

진(晉)나라 중군 주수 순앵(荀罃)이 죽었을 때 훈련을 멈출 수 없었던 진도공은 중군 부수 범선자에게 주수를 맡겨 주군을 다스리게 하려 했다. 이때 범선자가 사양하면서 말했다.

"상군(上軍) 주수 순언(荀偃)이 저보다 나이가 많고 중군의 주수를 맡을 자격이 있습니다. 옛날에 저와 순앵이 서로 이해하면서 긴밀하게 협조했기에 겨우 부사로서 그를 보좌할 수 있었던 것이지 결코 제게 재주가 있어서는 아닙니다. 순언에게 중군의 통솔을 맡기시면 저는 그를 따르겠습니다."

이후 진도공은 상군 부사 한기(韓起)에게 상군을 맡기고자 했다. 한기도 사양하고는 신군(新軍)을 맡고 있는 조무가 더 적당하다고 말했다. 그러나 진나라의 사군(四軍) 즉 중군, 상군, 하군, 신군의 각 통수(統帥)와 부수 중 조무는 직위상 일곱번째로 그에게 곧바로 세번째 직위를 주는 것은 합당해 보이지 않았다. 진도공은 하군을 맡고 있는 난염(欒饜)에게 상군을 맡으라고 명령했으나 난염도 양보하면서 말했다.

"저는 한기보다 못합니다. 한기도 조무의 지위가 그보다 위에 있기를 바라고 있습니다. 한기의 의견을 따르십시오."

진도공은 조무가 상군을 다스리게 했고, 한기가 그를 보좌하도록 했으며, 난염의 직위는 그대로 유지했다. 그 덕분에 진나라는 사회가 안정되고 조화로워 여러 제후국이 진나라에게 복종하려 했다.

윗자리에 있는 사람이 현명하고 능력 있는 사람을 존중하며 아랫사람에게 겸손하면 아랫사람은 마음을 다해 그 직위를 지키려 한다. 이처럼 위아래 모두 예의가 있으면 그 나라는 자연스럽게 안정을 이룬다. 반대로 사람이 다른 사람을 이기기 위해 각자의 공로를 자랑하면서 다투면 나라에 예의가 없어지고 난리가 발생해 끝내 쇠락의 길로 들어서고 만다.

역사를 사로잡은 명문장

● 겸양은 분쟁을 없애는 가장 중요한 요소다. 일찍이 공자가 말했다.

"군자는 다투는 일이 없지만 활을 쏠 때는 다툰다. 절을 하고 양보하면서 오르고 활을 쏘고 내려와 술을 마신다. 이러한 다툼은 군자에게 있는 것이다(君子無所爭, 必也射乎! 揖讓而升, 下而飲, 其爭也君子)." (『논어』〈팔일(八佾)〉)

군자는 다툴 일이 없지만 예를 든다면 아마 활을 쏠 때만 다툴 것이다. 경기에 참가하는 사람은 서로 손을 모아 인사하면서 존경의 뜻을 나타낸 뒤 당(堂)에 올라가 나란히 활을 쏘고 예의를 표시한 후에 내려와서는 잔을 들고 술을 마시며 축하한다. 이러한 다툼이 품격 있는 군자의 다툼이다.

전설에 따르면 청나라 옹정(雍正) 시기, 장정옥(張廷玉)이 재상을 맡았을 때 고향인 안휘(安徽) 동성(桐城)의 집안사람들이 저택을 수리하면서 이웃집과 좁은 길 때문에 다툼이 일어났다. 노부인은 편지를 써서 아들에게 지지를 도와달라고 부탁했다. 장정옥은 한 편의 시를 보내 답했다.

"천 리 길에서 보낸 편지는 담장 때문인데 그들에게 3척(尺) 양보한다고 무슨 문제가 있습니까? 장성의 만 리는 여전히 남아 있는데 당시의 진시황은 보이지 않습니다(千里修書只爲牆, 讓他三尺又何妨? 長城萬里今猶在, 不見當年秦始皇)."

집안사람들은 이를 보고 매우 부끄러워하며 스스로 담장을 3척 뒤로 미뤘다. 이웃집도 본래 장씨 집안의 권세가 두려워 소송을 제기하지 않았는데 장정옥이 이런 사정을 안다는 것을 알고는 담장을 3척 뒤로 미뤘다. 이때부터 두 집안은 다툼 없이 편안하게 지냈고 사람들이 다니기에 편한 넓은 길이 만들어졌다.

"그대는 이 옥을 보물로 여기고 나는 '탐내지 않음'을 보물로 여긴다"

058

宋人或¹得玉, 獻諸子罕². 子罕弗受.
송 인 혹¹득 옥. 헌 저 자 한². 자 한 불 수.

獻玉者曰: "以示玉人³, 玉人以爲寶也.
헌 옥 자 왈: "이 시 옥 인³. 옥 인 이 위 보 야.

故敢獻之."
고 감 헌 지."

子罕曰: "我以不貪爲寶⁴, 爾以玉爲寶.
자 한 왈: "아 이 불 탐 위 보⁴. 이 이 옥 위 보.

若以與我, 皆喪寶也, 不若人有其寶."
약 이 여 아. 개 상 보 야. 불 약 인 유 기 보."

—양공 15년

---

1 或(혹): 대명사로 어떤 사람, 누구라는 뜻이다.

2 子罕(자한): 성(姓)은 악(樂), 이름은 희(喜)이며 자가 자한이다. 춘추시대 송나라의 귀족으로 송나라의 정권을 담당하는 사성(司成)이다.

3 玉人(옥인): 옥을 다듬는 장인을 가리킨다.

4 不貪爲寶(불탐위보): 탐내지 않는 마음을 귀한 보물로 여기는 것, 즉 청렴함을 뜻한다.

▶ 송나라의 어떤 사람이 다듬지 않은 옥(박옥[璞玉]) 한 덩어리를 얻어 그것을 자한에게 바쳤는데 자한이 받으려 하지 않았다. 옥을 바친 사람이 말했다. "저는 이 옥을 옥을 다듬는 장인에게 감정을 받았습니다. 옥을 다듬는 장인이 말하길 이 옥은 귀한 옥이라 했습니다. 따라서 당신께 바칩니다." 자한이 말했다. "나는 '탐내지 않음'을 보물로 여기고 그대는 이 옥을 보물로 여깁니다. 만약 그대가 이 옥을 내게 주면 그대는 이 보물을 잃는 것이고, 만약 내가 이 옥을 받으면 '탐내지 않음'이라는 보물을 잃는 것입니다. 이는 모두 자신의 보물을 잃는 것으로 각자가 자신의 보물을 지키는 것만 못합니다."

송나라의 정치를 담당하는 자한은 매우 청렴해 송나라 사람들이 그를 좋게 평가했다. 어느 날 어떤 사람이 자한에게 옥을 바쳤는데 자한은 '탐내지 않음을 보물로 여긴다'는 이유로 선물을 완곡하게 거절했다. 옥을 바치는 사람은 어쩔 수 없이 솔직히 말했다.

"사실 제가 이 옥을 가지고 있으면 어디에 있어도 편안하지 못합니다. 그러니 부디 이 옥을 받아주시고 제가 죽임을 당할 위험에서 구해주십시오."

이 말을 들은 자한은 그 옥을 잘 보관했다가 옥을 다듬는 장인에게 부탁해 다듬은 다음, 그 옥을 팔아 옥을 바친 사람을 부자로 만든 후 고향으로 돌려보냈다.

이 짧은 이야기에는 자한과 옥을 바친 사람의 지위, 심리 및 성격이 잘 드러난다.

먼저 옥을 바친 사람은 옥을 바치기 전에 옥을 다듬는 사람에게 감정을 받고 '감히' 바쳤으니, 일반 백성이 지위 높은 관리에게 조심하면서 자신을 낮추고 있음을 알 수 있다. 그리고 일반적인 고관대작과 달리 자한은 상대방을 무시하는 말투로 거절하지도 않고, 고압적인 자세로 꾸짖지도 않으면서 부드러운 말투로 서로의 가치관이 다르다는 것을 드러냈다. 즉, 옥을 바치는 사람을 무시하지 않으면서 자신이 중요하게 생각하는 것은 물질적인 부유함이 아니라 고상한 품격이라는 것을 명확히 드러냈다.

역사를 사로잡은 명문장

● 사람의 탐욕스러운 마음은 영원히 만족할 줄 모르기 때문에 사람을 점점 타락하게 만든다. 명나라 홍응명(洪應明)은 『채근담(菜根譚)』에서 말했다.

"사사로운 욕심에 빠지면 영원히 되돌릴 수 없다. 사람이 사사로운 욕심에 빠지면 굳은 것을 녹여 부드럽게 만들고, 지혜를 막아 어리석게 되고, 은덕의 마음을 바꿔 각박해지고, 깨끗한 마음이 오염되고 더러워져 평생의 인품을 망가뜨린다. 따라서 옛 사람들은 탐내지 않음을 보물로 여기며 한 세상을 보냈다(一念貪私, 萬劫不復. 人只一念貪私, 便銷剛爲柔, 塞智爲昏, 變恩爲慘, 染潔爲汙, 壞了一生人品. 故古人以不貪爲寶, 所以度越一世)."

사람이 사사로운 욕심을 부리면 탐내지 않았을 때 굳건하던 기운이 순간적으로 사라지고, 원래 갖고 있던 지혜는 막히며, 다른 사람에게 베푸는 마음이 잔혹하고 각박해지면서 고결한 품덕이 더럽혀져 인품이 부서진다.

사람들은 흔히 갖고 있는 것을 귀중하게 여기지 않고 종종 자신이 갖지 못한 것에 눈길을 보낸다. 자한이 대단한 것은 그가 탐내지 않는 것을 보물로 여긴다는 점 때문이다. 이는 『회남자』「도응훈(道應訓)」에서 묘사한 춘추 시기 노나라 재상 공손휴(公孫休)의 이야기와 같다.

공손휴는 평소 물고기를 즐겨 먹었는데 그가 관리가 되자 여러 사람이 이를 알고 종종 그에게 물고기를 보냈다. 하지만 그가 받지 않자 어떤 사람이 물었다.

"그대는 물고기를 좋아하는데 왜 받지 않습니까?"

공손휴가 대답했다.

"나는 물고기를 즐겨 먹기 때문에 받을 수 없습니다. 만약 내가 사사로이 뇌물을 받는다면 이 때문에 직장을 그만두게 될지도 모릅니다. 그러면 봉급이 없어져 먹을 물고기를 살 수 없을 것입니다."

백성은 윗사람이 하는 일을
따라 할 뿐이다

059

夫上之所爲, 民之歸¹也. 上所不爲, 而民或爲之,
부 상 지 소 위 . 민 지 귀 ¹ 야 . 상 소 불 위 , 이 민 혹 위 지 .

是以加刑罰焉, 而莫敢不懲². 若上之所爲,
시 이 가 형 벌 언 , 이 막 감 부 징 ² . 약 상 지 소 위 ,

而民亦爲之, 乃其所也, 又可禁乎?
이 민 역 위 지 , 내 기 소 야 , 우 가 금 호 ?

— 양공 21년

1 歸(귀) : 의지하다.
2 懲(징) : 경계하다.

▶ 위에 있는 사람이 만들고 하는 것에 백성들은 의지한다. 위에서 하지 않지만 백성 중에서 그것을 하다 벌을 받으면 경계하지 않는 사람이 없다. 만약 위에 있는 사람이 하고자 하는 것을 백성이 따라 한다면 그때 그들이 얻는 결과를 어떻게 막을 수 있겠는가?

노양공 때 제나라가 전쟁을 일으키자 노나라는 다른 제후국과 맹약을 맺어 제나라에 대항하느라 바빴다. 그런데 제나라와 노나라 사이에 낀 주(邾)나라는 이런 위기를 틈타 여러 차례 노나라를 침략했다. 더 이상 참을 수 없었던 노나라는 노양공 20년 가을 군대를 이끌고 주나라를 공격해 복수했다. 그다음 해 주나라 대부 서기(庶其)가 배반하면서 자신의 두 봉읍을 노나라에 바치고 보호해줄 것을 요청했다. 노나라의 국정을 담당하던 계무자(季武子)는 그에게 충분한 예의를 갖추었다. 심지어 노양공의 고모를 그에게 시집보냈고 따라온 사람들에게도 적지 않은 상을 주었다.

이후로 노나라에 도적이 늘어났는데 골머리를 앓던 계무자는 참지 못하고 치안 책임을 맡은 사구(司寇) 장무중(臧武仲)을 원망했다.

"도적이 마구 늘어나는데 그대는 왜 잡아들이지 못합니까?"

장무중이 대답했다.

"도둑은 끊기 어렵고 저도 그들을 근절할 수 없습니다."

이 대답에 계무자는 불만을 나타냈다.

"그것은 그대의 직분인데 어찌 능력이 없다고 하십니까?"

이때 기회를 잡은 장무중이 말했다.

"서기는 주나라 땅을 훔쳐 우리 나라에 왔습니다. 당신은 그를 스스럼없이 받아주었을 뿐 아니라 그에게 예의를 갖춰 대했고, 외부의 도적이나 다름없는 그를 정성껏 대접했습니다. 이런 상황에서 어찌 국내의 도적을 근절할 수 있겠습니까? 혼인을 허락하고 땅을 주는 것은 물론 도적에게 상까지 내렸습니다. 당신은 도적을 예를 다해 대접하면서 제게는 도적을 제거하라고 하시니 가히 판단하기가 어렵습니다."

『논어』 「위정」에는 이런 글이 나온다.

"굽은 것을 가지고 바른 것을 고치려 하면 백성은 복종하지 않는다(擧枉錯諸直, 則民不服)."

만약 계무자가 서기를 우대하는 좋지 않은 모범을 세우지 않았다면 국내에 도적이 사방에서 출현하는 상황은 벌어지지 않았을 것이다. 또한 장무중은 "윗사람이 하고자 하는 것에 백성이 의지한다(夫上之所爲, 民之歸也)"는 말로 계무자를 깨우쳐주었다.

윗사람의 사상과 언행이 법도에 맞지 않으면 여러 백성을 어떻게 관리할 수 있겠는가?

역사를 사로잡은 명문장

- 윗자리에 있는 사람의 언행은 아래에 있는 사람들이 본받기 때문에 신중해야 한다. 한대의 유향은 『설원』 「군도(君道)」에 다음과 같은 이야기를 수록했다.

  어느 날 제경공이 연회를 열어 대신들을 초대했다. 연회가 끝난 후 여러 사람이 광장에서 활을 쏘며 흥을 풀었다. 제경공이 활을 쏠 때면 과녁에 맞지 않아도 여러 신하가 크게 외쳤다.

  "잘 쏘셨습니다! 잘 쏘셨습니다!"

  "임금의 활쏘기는 신과 같습니다!"

제경공은 전혀 기뻐하지 않고 오히려 한숨을 쉬며 대신 현장(弦章)에게 말했다.

"과인이 안자를 잃고 이미 17년이 지났는데, 이후 제대로 된 간언을 들어본 적이 없습니다!"

현장이 대답했다.

"임금의 잘못을 감히 비판하지 못하는 것은 신하가 못나서입니다. 하지만 신하된 사람으로서 말씀드리자면 임금이 무엇을 먹고 입는 것을 좋아하는지에 따라 신하도 그것을 먹고 입기를 좋아합니다. 마치 자벌레(척확[尺蠖])가 노란색을 먹으면 몸이 노란색으로 변하고 파란색을 먹으면 파란색으로 변하는 것과 같습니다. 만약 임금께서 좌우 사람들이 비위 맞추는 것을 좋아하시면 여러 신하가 자연스럽게 임금에게 아부하려 할 뿐 간언하지 않을 것입니다."

현장의 말을 듣고 제경공이 문득 크게 깨닫고는 감격해서 말했다.

"그대의 말이 옳습니다! 앞으로 그대에게 잘 배워야겠습니다!"

아픔이 없는 병이
고통을 주는 약석보다
못하다

060

臧孫[1]曰: "季孫[2]之愛我, 疾疢[3]也;
장 손[1] 왈 : "계 손[2] 지 애 아 . 질 진[3] 야 ;

孟孫[4]之惡我, 藥石也. 美疢不如惡石.
맹 손[4] 지 악 아 . 약 석 야 . 미 진 불 여 악 석 .

夫石猶生我, 疢之美其毒滋多.
부 석 유 생 아 . 진 지 미 기 독 자 다 .

孟孫死, 吾亡無日矣."
맹 손 사 . 오 망 무 일 의 ."

―양공 23년

---

1 臧孫(장손): 노나라 대부 장흘(臧紇)로 자는 무중(武仲)이다.
2 季孫(계손): 노나라 정경 계무자로 노나라의 정권을 맡았다.
3 疢(진): 질병
4 孟孫(맹손): 노나라 경대부 맹장자로 중손속(仲孫速)이라고도 한다.

▶ 장손(臧孫)이 말했다. "계무자가 나를 좋아하는 것은 아픔이 없는 병과 같고, 맹장자(孟莊子)가 나를 미워하는 것은 병을 치료하는 약석(藥石)●과 같다. 아픔이 없는 병이 고통을 주는 약석보다 못하다. 약석은 나를 살게 하지만 아픔이 없는 병은 병세가 더욱 나빠지게 할 뿐이다. 지금 맹장자가 죽었으니 내 멸망의 날 또한 멀지 않았도다."

장손은 맹장자에게는 미움을 받았고 계무자에게는 호감을 얻었다. 양공 23년, 맹장자가 병으로 죽자 장손은 조문을 했는데, 문에 들어서자마자 눈물을 흘리며 그치지 못하고 매우 애통해했다. 그를 모시고 온 마부가 이해하지 못해 그에게 물었다.

"맹장자는 나리를 매우 미워했는데 그가 죽자 이처럼 슬퍼하니 의아합니다. 나리와 사이가 좋은 계무자가 세상을 떠나면 그대는 얼마나 슬퍼하시겠습니까?"

장손은 계손(季孫)과 맹손(孟孫)의 관계를 질진(疾疢)과 약석으로 비유하며 '좋은 질병이 나쁜 약석보다 못하다(美疢不如惡石)'는 점만 지적한 게 아니라 자신의 멸망의 날이 얼마 남지 않았음을 슬퍼했다. 장손의 멸망의 화는 어디에서 오는 것일까? 사실 그는 계무자의 가정사에 개입한 적이 있다.

계무자에게는 적자(嫡子)가 없었고 단지 어린 도자(悼子)를 편애했다. 도자는 나이가 더 많은 공서(公鉏)보다 재능이 있었다. 어느 날 계무자는 장손에게 후계자로 장자를 세워야 할지 아니면 재주 있는 사

● 약과 침이라는 뜻으로, 여러 가지 약을 통틀어 이르는 말.

람을 세워야 할지 물었다. 장손이 말했다.

"이는 판단하기가 쉽습니다. 그대가 제게 술을 마시도록 청하면 저는 도자를 계승자로 세우는 것을 돕겠습니다."

계무자는 여러 대부를 연회에 초청해 장손을 가장 높은 손님으로 받들었다. 술을 마시던 도중 장손은 여러 사람을 시켜 북쪽에 특별한 자리를 하나 마련하라고 한 다음 깨끗한 술잔을 놓고는 스스로 아래로 내려가 도자가 자리에 앉도록 마중을 나갔다. 여러 대부가 이 상황을 보고 모두 일어나 공경을 표시했다. 이후 공서를 들어오라고 해서 그에게 나이 순서에 맞춰 자리에 앉게 해 그가 서자이고, 도자가 계승자임을 확실히 했다. 이 일은 계무자조차 너무 심하다고 생각해 낯빛이 크게 변했다.

비록 그는 공서를 봉읍의 군정을 담당하는 마정(馬正)에 임명했지만, 이 일은 여전히 공서의 마음속에 아픔으로 남아 있었다. 과연 장손이 말한 대로 맹장자가 죽고 난 후 공서는 기회를 엿보다 복수의 계획을 세웠다. 그는 맹손씨의 수레와 말 관리자인 풍점(豐點)과 결탁해 서자인 갈(羯)을 맹손씨의 계승자로 다시 세웠다. 그리고 맹손씨가 사사로이 계무자에게 상황을 알려 장손이 난리를 일으킬 것이라고 했다.

그해 겨울, 맹손씨는 묘의 길을 파려고 준비하면서 장손에게 일꾼을 빌렸다. 그때 장손은 맹손갈(孟孫羯)의 습격에 대비하고자 몸에 갑옷을 두른 사병을 자기 앞에서 감시하게 했다. 이 행동은 끝내 계무자가 맹손씨의 무고(誣告)를 믿게 만들었고 장손은 허둥지둥 주나라로 도망갈 수밖에 없었다.

● "좋은 질병이 나쁜 약석보다 못하다(美疢不如惡石)"는 일종의 역설법으로 좋은 말은 사람의 머리를 둔하게 해서 그 해독을 알지 못하게 한다고 본다. 반대로 비평하는 말은 비록 날카로워 견디기 힘들지만 좋은 약이 사람을 병에서 구해주는 것과 같다고 본다.

『사기』「유후세가」에는 다음과 같은 내용이 기록되어 있다.

진(秦)나라 군대를 크게 무찌른 유방이 진나라 궁전에 들어가 진귀한 보물을 보고는 푹 빠져들어 황궁에서 멋대로 즐기고자 했다. 번쾌(樊噲)가 막고자 했으나 유방은 따르지 않았다. 그때 장량이 말했다.

"진나라가 사치하고 포악했기에 주군이 여기에 올 수 있었습니다. 백성을 대신해 포악한 정권을 무찔렀으니 마땅히 근검절약과 소박함을 근본으로 해야 합니다. 주군은 지금 막 진나라 궁에 들어왔는데 곧바로 사치와 향락을 즐기려 합니다. 우리는 주군이 천하를 공략하는 것에 협조했는데 이는 주를 도와 포악한 짓을 하는 것과 어떤 차이가 있습니까?"

그제야 유방은 패수(灞水)로 돌아가 주둔했다.

"충성스러운 말은 귀에 거슬리지만 행동하기에는 좋고, 좋은 약은 입에 쓰지만 병 치료에는 좋다(忠言逆耳利於行, 良藥苦口利於病)."

장량의 말이 귀에 거슬리긴 했겠지만 그 말은 유방이 눈앞의 유혹을 끊고 결국 대업을 완성하는 데 도움을 주었다.

덕행을 먼저 세우고,
그다음 공업을 세우고,
말을 마지막에 세운다

061

豹¹聞之: "大上²有立德, 其次有立功,
표¹문지: "대상²유립덕, 기차유립공,

其次有立言", 雖久不廢, 此之謂不朽.
기차유립언", 수구불폐, 차지위불후.

—양공 24년

---

1 豹(표): 노나라 경 숙손표(叔孫豹)로 목숙이라고도 한다.
2 大上(대상): 최고, 가장 높은 것.

▶ 내(표[豹])가 듣기에 "가장 높은 것은 덕행(德行)을 세우는 것이고, 그다음은 공업을 세우는 것이며, 그다음은 저술로 말을 세우는 것"이라고 한다. 이같이 할 수 있다면 사람이 죽은 지 오래되어도 버려지지 않으니 이를 삼불후(三不朽: 세 가지 썩지 않는 것)라고 한다.

양공 24년 목숙이 사신으로서 진(晉)나라에 가자 진나라 대신 범선자가 교외에서 그를 영접하며 그에게 '죽어도 낡아 썩지 않는 것(死而不朽)'의 뜻에 대해 가르침을 청했다. 목숙이 답하지 않자 범선자가 말했다.

"옛날 우리 선조는 우순 이전에는 도당씨(陶唐氏), 하 왕조에는 어룡씨(御龍氏), 상 왕조에는 시위씨(豕韋氏), 주 왕조에는 당두씨(唐杜氏), 진나라에서는 범씨(范氏)가 임금을 위해 맹회를 주재했습니다. 삼대부터 지금까지 꾸준히 이어졌지요. 이른바 낡아 썩지 않는 것은 이러한 뜻이겠지요."

목숙이 반박했다.

"제가 듣기로 '가장 높은 것은 덕을 세우는 것이고, 그다음이 공을 세우는 것이고, 그다음이 말을 세우는 것(大上有立德, 其次有立功, 其次有立言)'이라는 말이 있습니다. 이는 덕을 세우고 공을 세우고 말을 세우는 것은 사람의 뜻과 가치를 역사에 영원히 드리우고 탄복받음을 가리킵니다. 노나라에 장문중이라는 대부가 있었는데 그는 죽었지만 그의 말은 68년 동안 대대로 전해지고 있습니다. 이른바 썩지 않는다는 것은 이런 것을 가리키는 것이지요. 그대가 말한 성씨를 보존하고 종묘를 지키고 제사가 끊어지지 않게 하는 것은 대대로 벼슬을 전한 것이지, 하나의 국가가 아니면 이러한 상황은 없습니다. 이를 두고 썩지 않는 것이라고 하지는 않을 것입니다."

'세 가지 썩지 않는 것(삼불후[三不朽])'에 대해 당대의 공영달(孔穎達)은 『춘추좌전정의(春秋左傳正義)』에서 다음과 같이 말했다.

"덕을 세운다는 것은 이후 이어질 법도를 만들어 널리 시행함으로써 여러 백성을 구제해주는 것을 가리킨다. 공을 세운다는 것은 재난에서 구해주어 공덕이 그 당시에 이루어진 것을 가리킨다. 말을 세운다는 것은 말에 요점이 있고 이치가 전해질 만한 것을 가리킨다."

중국 고대 역사상 입덕(立德), 입공(立功), 입언(立言)을 모두 갖춘 사람은 많지 않았다. 사마천은 단지 입언했을 뿐이고 공자는 입덕과 입언은 몰라도 입공의 기회는 없었다. 만약 그가 말한 대로 "나를 쓰는 사람이 있으면 한 달이면 될 것이고 삼 년이면 공을 이룰 것이다(苟有用我者, 期月而已可也, 三年有成)"가 실제로 이뤄졌다면 공자는 입공했을 것이다.

역사를 사로잡은 명문장

● 세 가지 썩지 않는 입덕, 입공, 입언은 본래 중국 고대의 지식인들이 추구하던 이상적인 성공의 경계였다. 곰곰이 생각해보면 높은 인격을 함양하고 문무를 모두 갖춰야 비로소 도덕적 품행과 수고로운 공로 그리고 저서를 통해 말을 세우는 일에서 일정한 성취를 이룰 수 있다. 결국 어떤 방면에서 중대한 성취를 이루는 사람은 모두 무리에서 뛰어난 인재에 해당한다.

만청(晩淸) 시기 상군(湘軍)을 창립하고 태평천국의 난을 평정한 공신 증국번(曾國藩)은 "세 가지 썩지 않는 입덕·입공·입언을 갖추고 스승으로서, 장수로서, 정승으로서 한 명의 완벽한 사람이라네(立德立功立言三不朽, 爲師爲將爲相一完人)"라는 평가를 받는 대표적인 인물이다. 그는 호남단련대신(湖南團練大臣)의 관직을 맡고 있을 때 용맹한 사람들을 모아 군대를 편성했고 장교의 선발 및 임용을 전투력의 핵심으로 보았다.

이에 따라 '충성과 혈기(忠義血性)'를 맨 위에 놓고 그다음으로 '청렴결백하면서 쓸모 있고 간략하고 진실하고 지략과 재주와 학식이 있고 끈질기면서도 수고로움을 참아낸다(廉明爲用, 簡默樸實, 智略才識, 堅韌耐勞)'와 '군대가 도적보다 못하다(兵不如匪)'는 상황을 바꿔 군대의 의리에 대한 교육을 중요시했다.

일반 사대부가 글만 쓸 줄 알았던 것과 달리 증국번은 문무에 능수능란하다는 점에서 그의 저작 『증문정공전집(曾文正公全集)』은 추앙받았고 양계초(梁啟超)는 그를 입덕, 입공, 입언을 갖춘 '삼불후'라고 칭했다. 증국번이 평론한 다음의 내용을 보면 이상적인 성공에 대한 그의 사고를 볼 수 있다.

"이소전(李少荃, 이홍장[李鴻章])은 벼슬에 목숨을 걸었고, 유음보(俞蔭甫, 유월[俞樾])는 책을 쓰는 데 목숨을 걸었다."

상황에 맞는 적절한 말로 응대하지 못하면 성공할 수 없다. 문장을 신중하게 사용하라

062

仲尼曰: "志有之: '言¹以足志², 文³以足言.'
중니왈 : "지유지 : '언¹이족지², 문³이족언.'

不言, 誰知其志? 言之無文,
불언, 수지기지? 언지무문,

行而不遠⁴. 晉爲伯⁵, 鄭入陳,
행이불원⁴. 진위백⁵, 정입진,

非文辭不爲功. 愼辭哉!"
비문사불위공. 신사재!"

—양공 25년

---

1 言(언) : 말하다.
2 志(지) : 마음에 품은 뜻
3 文(문) : 문채. 문장의 기교
4 遠(원) : 멀리 퍼지다.
5 伯(백) : 패주. 제후 중 우두머리

▶ 공자가 말했다. "옛날 책에 이런 말이 있다. '말로 마음의 뜻을 전달하고 문장의 기교로 말을 꾸민다.' 말하지 않으면 누가 그의 마음속 뜻을 알겠는가? 말에 문장의 기교가 없으면 멀리까지 전달할 수 없다. 진(晉)나라는 패주로서 정나라가 진(陳)나라를 공격하는 상황에 적절히 말로 응대하지 못하면 성공할 수 없다. 문장을 신중하게 사용해야 한다."

양공 25년, 정나라의 자산(子産)은 진(陳)나라를 정벌해서 얻은 전리품을 진(晉)나라에 바치면서 군복을 입고 일을 처리했다. 진(晉)나라 대부 사장백(士莊伯)은 정나라가 까닭 없이 진(陳)나라를 정벌한 이유를 물었다. 자산이 대답했다.

"진환공이 죽은 후 난리가 발생해 그동안 우리 정나라가 진(陳)나라에 새로운 임금이 서도록 도왔습니다. 하씨가 난리를 일으켜 진영공을 죽이자 진성공은 의지할 곳을 모두 잃고 정처 없이 떠돌아다녔습니다. 우리 나라는 그가 돌아가 임금 자리에 오를 수 있게 했습니다. 한데 진(陳)나라는 주 왕조의 큰 덕을 잊고 정나라의 큰 은혜도 저버리고 여러 차례 초나라에 기대어 우리 나라를 괴롭혔습니다. 우리 나라는 작년에 진(陳)나라를 공격할 것을 정식으로 요구했습니다. 단지 귀국(貴國)의 허락만 없었던 것이 아니라 진(陳)나라의 공격도 당해 동문(東門)의 싸움을 벌였습니다. 지금 우리 나라가 진(陳)나라를 정벌하는 것에 대해 진(陳)나라도 자신이 지은 죄를 알고 우리 나라에게 투항했고, 우리는 감히 귀국에 진(陳)나라를 정벌한 공로를 바칩니다."

진(晉)나라 대부는 다시 정나라가 왜 작은 나라를 침범했는지 물었다. 자산이 말했다.

"이전 왕께서 명령하시길 죄가 있다면 각각 징벌해야 한다고 했습니다. 이전에는 천자의 토지는 사방 천 리에 이르고, 제후의 토지는 사방 백 리에 이릅니다. 현재 큰 나라의 토지는 수천 리나 됩니다만, 만약 작은 나라를 토벌하지 않는다면 그렇게 큰 땅을 가질 수 있겠습니까?"

진(晉)나라 사람이 또 자산에게 왜 군복을 입고 진(陳)나라를 정벌한 공로를 바치는지 물었다. 자산이 답했다.

"성복 전투 이후 진문공은 우리 정문공에게 군복을 입고 주천자를 보좌하고, 초나라 군대의 전쟁 포로를 천자에게 바치라고 명령했습니다. 우리가 군복을 입고 와서 포로를 바치는 것은 명령을 감히 폐기할 수 없어서입니다."

진(晉)나라는 비로소 정나라가 바치는 것을 받아들였다. 공자가 이 일을 듣고 감탄하며 말했다.

"말하지 않으면 누가 그 뜻을 알아주겠는가? 말에 문채가 없으면 행동이 멀리까지 퍼지지 않는다(不言, 誰知其志? 言之無文, 行而不遠)."

이는 혀를 지혜롭게 다스리고 말을 신중하게 사용하는 것의 중요성을 설명한 것이다.

역사를 사로잡은 명문장

● 사실 공자는 줄곧 언사와 문채는 서로 보충해서 이뤄져야 한다는 점을 강조했다. 일찍이 공자는 『논어』 「옹야」에서 다음과 같이 말했다.

"실질적인 내용이 문채보다 낮다면 거칠고 비루하며 문채가 실질적인 내용보다 낫다면 겉치레가 심하다. 문채와 내용이 모두 우아하고 훌륭해야 군자답다(質勝文則野, 文勝質則史. 文質彬彬, 然後君子)."

한 개인의 실질적인 내용이 문채보다 지나치면 이는 조악하고 비루해 보일 수 있다. 문채가 실질보다 지나치면 이는 겉치레가 심해 보일 수 있다. 마땅히 실질과 문채를 똑같이 중시하고 마음에 품은 수양과 밖으로 드러나는 의례가 서로 들어맞아 일치해야 비로소 진정한 군자라고 할 수 있다. 이후 사람들은 용모나 행동에 교양이 넘치는 사람을 묘사할 때 '문질빈빈(文質彬彬)' 혹은 '빈빈문질(彬彬文質)'이라는 말을 쓴다.

공자는 이상적인 군자를 '문질빈빈'이라 했는데 이를 단지 개인적인 수양에만 국한한 것이 아니라 진(晉)나라가 패주가 되고 정나라가 진(陳)나라를 공격하는 국가적인 큰일에까지 적용했다. 공자는 적절히 말로 대응하는 일을 하지 못하면 성공하지 못했을 것이므로 언사(言辭)를 신중하게 해야 한다고 본 것이다.

자산은 말로 적절히 대처해 진(晉)나라 대부들이 더 이상 추궁할 수 없게 했다. 또한 진(晉)나라는 자산의 말이 순리와 이치에 들어맞았기에 전리품을 받아들였고 이후 정나라가 진(陳)나라를 다시 정벌할 때 그들이 화해하게 할 수밖에 없었다.

바둑 두는 사람이 바둑돌 둘 곳을
정하지 못하면 상대를 이기지 못한다

063

大叔文子[1]聞之, 曰:"弈[2]者舉棋不定,
태 숙 문 자 [1] 문 지 . 왈 : " 혁 [2] 자 거 기 부 정 .

不勝其耦[3], 而況置君而弗定? 必不免矣."
불 승 기 우 [3] , 이 황 치 군 이 불 정 ? 필 불 면 의 ."

—양공 25년

---

1 大叔文子(태숙문자): 위나라 대부 태숙의(太叔儀)로 시호(諡號)가 문자(文子)다.

2 弈(혁): 바둑

3 耦(우): 여기서는 바둑을 두는 상대를 가리킨다.

▶ 태숙문자(太叔文子)가 이 일●을 알고 말했다. "바둑을 두는 사람이 돌을 들고 느릿느릿 어디에 둘지 정하지 못하면 상대방을 이길 수 없다. 하물며 임금을 세우는 일이라면 어찌 우물쭈물할 수 있겠는가? 그는 반드시 화를 피할 수 없을 것이다."

9년 전, 위헌공이 무도함 때문에 제나라로 쫓겨났는데 노양공 25년 위나라 공경인 영희(甯喜)를 만나 임금으로 복귀하는 일을 상의했다. 영희는 이미 위상공(衛殤公)을 모시고 있었지만 위헌공이 나라를 되찾는 데 협조하기로 승낙했다.

위나라에 남아 있던 위나라 대부 태숙문자는 이 일을 알고 다음과 같이 말했다.

"『시경』「소아·소변(小弁)」에서 말했다. '나 자신도 받아들이지 못하는데 하물며 내 후손을 어찌 돌보겠는가?(我躬不說, 皇恤我後)' 하물며 나 자신도 받아들일 수 없는데 어찌 내 후대까지 고려할 수 있겠는가? 영자(甯子)는 확실히 그의 후대를 고려하지 않는다고 할 수 있다. 군자가 일할 때는 이후에 일어날 일과 할 만한 것인지를 생각해야 한다. 『서(書)』에서 말했다. '시작을 신중하게 하고 끝을 공경스럽게 하면 끝내 곤란하지 않을 것이다(愼始而敬終, 終以不困).' 일을 시작할 때는 신중하게 하고 태만하지 않아야 하며 신중하면서도 꾸준히 공경스럽게 끝맺음을 알면 그 결과가 사람을 곤혹스럽게 만들지는 않는다. 『시(詩)』「대아(大雅)·증민(烝民)」에서 말했다. '밤낮으로 흐트러지지 않고 한 사람을 섬긴다(夙夜匪懈, 以事一人)' 임금을 섬길 때는

● 위나라의 임금을 다시 세우는 일

276

아침 일찍부터 저녁 늦게까지 조금도 게으를 수 없다. 현재 영희는 임금을 섬기는 큰 일을 바둑돌 놓을 때의 신중함보다 못하게 한다. 바둑돌 둘 곳을 정하지 못하는데 어찌 화를 피할 수 있겠는가?"

위헌공이 위나라로 돌아온 후 다시 난리가 일어났다. 영희의 가족은 모두 태숙문자가 예언한 대로 죽임을 당했다. 고사성어 거기부정(擧棋不定)은 "바둑을 두는 사람이 바둑돌 둘 곳을 정하지 못하면 상대를 이기지 못한다(弈者擧棋不定, 不勝其耦)"는 문장에서 나온 것으로 일을 하면서 우유부단해 우물쭈물하는 것을 비유할 때 쓴다.

역사를 사로잡은 명문장

● 이솝우화에도 우유부단함에 관한 이야기가 나온다.

어느 날 아버지와 아들이 나귀 한 마리를 끌고 시장에 가다가 다른 사람들의 이야기를 들었다.

"저 두 얼간이를 보게. 나귀를 타지 않고 끌고 가네."

아버지는 그들의 말에 일리가 있음을 깨닫고 아들을 나귀에 태웠다. 조금 있다가 또 다른 사람들이 말했다.

"저기 나귀에 올라탄 젊은이를 봐. 어르신을 공경할 줄 몰라 노인이 나귀를 끌고 가네."

아버지가 이를 듣고는 아들을 내리라 하고 자신이 나귀에 탔다. 얼마 지나지 않아 그는 또 다른 사람들의 말을 들었다.

"그대는 나귀를 타고 편안히 가면서 아들은 고생시킵니까?"

아버지는 아들도 나귀에 태웠는데 조금 지나자 다른 사람들이 지적했다.

"두 사람이 나귀를 타고 있으면 불쌍한 나귀가 버텨내지 못할 거야."

아버지와 아들은 나귀가 힘들 것을 걱정해 나귀의 네 다리를 묶고는 돼지를 메듯 거꾸로 매달아 어깨에 맞들고 갔다. 그런데 시장 부근의 다리를 건널 때 아버지와

아들은 숨이 차서 힘이 빠졌고, 나귀는 묶인 것이 풀려 끝내 강물 속으로 떨어졌다.

인생은 선택과 결정의 연속이다. 만약 자기 목표를 확실히 정해 좋은 것을 선택한 뒤 끝까지 유지하지 못하면 나귀를 데리고 가던 아버지와 아들처럼 되기 십상이다. 위나라 공경 영희의 이야기와 이솝우화는 동서고금에 동일한 인생철학이 있음을 보여준다.

교만해지면 난리가 나고,
난리가 나면 반드시 멸망한다

064

天生五材[1], 民並用之, 廢一不可, 誰能去兵[2]?
천 생 오 재[1], 민 병 용 지, 페 일 불 가, 수 능 거 병[2]?

兵之設久矣, 所以威不軌而昭文德也.
병 지 설 구 의, 소 이 위 불 궤 이 소 문 덕 야.

— 양공 27년

---

1 五才(오재): 금, 목, 수, 화, 토 등 다섯 물질을 가리킨다.
2 去兵(거병): 군대로 대비하는 것을 없앤다.

▶ 하늘에서 금, 목, 수, 화, 토 다섯 물질을 만들어내고 백성이 매번 그것을 이용한다. 이중의 하나라도 없애면 안 된다. 누가 군사와 무력을 없앨 수 있겠는가? 군사와 무력이 생긴 지 이미 오래 되었으니 이는 법도에 어긋나는 행동을 하지 못하도록 위협하면서 문덕(文德)을 드러낸다.

송나라 대부 상술(向戌)은 진(晉)나라 대신 조무, 초나라의 영윤 자목(子木)과 사이가 좋았다. 이를 통해 그는 제후 사이의 전쟁이 그치도록 해서 개인의 명성을 올리려고 했다. 이때 14개 제후국의 대부가 송나라 서문 밖에서 동맹을 맺었는데 역사가들은 이를 '상술이 전쟁을 멈추었다(向戌弭兵)'고 말한다. 이는 노성공 12년 '화원이 전쟁을 멈추었다(華元弭兵)'의 유래를 만든 일 이후 두번째로 전쟁을 그만두게 한 큰 모임이다. 당시 진나라와 초나라는 잠시 화해했지만 그렇다고 전쟁을 완전히 접은 것은 아니었다.

이 일로 상술은 송평공(宋平公)에게 성읍을 상으로 내릴 것을 요구했다. 송평공은 그에게 60개의 성읍을 주고 그 내용을 적은 간책(簡冊)을 자한에게 보여주었다. 자한은 여기에 문제가 있다고 생각했다.

진나라와 초나라는 모두 무력을 써서 작은 나라들을 위협했고 이로써 윗사람과 아랫사람이 자애롭고 화목했다. 그렇게 작은 나라들은 큰 나라를 섬기면서 국가를 안정시켜 생존했다. 위협이 줄어들면 교만해지고, 교만해지면 난리가 발생하며, 난리가 나면 반드시 멸망에 이른다. 자한이 말했다.

"하늘이 다섯 물질을 만들고 백성이 이를 씁니다. 이중 하나라도 없애면 안 됩니다. 누가 군대를 없앨 수 있겠습니까? 군대가 만들어

진 지 오래되었으니 이는 법도를 어기는 것을 위협하고 문덕을 밝히기 위해서입니다."

성인이 무력에 힘입어 일어났듯 난리가 난 것도 무력을 써서 없애야 한다. 흥폐존망(興廢存亡)은 어리석음이나 현명한 책략과 상관없이 모두 무력에서 나온다. 상술이 무력을 제거했다고 주장하지만 이는 사기나 다름없지 않은가. 속임으로써 이미 큰 죄를 범하였으면서도 상을 달라고 요구하는 것은 지나친 욕심이다. 자한이 이를 따끔하게 경고해 상술을 깨우치자 그는 봉읍을 받지 않았다.

역사를 사로잡은 명문장

● 『여씨춘추』 「맹추기(孟秋紀)·탕병(蕩兵)」에도 다음과 같은 말이 나온다.

"집안에 화를 내며 매질하는 이가 없으면 아이가 잘못하는 일이 바로 나타난다. 나라에 형벌이 없으면 백성이 서로 해코지하는 일이 바로 나타난다. 천하에 잘못하는 사람을 정벌하는 일이 없으면 제후가 서로 포악해지는 일이 바로 나타난다. 그러므로 집안에서 화를 내며 매질하는 일을 그치면 안 되고, 나라에서 형벌을 그치면 안 되고, 천하에 잘못한 사람을 정벌하는 일을 그치면 안 되고, 교묘함과 졸렬함이 있을 뿐이다. 옛날 성왕(聖王)에게는 이치에 합당한 군대가 있었지 군대를 없애지는 않았다(家無怒笞, 則豎子嬰兒之有過也立見 ; 國無刑罰, 則百姓之悟相侵也立見 ; 天下無誅伐, 則諸侯之相暴也立見. 故怒笞不可偃於家, 刑罰不可偃於國, 誅伐無可偃於天下, 有巧有拙而已矣. 故古之聖王有義兵, 而無有偃兵)."

만약 부모가 아이를 때리지 않으면 아이가 멋대로 하며 장난치는 것을 막을 수 없다. 나라에 형벌이 없으면 백성 간의 충돌을 막을 수 없다. 만약 천자가 잘못을 처벌하면서 정벌하지 않으면 제후 사이에 벌어지는 살육을 막을 수 없다. 이로 인해 필요한 징벌은 없앨 수 없으며 사용하되 기교가 있어야 한다. 현명한 임금은 포악함을 없애고 선한 사람의 안정을 유지해주는 병력을 완전히 없애지 않았다.

사사로운 이익이 넘치면
멸망을 초래한다

065

(晏子)對曰: 不受邶殿[1], 非惡富也, 恐失富也.
(안자)대왈: 불수패전[1], 비오부야, 공실부야.

且夫富, 如布帛之有幅[2]焉,
차부부, 여포백지유폭[2]언,

爲之制度, 使無遷[3]也.
위지제도, 사무천[3]야.

—양공 28년

1 邶殿(패전): 제나라의 큰 읍으로 대략 지금의 산동성 창읍시(昌邑市) 서쪽이다.
2 幅(폭): 포백(布帛)의 넓이
3 遷(천): 고치다, 바꾸다.

▶ 안자가 말했다. "패전(邶殿)을 받지 않는 것은 부유함이 싫어서가 아니라 부유함을 잃을까 걱정이 되어서입니다. 부유함은 포백이 일정한 넓이를 갖고 있는 것에 대해 그 폭을 잘 규정해 바뀔 수 없게 하는 것과 같습니다."

노양공 19년, 제영공(齊靈公)이 죽은 후 제나라 대부 최저(崔杼)와 경봉(慶封)이 공자광(公子光)을 제장공(齊莊公)으로 세웠다. 장공은 즉위하자마자 태자아(太子牙)를 죽였고 나머지 공자들은 목숨을 보존하고자 각자 흩어져 도망갔다. 이후 최저와 경봉이 연합해 제장공을 죽이고 제영공의 어린 아들 저구(杵臼)를 임금으로 세웠으니 그가 바로 제경공이다. 최저는 스스로를 우상(右相)이라 하고 경봉은 좌상(左相)이 되어 멋대로 조정을 장악했다. 이후 경봉은 최저를 제거하고 나라를 다스리며 온종일 주색에 빠져 지냈다.

국정이 망가지자 제경공 3년 제경공의 숙부 자아(子雅)와 자미(子尾) 그리고 포씨(鮑氏) 집안과 전씨(田氏) 집안이 공모해 경씨(慶氏)를 공격했고 경봉은 오나라로 도망갔다. 몇 년 후, 초나라는 제후 연합군을 이끌고 오나라를 정벌한 다음 경봉 일족을 섬멸했다. 경씨 세력을 제거한 후 제경공은 경씨의 봉지를 나눠주었는데 대부 안자는 그에게 할당된 60개의 성읍을 사양했다.

제경공의 종숙인 자미는 이를 이해하지 못하고 안자에게 물었다.

"사람들은 꿈에서조차 부유함을 찾습니다. 왜 유독 그대만 필요 없다고 하십니까?"

안자가 대답했다.

"경씨의 성읍은 그의 욕구를 충족시켰지만 외국으로 도망하게 만들었습니다. 제 성읍은 제 욕구를 충족시키지 못하므로 패전을 더하면 진정 만족스러울 것입니다. 그러면 저 역시 도망가야 할 날이 멀지 않을 것입니다. 외국으로 떠나면 하나의 성읍도 제가 다스릴 수 없게 됩니다."

개인의 사사로운 이익이 넘치면 멸망을 초래한다. 그러므로 사사로운 이익을 제한하고 탐내지 않아야 한다. 이후 제경공은 공자들에게 봉읍을 나눠주었는데, 안자의 말을 들은 자미는 모두 돌려주었다. 제경공은 자미가 충성스럽다고 여겨 특별히 그를 총애했다.

역사를 사로잡은 명문장

● 사람이 욕망에서 벗어나기는 쉽지 않다. 그래도 '하고자 하지만 탐내지는 않고(欲而不貪)'(『논어』 「요왈[堯曰]」) 절제할 줄 알아야 한다. 『사기』 「유후세가」에는 다음과 같은 기록이 있다.

한고조 유방은 자신이 왜 이겼고 항우(項羽)는 왜 패했는지 분석했다. 결론은 그가 자신보다 뛰어난 인재인 장량이나 소하(蕭何), 한신(韓信) 등을 중용했다는 사실이다. 그는 장량을 이렇게 칭찬했다.

"일반적으로 장막 속에서 책략을 운용하거나 천 리 밖에서 승부를 결정짓는 것에서 나는 자방(子房: 장량의 자)보다 못하다(夫運籌策帷帳之中, 決勝於千里之外, 吾不如子房)."

그가 장량에게 제나라에서 삼 만호(戶)를 봉읍으로 고르라고 하자 장량이 대답했다.

"하늘이 저를 폐하께 드렸고, 폐하께서 제 계략을 선택했으며, 다행히 효과가 있었습니다. 저는 유현(留縣)을 봉읍으로 주셨으면 좋겠습니다. 3만 호는 감히 받을 수 없습니다."

입관(入關) 이후 장량은 몸이 약하고 병이 많아 도가(道家)에서 오곡을 먹지 않는 신선이 되는 술법을 수련하기 시작해 1년 여간 두문불출했다. 이후 여후가 태자 유영(劉盈)의 지위를 지키기 위해 장량을 찾아가 계책을 받아냈다. 계책이 이루어진 후 장량이 말했다.

"우리 집안은 대대로 한(韓)나라의 재상인데 한나라는 진(秦)나라에게 멸망당했기에 만금(萬金)의 집안 재산을 아까워하지 않고 진나라에 복수해 천하를 놀라게 할 방법을 찾았다. 지금 나는 세 마디의 썩지 않는 혀를 가지고 일반 백성으로서 제왕의 스승이 되었고, 봉읍은 만 호이며, 직위는 열후(列侯)에 있으니 이는 평민으로 말하자면 그 위가 없는 영예다. 나는 이미 이 생애에 아무런 여한이 없다. 현재 나는 세상의 영화와 부귀를 버리고 적송자(赤松子)를 따라 수련해 신선이 되고자 한다."

그는 계속 '곡식을 끊는 술법(辟穀之術)'을 수련하다가 8년 후 세상을 떠났다. 장량은 온전할 때 물러나 당시 월나라 범려(范蠡)와 마찬가지로 '토사구팽(兔死狗烹: 토끼가 죽자 사냥개를 삶는다)'의 운명을 피했다.

악기의 배합과 앞서고 뒤서는 것에는 순서가 있다

066

爲之歌「頌」, 曰: "五聲[1]和, 八風[2]平, 節有度,
위 지 가 「 송 」, 왈 : " 오 성[1]화 , 팔 풍[2]평 , 절 유 도 ,

守有序, 盛德之所同也."
수 유 서 , 성 덕 지 소 동 야 ."

―양공 29년

1 五聲(오성) : 궁(宮), 상(商), 각(角), 치(徵), 우(羽)
2 八風(팔풍) : 팔음(八音)으로 쇠(金), 돌(石), 실(絲), 대나무(竹), 박(匏), 흙(土), 가죽(革),
나무(木)의 다른 재료로 만든 악기가 내는 소리다.

▶ 악공이 계찰을 위해 「송(頌)」을 불렀다. 그는 칭찬하면서 말했다. "다섯 개의 음계가 조화롭고 여덟 종류의 소리가 섞인 악기가 잘 어울립니다. 절주에는 규칙이 있고 악기의 배합과 앞서고 뒤서는 것에는 순서가 있습니다. 이는 위대한 덕행을 한 사람에게 있는 격식입니다."

계찰은 춘추 시기 오나라의 공자로 당시 인품이 고상하기로 이름났고 선견지명과 탁월한 식견을 모두 갖춘 외교가다. 오나라에서는 계찰을 노나라에 보냈는데, 그는 먼저 숙손목자를 만나 목자의 말년이 좋지 못할 것을 예언했다. 목자는 자신의 뜻에 따라 현명하고 좋은 인재를 고르지 못해 재앙이 자신에게 내릴 것으로 보았다. 이후 숙손목자는 자신의 아들에게 연루되어 끝내 굶어 죽었다. 숙손목자는 숙손표로 '삼불후', 즉 입덕, 입공, 입언을 제시한 인물이다.

계찰은 숙손목자에게 주 왕조의 음악과 춤을 감상하고 싶다고 했다. 이것이 역사상 유명한 '계찰이 음악을 감상하다(季札觀樂)'이다. 계찰은 탁월한 감상력으로 음악과 춤 속에서 시국의 흥망성쇠를 통찰했다. 예를 들어 「진풍(秦風)」을 연주할 때는 이렇게 칭찬했다.

"이는 하성(夏聲), 즉 화하의 음악을 가리킨다. 화하처럼 되는 것은 위대하며 그 위대함이 지극하다. 아마 주의 옛 모습이겠지!(此之謂夏聲. 夫能夏則大, 大之至也 ; 其周之舊乎!)"

풀이하면 이런 내용이다.

"이것은 화하의 음악이로구나! 화하에 동화되면 반드시 장대하리니 지극히 장대하다면 과거 주 왕조처럼 흥성할 것이다."

계찰은 음악 소리로 진(秦)나라의 미래를 예언했다. 그리고 그의 말은 어김없이 들어맞았다. 또한 순(舜) 시절의 악무인 「운소(韶箾)」를 연주할 때 계찰은 그중 순의 위대한 덕성을 나타내는 부분에서 이보다 더 위대한 품격은 없을 거라며 감탄했다.

"최고를 보았습니다. 만약 다른 음악이 있더라도 저는 더 청하고 싶지 않습니다.(觀止矣! 若有他樂, 吾不敢請已!)"

이것이 바로 '감탄해 마지않다(탄위관지[嘆爲觀止])'의 유래로 감상하는 사물이 최고점에 이른 상태를 비유한다.

역사를 사로잡은 명문장

● 주공이 예의를 만들고 음악을 지은 의도는 '문화통치(文化統治)'에 있으니 음악은 예제의 집행뿐 아니라 서로 다른 사회 풍속을 나타낸다. 이미 진한(秦漢) 시기에 '악부(樂府)'를 설치해 제사, 손님 접대, 군사적인 일, 경축 행사 등에 쓰이는 음악과 춤을 모두 따로 계획했다.

당나라 때의 음악과 춤은 더욱 발전했다. 예를 들어 「진왕파진악(秦王破陣樂)」은 원래 진왕(秦王) 이세민(李世民)이 무주(武周)를 공격해 패퇴시킬 때 축하하는 용도로 쓴 것인데 이후 악부에 수록되었다. 이세민이 즉위한 후 「진왕파진악」은 음악에 춤을 섞었다. 정관(貞觀) 7년, 당태종이 직접 「파진무도(破陣舞圖)」를 계획해 여재(呂才)에게 악공이 그림에 맞춰 연주하게 지도하라고 명령한 것이다. 전해오는 바에 따르면 악공은 120여 명에 달했고, 그중에는 격검 연출도 있었다고 한다.

또한 「예상우의무(霓裳羽衣舞)」도 당나라 때 궁정악무(宮廷樂舞)의 성취를 높인 작품이다. 이 악무의 음률은 당현종이 직접 정리했고, 춤은 양귀비가 이끌었으며, 여기에 당대의 산뜻하고 화려한 복식을 더했다. 「진왕파진악」이 당나라의 빛나는 무공과 정제된 군대의 위용을 나타낸다면 「예상우의무」는 풍요로움과 번화함을 드러낸다. 고대의 악무는 당시의 문화적 분위기에 부합할 뿐 아니라 일정 부분 통치의 성과를 보여준다.

백성의 의견은 길이 있어
잘 흘러야 한다

067

子産曰: "其所善者, 吾則行之; 其所惡¹者,
자 산 왈 : "기 소 선 자 , 오 즉 행 지 ; 기 소 오 ¹ 자 ,

吾則改之, 是吾師也. 若之何²毁之?
오 즉 개 지 , 시 오 사 야 . 약 지 하 ² 훼 지 ?

我聞忠善³以損怨⁴, 不聞作威⁵以防怨."
아 문 충 선 ³ 이 손 원 ⁴ , 불 문 작 위 ⁵ 이 방 원 ."

—양공 31년

1 惡(오): 싫어하다. 증오하다.
2 若之何(약지하): 왜. 무엇 때문에
3 忠善: 좋은 일을 하는 데 온 힘을 다하다. 여기서 忠(충)은 동사(動詞)의 역할을 한다.
4 損怨(손원): 원망을 줄이다.
5 作威(작위): 세력을 드러내고 위세를 부리다.

▶ 자산이 말했다. "사람들이 좋다고 여기는 것을 저는 바로 실행할 것입니다. 사람들이 싫어하는 것을 저는 바로 고칠 것입니다. 이것이 제 스승입니다. 왜 그런 것을 훼손합니까? 저는 좋은 일에 온 힘을 다하면 원망을 줄일 수 있다고 들었지, 위세를 부리면 원망과 분노를 줄일 수 있다고 듣지는 못했습니다."

이것은 자산이 정나라 대부 연명(然明)에게 한 말이다. 당시 정나라 사람들은 일하는 틈틈이 향교(鄕校)에서 모임을 열어 집정자의 정치에 대해 좋고 나쁨과 득실(得失)을 논의했다. 이때 대부 연명이 자산에게 말했다.

"향교를 폐지하는 것이 어떻겠습니까?"

자산이 반문했다.

"왜 그래야 합니까?"

그리고 그는 연이어 연명에게 이런 말을 했다.

"위세를 드러내는 것으로 빠르게 논의를 제재할 수는 없습니다. 백성의 입을 막는 것은 하천의 흐르는 물을 막는 것과 같으니 시간이 지나면 하천이 넘쳐 피해를 보는 사람이 많을 것입니다. 집정자는 근본적으로 그런 피해에서 구해줄 수 없습니다. 이는 하천에 몇몇 작은 출구를 만들고 이끄는 방식으로 물이 잘 흘러가도록 하느니만 못합니다."

자산이 말한 "백성이 좋아하는 것을 나는 바로 실행하고, 백성이 싫어하는 것을 나는 바로 고친다(其所善者, 吾則行之 ; 其所惡者, 吾則改之)"에서 다른 사람의 비판을 수용하는 그의 넓은 도량과 비평을 정치의 참고 자료로 삼고 있음을 엿볼 수 있다. 그리고 향교를 허물지 않는 이유는 강제로 백성의 의견을 막으면 이후 '다치는 사람이 많을 것'이라는 그의 말에서 인자한 마음씀씀이를 볼 수 있다. 따라서 공자는 그를 다음과 같이 평가했다.

"자산이 향교를 허물지 않은 사건에서 볼 수 있듯 어떤 사람이 자산을 인자하지 못한 사람이라고 말을 해도 나는 그의 말을 믿지 않을 것이다."

역사를 사로잡은 명문장

● 서주(西周) 시기, 주여왕이 포학무도하자 화가 난 백성이 곳곳에서 그의 잘못을 공개적으로 논의했다. 대신 소공(召公)이 간언했다.

"백성이 그대의 정치를 이미 참아내지 못하고 있습니다!"

여왕은 좋은 것을 따르지 않고 오히려 일반적인 법도에 어긋나게 위나라의 주술사를 찾아 백성을 감시하게 했다. 어떤 사람이 당시 정치를 비판하자 바로 죽였다. 이후로는 누구도 정치를 입에 올리지 않았고, 길거리에서 서로 만나도 낯빛으로 서로의 뜻을 나타낼 뿐이었다. 여왕은 신이 나서 소공에게 말했다.

"이제 누구도 나를 비판하지 못한다."

소공이 말했다.

"백성의 입을 막는 것은 하천을 막는 것보다 나쁩니다(防民之口, 甚於防川)."

백성이 하고 싶은 말을 하게 내버려두고 그들의 의견을 파악해 정책을 결정하는 참고자료로 써야 한다. 그래야 사물의 이치를 어기면서 백성이 좋아하지 않는 정책을 시행하지 않는다. 만약 백성이 좋아하는 정치를 시행하면 자연스럽게 명령을 따를 것이다. 그러나 여왕이 제멋대로 백성의 입을 막아버려 삼 년간 누구도 정치를 말하지 않았다. 삼 년 후 여왕은 끝내 쫓겨났고 잔악한 통치도 막을 내렸다.

백성의 의견은 길이 있어 잘 흘러야 한다. 반대로 백성의 원망이 쌓여 참을 수 없는 지경에 이르면 둑이 무너졌을 때 벌어지는 피해보다 더 심각한 일이 벌어진다.

군자가 일할 때는
크고 멀리 바라볼 일을 이해하는 데
힘을 쏟는다

068

吾聞君子務知大者, 遠者, 小人務知小者,
오 문 군 자 무 지 대 자, 원 자, 소 인 무 지 소 자,

近者, 我, 小人也.
근 자, 아, 소 인 야.

衣服附在吾身, 我知而慎之 : 大官,
의 복 부 재 오 신, 아 지 이 신 지 ; 대 관,

大邑所以庇身¹也, 我遠而慢之².
대 읍 소 이 비 신¹ 야, 아 원 이 만 지².

— 양공 31년

---

1 庇身(비신) : 자신을 지키다.
2 遠而慢之(원이만지) : 그러한 것(높은 벼슬과 커다란 봉읍을 가리킴)을 소원하게 여기고
  가볍게 본다.

▶ 내가 듣기에 군자가 일할 때는 크고 멀리 바라볼 일을 이해하는 데 힘을 쏟고 소인은 작고 가까운 일을 이해하는 데 힘을 쏟는다고 한다. 나는 단지 소인에 불과하다. 옷이 내 몸에 붙어 있는 것처럼 내가 알아야 할 것은 신중하게 다른 사람을 대하는 일이다. 큰 벼슬과 큰 봉읍 등은 나는 잘 모를 뿐더러 가볍게 여길 뿐이다.

정나라의 국경 자피(子皮)는 부하 윤하(尹何)를 보내 그의 봉읍을 다스리려 했다. 그러자 그를 보좌하던 자산이 걱정하며 말했다.

"정말로 그렇게 하시렵니까? 윤하는 아직 어려서 그 일을 감당할 수 있을지 모르겠습니다."

자피가 답했다.

"윤하는 신중하고 명령을 잘 받들기에 나는 그를 매우 좋아한다. 그리고 그가 내 신임을 저버리지 않을 것이라 믿는다. 이것은 그를 단련시키기에 좋은 기회다. 그를 보내보면 어떻게 정치를 할지 잘 알게 될 것이다."

자산은 그 조치를 타당하지 않다고 여겨 자피에게 간언했다.

"한 사람을 좋아한다고 해서 어떤 일이든 맡기면 결국 그 사람만 유리해질 뿐입니다. 그대는 지금 봉읍의 정치를 맡기려 하는데 이는 칼을 쓰지 못하는 사람에게 칼로 물건을 자르라고 하는 것과 같아서 언젠가 스스로에게 상처를 입힐 것입니다. 그대는 윤하를 좋아한다고 했지만 그렇게 조치하는 것은 그에게 해를 끼치는 행위입니다. 이렇게 하면 누가 그대의 총애를 입고자 하겠습니까?"

또한 그는 다음과 같이 분석했다.

"한 사람이 귀한 비단을 갖고 있으면 다른 사람에게 그것으로 옷

293

만드는 법을 배우게 하지 않을 것입니다. 그대의 봉읍은 그대를 지켜주는 곳입니다. 그런데 아직 배워야 하는 사람에게 그곳을 다스리라고 하다니 일을 이렇게 처리하는 원칙은 무엇입니까? 그 봉읍의 가치가 귀한 비단보다도 못하단 말입니까? 잘 배우고 나서야 벼슬을 할수 있지, 벼슬을 하면서 배울 수 있다는 말은 들어보지 못했습니다."

이 말을 들은 자피는 자신이 윤하를 아끼는 것에만 주의했을 뿐 적재적소에 사람을 두어야 한다는 점을 소홀히 해 소인배가 되었음을 깨달았다. 자피는 자산을 더욱더 신임했고 자산이 정치를 담당하는 위치에 오르면서 정나라의 국력은 나날이 신장되었다.

역사를 사로잡은 명문장

● 멀리 있는 일을 가까이 있는 것처럼 생각하고 이후의 판세를 꿰뚫어보는 사람은 드물지만, 전국 시기의 조무령왕(趙武靈王)은 그런 통찰력을 갖춘 대표적인 인물이다. 당시 조나라는 여러 이민족 부락과 이웃하고 있었는데, 조무령왕은 북방의 여러 민족이 짧은 윗옷과 긴 바지를 입어 말을 타고 활을 쏘는 데 우세하다는 점을 파악했다. 그는 전통적인 넓은 치마 옷과 긴 소매 복장을 가볍고 편한 호복(胡服)으로 교체하라고 명령했다. 조무령왕은 대신 비의(肥義)에게 말했다.

"저는 이전 왕의 뜻을 이어받아 조나라의 국력을 높이고자 합니다. 그런데 역대로 나라를 세운 사람들은 세상 사람들에게 이해받기 쉽지 않았고 견해가 독창적인 사람은 세상 사람들의 비난을 받았습니다."

비의가 말했다.

"대왕께서 세상 사람들의 비난을 받아들일 작정이라면 곧바로 행동하십시오."

반대의 목소리는 여전히 있었지만 조무령왕은 그들을 일일이 설득했다. 멀리 내다보는 조무령왕의 견해 덕분에 강력한 기병이 출현했고 조무령왕은 매우 빠르게 '전국칠웅(戰國七雄)' 중 하나가 되었다.

제5장

좋은 일을 따를 때는 흐르는
물과 같고 올바른 의견을
따를 때는 올바르고 엄숙하라

큰 나라는 작은 나라를 평등하게 대해
작은 나라가 마음을 놓게 해야 한다

069

子羽¹曰: "小國無罪, 恃實其罪².
자우¹왈: "소국무죄, 시실기죄².

將恃大國之安靖³己,
장시대국지안정³기,

而無乃包藏禍心以圖之?"
이무내포장화심이도지?"

—소공(昭公) 원년

---

1 子羽(자우): 공손휘(公孫揮)로 자는 자우다. 정나라의 유명한 정치가이자 외교관이다.

2 恃實其罪(시실기죄): 큰 나라를 믿고 전혀 방비하지 않는 것은 죄다.

3 安靖(안정): 평안하게 하다. 안정시키다.

▶ 자우(子羽)가 말했다. "작은 나라 땅이 협소한 것은 죄가 아니다. 그렇지만 큰 나라에 의지해 방비를 세우지 않는 것은 그의 잘못이다. 정나라와 초나라의 이번 혼례에서 작은 나라는 큰 나라에 의지해 자신을 지키려 했을 것이다. 그러나 큰 나라는 불량한 의도로 우리 작은 나라를 공격하려는 게 아니었을까?"

초나라의 공자위(公子圍)는 초강왕(楚康王)의 숙부다. 그는 오로지 초나라의 왕이 될 생각만 했기에 온갖 수단으로 의견이 다른 사람을 제거했고, 시선을 여러 제후 나라로 돌려 그들에게 거들먹거리며 자기 세력을 구축하려 했다.

'공자위가 정나라의 초청을 받은[公子圍聘於鄭]' 것은 이러한 배경 아래 발생한 일이다. 공자위는 오거(伍擧) 등의 대신과 병사를 거느리고 정나라에 가서 혼인을 청했고 귀족인 공손단(公孫段)의 딸을 맞이하고자 했다. 당시 정나라의 집정대신 자산은 공자위가 구혼을 명분으로 정나라를 공격하려 한다는 것을 간파하고 그를 성 안의 빈관(賓館)에 머물지 못하게 했고, 외교관 자우를 보내 교섭하게 했다.

교섭을 시작하자마자 자우는 초나라 일행의 뜻을 받아들이지 않고 공자위에게 성 밖에서 결혼식을 올리라고 부탁했다. 공자위는 백주리(伯州犁)를 보내 답했다.

"당초 귀국의 임금께서 우리 나라의 대부 공자위에게 결혼하라는 말씀을 듣고 이에 이전 왕께 술을 바치며 제사를 드리고 신부를 맞이하러 왔습니다. 성 밖에서 결혼식을 올리라니 사경(士卿)에 대한 마땅한 예절은 어디에 있는 것입니까? 이렇게 하면 귀국 임금의 좋은 뜻을 들판에 버리는 것이니 우리 나라 대부들이 부끄러워 어찌 조정에 몸을 두고 조상을 대하겠습니까? 다시 한 번 잘 생각해보시기 바랍니다."

자우가 다시 물었다.

"나쁜 마음을 품고 일을 꾀하는 것은 아닌지요? 만약 작은 나라가 이 때문에 의지할 곳을 잃는다면, 나머지 큰 나라에 의지하는 작은 나라는 이를 거울로 삼을 것입니다. 또한 그로 인해 이후로 큰 나라 임금의 명령을 듣지 않을 것입니다. 우리는 이 또한 걱정입니다. 만약 큰 나라가 작은 나라를 평등하게 대해 작은 나라가 마음을 놓게 한다면 우리가 어찌 감히 그대가 결혼할 수 없도록 하겠습니까?"

대신 오거는 정나라가 이미 방비해두었음을 알고 성 안으로 들어가며 활과 화살을 담는 주머니를 뒤집어서 안에 아무런 무기도 없음을 보여줄 수밖에 없었다. 그제야 정나라는 그들이 성에 들어오는 것을 허락했다.

역사를 사로잡은 명문장

● 자우는 자연스러운 말로 짧은 시간에 정나라의 큰 재난을 없애고 높은 외교적 수완을 발휘했다. 또한 이는 당시 작은 나라가 생존하는 데 어려움을 겪었음을 보여준다.

역사서의 기록에 따르면, 춘추 시대 초에 124개의 제후국이 있었다. 그런데 200여 년 사이에 큰 나라가 약소국을 끊임없이 합병했고 모두 52개의 제후국이 멸망했다. 이후 공자위는 정변에 성공해 초영왕(楚靈王)으로 즉위했다. 그는 즉위하자마자 채(蔡), 진(陳), 오나라를 침략했고 주 왕조를 뒤집으려 했다. 이로써 자산과 자우에게 선견지명(先見之明)이 있었음을 알 수 있다.

이후 '포장화심(包藏禍心)'은 마음속에 나쁜 계획을 두고 해치려 하는 것에 비유하고 있다. 당나라 낙빈(駱賓王)은 「서경업이 무조를 토벌하기 위한 격문(爲徐敬業討武曌檄)」에서 다음과 같이 사용했다.

"여전히 나쁜 마음을 품고 임금의 자리를 노리고는 임금이 자식을 사랑한다면서 별궁에 가두었고, 조정에서의 맹세를 어기면서도 중요한 임무를 맡았다(猶復包藏 禍心, 窺竊神器, 君之愛子, 幽之於別宮；賊之宗盟, 委之以重任)."

무측천은 중종(中宗)을 폐출하고 연금한 후, 무삼사(武三思) 등 친족을 기용해 끝내 번성하던 당나라가 쇠락의 길을 걷게 했다.

신용으로 예의를 지키고
예의로 몸을 보호한다

070

今武¹猶是心也, 楚又行僭², 非所害也.
금무¹유시심야, 초우행참², 비소해야.

武將信以爲本, 循而行之.
무장신이위본, 순이행지.

譬如農夫, 是穮³是蓘⁴, 雖有饑饉, 必有豊年.
비여농부, 시표³시곤⁴, 수유기근, 필유풍년.

—소공 원년

1 武(무): 조무로 조나라의 대신이다. 조문자(趙文子)라고도 한다.
2 楚又行僭(초우행참): 초나라가 약속을 지키지 않음을 가리킨다. 僭(참)은 본분을
뛰어넘는 행위를 가리킨다.
3 穮(표): 밭을 갈고 잡초를 제거하는 것이다.
4 蓘(곤): 흙에 어린 묘목을 기른다.

▶ 오늘 저 조무는 이런 생각을 합니다. 만약 초나라가 약속을 지키지 않는다면 저를 해치지 못할 것입니다. 저는 여전히 믿음을 근본으로 삼고 정도를 지켜 나아갈 것입니다. 이는 농부가 농지의 잡초를 제거한 후 좋은 종묘를 심는 것과 마찬가지로, 우연히 기근이 들 수는 있지만 수확을 많이 거두는 해는 반드시 올 것입니다.

춘추시대 초나라가 번성하면서 진(晉)과 초 사이에 다툼이 그치지 않자 백성의 힘과 자원이 소모되었다. 그 사이에 끼어 있던 작은 나라들은 고통이 이만저만이 아니었다. 송나라는 두 나라의 다툼을 조정하기 위해 이미 두 차례나 군대를 거두는 맹회를 이끌었고, 두 나라는 다시는 군사적인 행동으로 마주치지 않기로 약정했다.

초나라의 공자위가 정나라에서 혼례식을 치른 후 곧바로 정나라의 괵(虢) 지방에서 제후의 맹회가 열렸다. 그런데 진과 초가 서로를 심하게 꺼리자 진나라의 대부 기오가 걱정하며 집정대신 조무에게 말했다.

"초나라는 약속을 잘 지키지 않습니다. 우리 나라가 치욕을 당하게 하지 않을까 걱정입니다. 그대가 보좌해 진나라가 맹주의 자리를 지킨 지 어언 7년입니다. 그대의 평생 업적이 이번의 맹회에서 모욕받는 것으로 마무리되지 않았으면 합니다. 이는 제가 가장 걱정하는 일로 그대가 경계를 늦추지 않았으면 좋겠습니다."

조무가 답했다.

"저는 신용을 근본으로 삼아 그에 따라 행동합니다. 예를 들어 농부가 밭을 갈고 잡초를 제거한 후 묘목을 옮겨 심으면 기근이 올 수도 있지만 결국은 풍년이 올 것입니다."

그는 초나라가 한때 세력이 커질 수도 있지만 결국 진나라가 각 제후국의 추대를 받을 것으로 보았다. 또한 조무는 다음과 같이 말했다.

"약속을 지키는 사람만이 영원히 다른 사람을 낮게 보지 않으며, 약속을 지키는 사람은 다른 사람의 모범이 될 수 있습니다. 나는 나 자신이 약속을 지킬 수 있을 것인지만 걱정합니다. 초나라가 또 무엇으로 걱정을 끼치겠습니까?"

『시경』「대아·억(抑)」에서 말했다.

"배신하지 않고 상대방을 해치려 하지 않으면 법도가 되지 못할 일은 거의 없다(不僭不賊, 鮮不爲則)."

이는 만약 배신하거나 다른 사람을 해치려 하지 않으면 전범(典範)이 되는 경우가 많다는 것을 가리킨다. 이에 따라 조무는 이 시를 인용하면서 약속을 지키고 바른 도리를 따르면 기오가 걱정하는 일은 일어나지 않을 것으로 본 것이다.

역사를 사로잡은 명문장

● 지금도 그렇지만 춘추시대에도 '신(信: 믿음, 신용)'은 매우 중요한 일이었다. 성공 15년 초공왕은 진(晉)나라와 군사적 행동을 그만하기로 한 맹세를 배반하기 전에 군대를 동원하여 진나라에 기대고 있던 정과 위 두 나라를 공격하려 했다. 영윤 자낭(子囊)은 이는 배신행위로 결코 해서는 안 되는 일이라고 보았다. 그러나 자반은 이렇게 말했다.

"상황이 이로우면 나아가야지 맹세가 무슨 소용이랍니까?(敵利則進, 何盟之有?)"

자신에게 유리한 상황만 중요할 뿐 꼭 맹세를 지킬 필요는 없다는 얘기다. 초나라의 원로 신숙시(申叔時)가 이 말을 듣고 말했다.

"신용으로 예의를 지키고 예의로 몸을 보호합니다. 신용과 예의 없이 어려움에서 벗어날 수 있겠습니까?(信以守禮, 禮以庇身, 信禮之亡, 欲免得乎?)"

그는 신용은 예의 법도를 보호하고 예의 법도는 생존을 유지해주는 수단으로, 만약 신용과 예의 법도가 모두 없으면 어떻게 재앙에서 벗어날 수 있겠느냐고 묻고 있다. 더불어 초나라는 신용을 지키지 않아 싸움에서 실패할 것이라고 예언했다. 초나라는 결국 전쟁에서 졌고 자반은 끝내 부끄러워 자살했다.

● '신용'은 왜 중요한가? 『논어』 「안연(顔淵)」에는 다음과 같은 글이 나온다.

자공이 공자에게 어떻게 나라를 다스릴 것인지 묻자 공자가 대답했다.

"굶주리지 않게 하고, 외부의 위협에서 보호하며, 백성이 정부를 믿게 할 것이다(足食, 足兵, 民信)."

공자는 그중에서 가장 중요한 것은 '백성이 정부를 믿게 하는 것(民信)'이라고 말했다.

"예로부터 누구나 다 죽지만 백성이 믿지 못하면 왕으로서 설 수 없다(自古皆有死, 民無信不立)."

정치인에게 가장 중요한 것은 백성의 믿음을 얻는 것이다. 반드시 백성의 믿음을 얻어야만 국가가 안정을 이룬다.

의롭지 못함이 일반 법칙이 되면
오랫동안 나라를 다스릴 수 없다

071

彊¹以克弱而安之. 彊不義也². 不義而彊,
강¹이 극 약 이 안 지. 강 불 의 야². 불 의 이 강,

其斃必速.
기 폐 필 속.

詩曰 : "赫赫宗周, 褒姒滅之."
시 왈 : "혁 혁 종 주. 포 사 멸 지."

—소공 원년

---

1 彊(강) : 강대하다. 장성하다.
2 彊不義也(강불의야) : 이러한 강대함은 의로움에 부합하지 않는 도리다.

▶ 자신의 강대함에 기대어 작고 약한 나라를 괴롭히는 것은 도리에 부합하지 않는
다. 도리에 부합하지 않으면서 강대하면 멸망은 순식간이다. 이는 『시경』 「소아·정월
(正月)」에서 이렇게 말하는 것과 같다. "위대하고 장성하던 종주(宗周)는 포사(褒姒)
때문에 망했다."

정나라에서 맹회를 거행하는 날 초나라 공자위는 임금처럼 복장과
장식을 착용했고 그 옆에 두 명의 호위무사가 과(戈)를 잡고 서 있었
다. 이는 임금만 할 수 있는 예의로 초나라의 영윤인 그가 해서는 안
되는 행동이었다. 이 때문에 여러 신하 사이에 논란이 일었다.

또한 공자위는 조무를 초청했을 때 『시경』 「대아·대명(大明)」에 나
오는 "세상에서 빛나고 하늘에서 빛나네(明明在下, 赫赫在上)"를 읊었
는데, 이 노래는 문왕의 빛나는 업적이 천하 사방에 비치고 위엄과 기
세가 하늘에서 반짝임을 노래한 것으로 공자위가 자신을 문왕에 빗
대 말한 것이었다. 진나라의 대표 자격으로 온 조무는 그 뜻을 듣고
완곡히 낯빛을 바꾸며 『시경』 「소아·소완(小宛)」에 나오는 "각자가
자신의 의식과 태도를 신중히 해야 하니 천명은 한번 떠나면 다시 오
지 않는다(各敬爾儀, 天命不又)"를 읊었다. 이는 공자위가 스스로를 잘
다스려 공경의 예를 갖춰야 하며 그렇지 않을 경우 천명은 한번 떠나
면 다시 오지 않음을 이야기한 것이다.

앞의 명구는 진(晉)나라의 신하 숙향(叔向)이 이를 평론한 부분에
서 나왔다. 연회가 끝난 후 조무가 숙향에게 물었다.

"공자위가 자신을 왕으로 생각합니다. 그대는 이 일을 어떻게 보십
니까?"

숙향이 답했다.

"현재 초나라 왕은 약소하고 영윤은 강대합니다. 그가 초나라 왕을 대신하는 때가 올 것입니다. 그러나 영윤이 왕이 되더라도 좋지 않은 결과를 맞이할 겁니다."

숙향은 한 걸음 더 나아가 영윤이 강력해서 그가 왕이 된 후 여러 제후가 그를 따를지도 모른다고 보았다. 하지만 그의 품성으로 보건대 제후들이 그를 따르면 영윤의 교만함이 더해져 제멋대로 할 것이니 이는 외부적으로 '강함이 도리에 부합하지 않는(彊不義也)' 일이다. 내부적으로 영윤은 '의롭지 못하면서 강력함(不義而彊)'에 의존해 왕의 자리를 빼앗았으니 의롭지 못한 태도를 일반 법칙으로 삼아 나라를 다스릴 가능성이 크다. 의롭지 못함이 일반 법칙이 되면 어떻게 나라를 오랫동안 다스릴 수 있겠는가? 그러니 영윤이 어찌 스스로 망하지 않겠는가?

역사를 사로잡은 명문장

- '강함이 도리에 부합하지 않는다(彊不義也)'라고 평가받던 공자위는 끝내 어찌 되었을까? 그는 정변을 일으켜 원하던 대로 초영왕이 되었지만 탐욕스럽고 잔인하고 포악해 적을 많이 만들었다. 소공 13년, 초영왕이 성 밖에서 술을 마시며 즐길 때 그의 아들이 반란을 일으킨 사람에게 살해당하고 본래 그를 따르던 신하와 군대도 그를 떠났으니 이른바 '여러 사람이 난을 일으키자 가까운 사람들이 떠난다(衆叛親離)'는 상황이 되어버렸다. 오래지 않아 그는 유일하게 남아 있던 신하 신해(申亥)의 집에서 목을 매 자살했다. 이 또한 "의롭지 못하면서 강하면 빠르게 멸망한다(不義而彊, 其斃必速)"라고 한 말에 들어맞는다.

  『좌전』은 '의리(義)'를 중시했다. 『논어』 「위정」에는 이런 말이 나온다.

"의로운 일을 보고도 하지 않으면 용기가 없는 것이다(見義不爲, 無勇也)."

이 말은 이후 고사성어 '견의용위(見義勇爲)'로 바뀌었다. 여기서 의가 대표하는 것은 '착함(善)'으로 이는 바른 도리와 바른 이치다. 의리는 서양 문화에서도 중요시하는 개념으로 그것은 의리가 개인 또는 국가 사회와 관련이 있기 때문이다. 그리스의 철학자 에피쿠로스는 다음과 같이 말했다.

"정의가 가져오는 최대 수확은 마음의 안정이다."

예의염치(禮義廉恥)처럼 행동이나 사람됨의 기본 원칙은 모두 마음속에서 스스로 성찰하며 만들어지는 것으로, 이러한 원칙에 부합하면 세상에 부끄러울 것이 없고 편안하여 안정을 이룬다.

물질과 정신이 모두 조화로우면
백성은 난을 일으키지 않는다

072

先王之樂, 所以節百事也, 故有五節[1].
선 왕 지 악. 소 이 절 백 사 야. 고 유 오 절[1].

遲速本末以相及, 中聲以降.
지 속 본 말 이 상 급. 중 성 이 강.

五降之後, 不容彈矣.
오 성 지 후. 불 용 탄 의.

—소공 원년

---

1 五節(오절): 궁, 상, 각, 치, 우의 절주다.

▶ 선왕(先王)의 음악은 여러 가지 일이 지나치지 않도록 제한하는 용도로 쓰였는데 다섯 소리의 절주(節奏)가 있다. 빠르고 느림, 선율과 절주가 서로 조화를 이루면서 다섯 소리가 들어맞고 음악이 천천히 잦아든다. 음악이 멈춘 후에는 다시 연주하지 않는다.

진평공(晉平公)에게 큰 병이 생기자 진(秦)나라에 의사를 요청했다. 진경공(秦景公)은 진나라의 유명한 의사인 화(和)를 보내 병을 보게 했다. 화는 진평공에게 여색에 빠져 마음가짐을 잃었기에 치료할 방법이 없다고 말했다. 진평공이 물었다.

"여자를 가까이할 수 없습니까?"

화가 답했다.

"가까이할 수 없는 것이 아니고 조절하라는 것입니다. 선왕의 음악은 여러 일을 조절하는 수단으로 쓰였기 때문입니다."

다섯 소리가 조화를 이루고 음악소리가 그친 후에는 다시 연주하면 안 된다. 그렇지 않으면 연주하는 사람의 손이 더욱 복잡해지고 연주하는 음악 또한 마음을 흥분시켜 평화로운 상태를 잃고 만다. 군자가 퇴폐적인 음악을 듣지 않은 이유가 여기에 있다. 다른 일에서도 음악처럼 도를 넘었다고 생각하면 멈춰야지 그렇지 않으면 병이 생긴다.

안영도 말했다.*

"선왕께서 다섯 가지 맛을 갖추고 다섯 소리를 조화롭게 한 것은 그 마음을 편안하게 하고 정치를 이루기 위해서입니다(先王之濟五味, 和五聲也, 以平其心, 成其政也)."

이전 임금이 신맛, 단맛, 쓴맛, 매운맛, 짠맛을 만들고 다섯 소리를 조화롭게 한 것은 모두 마음을 편안히 하기 위해서이며, 이렇게 해야 정치의 운용 또한 성공적으로 이뤄진다는 얘기다. 물질과 정신이 모두 조화로우면 백성은 난을 일으키지 않기 때문이다. 이는 『시경』 「빈풍(豳風)·낭발(狼跋)」에서 말하는 "좋은 명성은 하자가 나지 않는다(德音不瑕)"와 같은 것으로 좋은 명성에는 약점이 없다.

역사를 사로잡은 명문장

● 춘추시대에는 음악 예절을 중요시했다. 그러나 당시 음악은 현대인이 인식하듯 '감상'만 하는 것이 결코 아니었다. 음악은 때로 정치와 외교 의례였다. 예를 들면 어떤 경우에 어떤 음악을 연주해야 하는지에 모두 일정한 규정이 있었다.

명의 화가 진평공에게 다음과 같이 말한 적이 있다.

"군자가 거문고를 가까이하는 것은 의식적으로 절도를 익히기 위해서지, 마음을 즐겁게 하기 위해서가 아닙니다(君子之近琴瑟, 以儀節也, 非以慆心也)."

이는 군자가 거문고를 가까이하는 까닭은 음악의 운율을 예의를 기르는 수단으로 쓰기 위해서지, 마음속 즐거움을 위해서가 아님을 말한 것이다.

춘추시대 사람들은 '퇴폐적인 음악(靡靡之音)'이 수양에 도움이 되지 않는다는 것을 알고 있었지만, 사실은 당시에 유행하는 음악이 있었다. 『예기』「악기(樂記)」에서 위문후가 자하(子夏)에게 다음과 같이 물었다.

"저는 의관을 단정히 갖추고 옛날 음악을 들으면 잠들까 걱정합니다. 정나라와 위나라의 음악을 들으면 피곤한 줄 모릅니다. 감히 묻건대 옛날 음악은 왜 그렇습니까? 그리고 요새 음악은 왜 그런 것인지요?(吾端冕而聽古樂, 則唯恐臥; 聽鄭衛之音, 則不知倦. 敢問古樂之如彼何也? 新樂之如此何也?)"

이 뜻은 다음과 같다.

'내가 정식 의복을 갖춰 입고 옛날 음악을 들으면 빨리 잠든다. 그렇지만 정나라

● 「좌전」「소공 20년」에서 말한 것

와 위나라의 음악(유행음악)을 들으면 전혀 피곤하지 않다. 왜 옛날 음악을 들으면 피곤하고 요새 음악을 들으면 마음에 쏙 드는가?'

자하는 아래와 같이 해석했다.

정나라와 위나라의 유행음악은 사람들이 빠져들어 스스로 헤어 나오기 힘들다. 즉, 중독성이 있다. 반면 성왕(聖王)의 음악은 임금과 신하, 아버지와 아들 사이에 기강을 세운다. 기강을 세우면 천하는 안정을 이루고, 천하가 안정을 이루면 여섯 선율이 바르고 다섯 소리가 조화로우며 악기가 잘 섞인다. 이러한 음악이 바로 덕음 (德音)이다.

이익을 앞세우면
겸양을 실천하기 어렵다

073

晏子曰:"讓, 德之主也, 讓之謂懿德[1].
안 자 왈 : " 양 , 덕 지 주 야 , 양 지 위 의 덕 [1].

凡有血氣, 皆有爭心, 故利不可强,
범 유 혈 기 , 개 유 쟁 심 , 고 리 불 가 강 ,

思義爲愈, 義, 利之本也."
사 의 위 유 , 의 , 이 지 본 야 ."

—소공 10년

----

1 懿德(의덕) : 미덕

▶ 안자가 말했다. "겸양은 덕행의 줄기다. 겸양을 다른 사람들은 미덕이라 한다. 무릇 혈기가 넘치는 사람에게는 싸우려는 마음이 있다. 하지만 이익은 억지로 취할 수 없으며 의리를 생각해야 다른 사람을 이길 수 있다. 의리는 이익의 근본이다."

제경공이 재위할 때 제나라 정권은 난(欒)씨, 고(高)씨, 진(陳)씨, 포(鮑)씨 네 집안의 손아귀에 있었다. 소공 10년, 네 집안은 정권을 다투며 서로 공격했고 이들은 기선을 제압하기 위해 모두 제나라의 재상 안영을 부르려고 했다. 이때 안영의 수하가 물었다.

"진씨와 포씨를 도우실 겁니까?"

안영이 답했다.

"그들을 도울 가치가 있는가?"

수하가 또 물었다.

"그러면 난씨(欒氏)와 고(高氏)씨를 도우실 겁니까?"

안영이 말했다.

"그들이 진씨(陳氏)와 포씨를 이길 수 있을까?"

수하가 계속 물었다.

"그렇다면 돌아가실 겁니까?"

안영이 답했다.

"임금께서 공격당하는데 내가 어디로 돌아가겠는가?"

이후 진씨와 포씨가 연합해 난씨와 고씨의 군대를 무찔렀다. 난씨와 고씨는 노나라로 도망갔고 진씨와 포씨는 그 틈에 두 집안의 재산을 나눠 가졌다. 안영은 이 행동이 예의에 어긋난다고 생각해 제나라 대부 진환자(陳桓子)에게 말했다.

"반드시 임금에게 주어야 합니다."

안영은 겸양은 덕행의 줄기로 다른 사람들은 이것을 미덕이라 한다고 설명했다. 진환자는 난씨와 고씨의 재산을 모두 제경공에게 바친 후 스스로 물러나 거(莒) 지방에 은거했다. 그러나 이것은 겉치레일 뿐 진환자는 암암리에 백성에게 은혜를 베풀어 그들의 마음을 샀기에 진씨 일가는 나날이 강대해졌다.

안영의 말은 싸우고자 하는 사람을 대할 때 겸양과 의리 같은 미덕이 있어야 비로소 사사로이 이익을 취하려는 행위를 그칠 수 있음을 의미한다.

역사를 사로잡은 명문장

● 『논어』 「학이」에 공자의 학생인 자금(子禽)이 자공에게 묻는 대목이 나온다.

"스승님께서 한 나라에 도착하면 반드시 그 나라의 정치에 참여하고자 하십니다. 그것은 요구하는 것입니까, 아니면 다른 사람들이 주도적으로 그에게 기회를 주는 것입니까?"

자공이 말했다.

"스승님은 '온(溫, 온후함), 양(良, 선량함), 공(恭, 공손함), 검(儉, 절제), 겸(讓, 겸양)의 태도로 그것을 진행한다."

공자가 온, 양, 공, 검, 겸으로 교만함을 없애고 예의에 따라 행동하며 법도를 넘어서지 않으니 누구라도 즐겁게 공자에게 정치를 물어볼 수 있는 것이다.

오늘날 많은 사람이 '예의와 겸양'의 진정한 의미를 오해해 원칙을 버리고 다른 사람을 멋대로 해도 되는 것으로 생각한다. 사실 '예의와 겸양'은 과도하게 양보하고 몸을 굽히는 것이 아니라 예의범절에 따라 일과 법도를 행하는 것을 말한다. 즉, 나아갈 때는 나아가고 물러날 때는 물러나는 것을 가리킨다.

명나라 때의 잠언서 『채근담』에서 말했다.

"겸양은 좋은 행동이지만 지나치면 아부가 되고 조심하지 못한 것이니 대부분 꾸미는 마음이 나타난다(讓, 懿行也, 過則爲足恭, 爲曲謹, 多出機心)."

겸양은 일종의 미덕이지만 지나치면 미치지 못한 것만 못하다. 반대로 겸양이 과도하면 의도가 불량하게 드러난다.

겸양을 행하는 것은 결코 쉽지 않다. 작가 양실추(梁實秋)는 산문「겸양(謙讓)」에서 다음과 같이 말했다.

"이익이 있는 곳에서는 자기 체면을 잊게 만든다. 겸양은 쉬운 일이 아니다."

또한 양실추는 일반인이 처세하는 도리가 아래와 같음을 발견했다.

"겸양이 필요 없을 때는 겸양해도 무방하니 다른 사람에게 이익도 없고 자신에게 손해도 없다. 반드시 겸양해야 하는 상황에서는 겸양하지 않아 자신의 손해를 피한다. 절대 겸양해서는 안 되는 때는 반드시 겸양해 자신에게 유리하게 하고 다른 사람에게는 손해가 없게 한다."

이익을 가장 앞세우면 겸양은 정말 실천하기 어렵다.

말할 때 정확하고 또렷하며
눈빛을 상대방에게 두는 것이
예의다

074

今單子爲王官伯, 而命事於會, 視不登¹帶,
금 단 자 위 왕 관 백. 이 명 사 어 회. 시 부 등 ¹ 대.

言不過步, 貌不道容, 而言不昭²矣, 不道,
언 불 과 보. 모 부 도 용. 이 언 불 소 ² 의. 부 도.

不共³ : 不昭, 不從⁴, 無守氣⁵矣.
불 공 ³ : 불 소. 부 종 ⁴. 무 수 기 ⁵ 의.

—소공 11년

---

1 登(등) : ~보다 높다.
2 昭(소) : 명백하다. 확실하다.
3 共(공) : 용모가 단정한 것을 공(共)이라 한다. 공경(恭敬)의 뜻이다.
4 從(종) : 복종하다. 순종하다.
5 守氣(수기) : 몸을 보호하는 기운으로, 원래의 기운을 보호하도록 갖고 있는 것이다.

▶ 현재 단자(單子)는 주천자의 대표 신분으로 여기 와서 천자의 명령을 선포한다. 그렇지만 그의 시선은 허리띠보다 높지 못하고 말하는 소리는 작아서 한 걸음 떨어진 사람은 그 목소리를 듣지 못한다. 모습도 단정하지 않고 목소리도 확실치 않다. 이러면 다른 사람을 복종시킬 수 없다. 이 경우 대개는 죽을 날이 멀지 않다.

단자는 단성공(單成公)으로 춘추 시기 단(單)나라의 임금이다. 노소공(魯昭公) 10년 가을, 단자는 주천자를 대리하여 척(戚) 지방에서 한선자(韓宣子)를 만나 회담했다. 그런데 이 자리에서 단자는 눈을 아래로 내리깐 채 상대방을 주시하지 않았고 그의 목소리는 작고 느렸다. 그러자 숙향이 말했다.

"조회에서 말하는 것은 밖에 나와 있는 사람 모두가 들을 수 있어야 하는데, 이는 일의 순서를 명확히 하기 위해서입니다. 시선이 옷고름을 넘어서지 않는 것은 용모를 도리에 맞추기 위해서입니다(會朝之言必聞于表著之位, 所以昭事序也. 視不過結襘之中, 所以道容貌也)."

조회와 회맹 때 하는 말은 반드시 그곳에 앉아 있는 사람이 모두 들을 수 있어야 한다. 그래야 상황을 정확히 전달할 수 있다. 사물을 볼 때는 옷을 교차한 곳과 허리띠 중간보다 낮아서는 안 된다. 이렇게 해야 비로소 자신의 모습을 단정히 할 수 있기 때문이다. 숙향이 말했다.

"말로 명령하고 용모로 명확히 합니다. 여기서 실수하면 빠뜨리는 것이 생깁니다(言以命之, 容貌以明, 失則有闕)."

말은 명령하는 데 쓰고 용모는 자신의 태도를 명확히 하기 위함이니 이것을 정확히 하지 못하면 문제가 있음을 의미한다는 말이다. 이

기준에 근거하여 단자를 지켜본 숙향은 '그가 제대로 말도 하지 못하고, 모습도 단정치 못하며, 설득력도 없음'을 발견했다. 이때 숙향이 말했다.

"아무래도 단자는 곧 죽지 않을까요?"

노소공 12년에 단자는 정말로 죽었다.

역사를 사로잡은 명문장

● 『예기』 「곡례하(曲禮下)」에서 말했다.

"천자가 볼 때는 옷이 겹치는 부분을 넘지 않고 허리띠 아래로는 내려가지 않는다. 임금은 옷깃 윗부분을 본다. 대부는 허리띠 윗부분을 본다. 선비는 다섯 걸음 앞을 본다. 보는 것이 얼굴을 넘어서면 교만한 것이고, 허리띠 아래를 보는 것은 근심이 있는 것이며, 옆으로 보는 것은 간사한 마음이 있어서다(天子視不上于袷, 不下于帶. 國君, 綏視. 大夫, 衡視. 士視五步. 凡視, 上于面則敖, 下于帶則憂, 傾則奸)."

임금이 신하를 볼 때는 옷깃 이상인 얼굴을 본다. 대부가 임금을 볼 때는 눈빛은 임금의 옷깃을 넘어설 수 없고 아래로는 임금의 허리띠 아래로 볼 수 없으니 임금의 얼굴을 볼 수 없다. 선비는 지위가 더 낮기에 옷깃과 허리띠마저 볼 수 없고 단지 자기 주위 다섯 걸음 안에 있는 물건만 볼 수 있다. 상대방을 볼 때 눈빛이 얼굴을 넘어서는 것은 교만한 것이다. 눈빛이 허리띠 아래로 내려가는 것은 근심이 있다는 의미다. 옆으로 보는 것은 간사함이 있다는 뜻이다.

현대인은 말할 때 정확하고 또렷하며 눈빛을 상대방에게 두는 것이 가장 기본적인 예의다.

가지가 너무 크면 나무줄기가 상하고, 짐승의 꼬리가 너무 크면 마음대로 흔들거나 움직일 수 없다

075

鄭京, 櫟實殺曼伯¹, 宋蕭, 亳實殺子游²,
정경, 역실살만백¹, 송소, 호실살자유²,

齊渠丘實殺無知³, 衞蒲, 戚實出獻公⁴,
제거구실살무지³, 위포, 척실출헌공⁴.

若由是⁵觀之, 則害於國, 末⁶大必折,
약유시⁵관지, 즉할어국, 말⁶대필절,

尾⁷大不掉⁸, 君所知也.
미⁷대부도⁸, 군소지야.

—소공 11년

1 鄭京, 櫟實殺曼伯(정경, 역실살만백): 정여공이 송나라의 지지를 얻어 정나라의 큰 성인 역 지방을 기반으로 경 땅을 빼앗고, 수도를 공격해 자신의 사족 만백을 죽이고 다시 즉위한 역사적 사실로 이것은 노장공 14년의 일이다.

2 子游(자유): 공자유는 송민공(宋閔公)의 아들이다. 노장공 12년 송나라 대부 남궁만(南宮萬)이 임금을 죽이고 공자유를 송나라 임금으로 세우자, 다른 공자들이 소(蕭)와 박(亳) 두 지방으로 도망간 뒤 나란히 두 땅에서 군사를 일으켜 공자유를 죽였다.

3 無知(무지): 공손무지는 제장공의 손자로 백부인 희공의 사랑을 받았다. 이후 그는 양공을 죽이고 왕위를 빼앗았다. 그는 노장공 9년 이전에 모욕을 주어 거구에 봉지를 받은 제나라 대부 옹름(雍廩)에게 피살당했다.

4 獻公(헌공): 위헌공을 가리킨다. 노양공 14년, 위나라 대부 영혜자와 손림보(孫林父)가 정변을 일으켜 위헌공을 협박해 나라 밖으로 망명했다. 포와 척 두 땅은 두 사람의 봉지다.

5 由是(유시): 이러한 예로 보았을 때

6 末(말): 나뭇가지

7 尾(미): 꼬리

8 掉: 흔들다. 돌리다.

▶ 정나라의 경(京), 역(櫟) 지방 때문에 만백(曼伯)이 피살당했다. 송나라의 소(蕭)와 박(亳) 지방 때문에 공자유(公子游)가 목숨을 잃었다. 제나라의 거구(渠丘) 지방 때문에 공손무지가 죽었다. 위나라의 포(浦), 척 두 지방 때문에 헌공이 쫓겨났다. 이러한 예로 보았을 때 지방의 세력이 너무 크면 국가에 해롭다. 가지가 너무 크면 나무의 줄기가 상하고 짐승의 꼬리가 너무 크면 마음대로 흔들거나 움직일 수 없다. 이것은 임금께서 알고 있는 사실이다.

춘추시대 초영왕이 채나라를 멸망시킨 후, 채나라의 성벽을 수리하고자 자기 동생 공자 기질(棄疾)을 그 지역에 주둔시키고 채나라를 봉읍으로 바꾸었다. 초영왕이 신하인 신무우(申無宇)에게 물었다.

"나는 기질을 채공(蔡公)으로 임명하고자 하는데 그대는 어떻게 생각하는가?"

의외로 신무우는 찬성하지 않고 답했다.

"신이 아는 바로는 왕의 일가족이나 친척이 황도에서 멀리 떨어져 자신의 군대를 가지면 반란을 일으킬 가능성이 크기에 국가는 편안하지 않습니다."

초영왕이 다음과 같이 대답했다.

"만약 나라가 크고 단단한 성을 갖고 있다면 어떻겠는가?"

한 나라가 강대한 봉읍을 갖고 있으면 외적이 침입했을 때 그 봉읍이 반드시 구원할 것으로 여겼기 때문이다.

신무우는 초영왕에게 간할 때 먼저 '다섯 종류의 대단한 사람들(五大)은 변경에 두지 않는다'는 내용을 논했다. 이른바 '다섯 종류의 대단한 사람들'이란 태자와 어머니가 같은 동생(母弟), 촉망받는 공자

(公子), 공손(公孫) 그리고 대대로 이어온 정경(正卿)이다. 이들의 신분은 특수하고 존귀하며 임금과의 관계 또한 친밀해서 임금을 대신해 손쉽게 백성의 마음을 살 수 있다. 만약 이들을 변방 등 수도와 먼 곳에 두면 엄격하게 통제할 수 없어 쉽게 모반을 꾀한다.

그는 정나라, 송나라, 제나라, 위나라의 역사를 예로 들어 '가지가 지나치게 크면 반드시 부러지고, 꼬리가 지나치게 크면 마음대로 돌릴 수 없음(末大必折, 尾大不掉)'을 표현했다. 하지만 초영왕은 신무우의 의견을 받아들이지 않았다. 2년 후, 공자 기질은 반란을 일으켜 협박했고 초영왕은 끝내 자살로 생을 마감했다. 신무우의 말은 사물의 본말 관계가 뒤집혀 통제할 수 없는 상황을 비유할 때도 쓴다.

역사를 사로잡은 명문장

● 신무우는 지방 세력이 너무 강해지면 중앙에서 관리 및 통제하기가 어려워질 것을 걱정했다. 『한비자』 「양권(揚權)」에서도 말했다.

"임금은 가지를 자주 쳐서 가지가 번성하지 않게 해야 한다(爲人君者, 數披其木, 毋使木枝扶疏)."

임금은 장군이나 임금의 형제, 친척을 견제해 임금의 권력과 국가의 안정이 흔들리지 않도록 해야 한다.

송태조(宋太祖)가 실시한 '강한 줄기와 약한 가지(強幹弱枝)' 정책은 신무우와 한비자의 주장에 딱 들어맞는다. 그는 당나라 말년 지방 번진 세력이 조정보다 강한 폐단을 피하기 위해 정치적 결정 권한을 대부분 중앙으로 돌렸고 지방의 역량을 줄여 중앙에 의지하게 했다. 그러나 중앙 관료 기구가 방대해지면 정치적 효율이 떨어지고 잉여 관원에 대한 비용이 늘어나면서 지방이 쇠락한다. 여기에 더해 송나라는 문관을 중시하고 무관을 경시해 국력이 나날이 허약해졌다. 그로 인해 결국 송나라는 외침에 무력해졌고 가령 북송은 요(遼), 서하(西夏), 금 등 강한 이웃과 전쟁을 할 때 여러 차례 실패해 결국 멸망에 이르렀다. 이후 남송 때는 한구석에 편안히 있었으면서도 매번 금에게 패하다 몽골에게 멸망당했다. 학자들은 이는 모두 줄기를 강하게 하고 가지를 약하게 하며(強幹弱枝), 문관을 중시하고 무관을 경시하는(重文輕武) 정책을 지나치게 강조한 탓에 벌어진 일로 보고 있다.

초영왕과 송나라의 역사는 '지나치면 미치지 못한 것과 같다(過猶不及)'는 것을 보여준다. 설령 임금이 지방의 역량을 통제할 수 있다 하더라도 중앙 권력은 너무 강해도 또한 너무 약해도 적당치 않다.

좋은 일을 따를 때는 흐르는 물과 같고 올바른 의견을 따를 때는 올바르고 엄숙하라

076

從善如流[1], 下善齊肅[2], 不藏賄, 不從欲,
종 선 여 류[1], 하 선 제 숙[2], 부 장 회, 부 종 욕,

施舍不倦, 求善不厭[3], 是以有國, 不亦宜乎?
시 사 불 권, 구 선 불 염[3], 시 이 유 국, 불 역 의 호?

—소공 13년

1 如流(여류): 흐르는 물과 같다.
2 齊肅(제숙): 정제되고 엄숙하며 공경함을 가리킨다.
3 不厭(불염): 만족하지 않는다.

▶ 좋고 올바른 의견을 따르는 것은 흐르는 물이 떨어지듯 신속하고 자연스럽다. 올바른 상황에 대한 태도는 엄숙하고 공경스럽다. 가져서는 안 되는 재물은 탐내지 않고. 멋대로 사사로이 욕심을 부리지 않으며, 다른 사람에게 베풀 때 피곤함을 모르고. 좋은 일을 할 때는 만족할 줄을 모른다. 이러한 연유로 나라를 얻는 것은 마땅한 일이 아닌가?

초나라의 공자 기질과 조오(朝吳) 등은 포악한 초영왕이 수도에 없을 때 진(陳), 채, 불갱(不羹), 허, 섭(葉) 지방의 군대를 거느리고 함께 수도를 공격했다. 기질은 사람을 보내 먼저 초영왕의 두 아들을 죽이고 자건(子乾)을 초왕으로 세웠다. 조오 등은 답답해하며 기질에게 물었다.

"그대는 왜 자건에게 왕을 양보하신 겁니까?"

기질이 답했다.

"초영왕이 아직 죽지 않았는데 이 왕위가 안정적이겠는가? 잠시 자건에게 자리를 양보한 것이다."

기질이 자건을 초나라로 불러들일 때 진(晉)나라의 한선자가 숙향에게 물었다.

"이번에 자건이 순조롭게 임금 자리에 오를 것이라고 생각하십니까?"

숙향이 답했다.

"어렵습니다. 국가를 얻는 데는 다섯 가지 어려운 점이 있는데 자건은 모두 해당됩니다."

다섯 가지 어려움이란 다음과 같다.

첫째, 보좌해줄 현명한 사람이 없다. 둘째, 내부에서 대응할 역량이 없다. 셋째, 모략이 없다. 넷째, 백성의 추대가 없다. 다섯째, 덕행이 없다.

숙향은 같은 방식으로 외국에서 유랑하던 제환공과 진문공을 예로 들며 그들이 좋은 일을 따를 때는 흐르는 물과 같고 올바른 의견을 따를 때는 올바르고 엄숙했다고 보았다. 반면 자건은 민심을 얻지 못했고 제환공처럼 인재를 중용하지도 정확한 의견을 따르지도 않았다. 그가 진(晉)나라를 떠날 때 누구도 아쉬워하지 않았으며, 초나라에 돌아왔을 때 아무도 영접하지 않았다. 그러니 어찌 한 국가를 얻을 수 있겠는가? 과연 오래지 않아 기질은 계략을 써서 자건을 협박해 죽이고 스스로 임금이 되었으니 그가 바로 초평왕이다.

역사를 사로잡은 명문장

● 『좌전』 「성공 8년」에도 '종선여류(從善如流)'라는 말이 나온다.

　　성공 6년 가을, 초나라가 정나라를 공격하자 정나라와 맹약을 맺은 진(晉)나라는 구원하러 가면서 기회를 틈타 인근의 채나라를 공격했다. 초나라는 이 소식을 듣자마자 군대를 동원해 채나라를 도울 준비를 했고 진나라군의 주장 난서(欒書)도 초나라로 진군하려 했다. 그때 지장자(知莊子), 범문자, 한선자가 말했다.

　　"안 됩니다. 우리는 정나라를 구하러 온 것입니다. 초나라 군대가 우리를 떠났는데 우리가 여기 채나라에 온 것은 옮겨와서 살육하는 것입니다(不可, 吾來救鄭, 楚師去我, 吾遂至於此, 是遷戮也)."

　　진나라 군대는 본래 정나라를 구원하러 온 것인데, 초나라 군대가 철병해 정나라의 위기가 사라진 후 오히려 채나라를 공격했으니 이는 살육의 상황을 채나라로 옮긴 셈이다. 또한 채나라를 공격하는 것은 초나라를 자극하는 일로 이로 인해 진나라와 초나라가 다투면 반드시 이긴다는 보장이 없었고 설령 이길지라도 영광스러운 일은 아니었다. 그들이 군대를 물리기를 바라자 난서는 바로 철군을 결정했다.

『좌전』은 이 일을 다음과 같이 표현했다.

"좋은 일을 따르는 것이 물 흐르는 것과 같으니 마땅하도다!(從善如流, 宜哉!)"

부하가 제출한 좋은 의견을 받아들인 난서의 태도는 마땅한 처사다.

공로가 있는 일은 위로하고 표창하며
문장으로 기록해 후대가 잊지 않게 하라

077

籍談¹不能對, 賓出, 王曰: "籍父其無後乎!
적 담¹ 불 능 대, 빈 출, 왕 왈 : " 적 보 기 무 후 호 !

數典²而忘其祖."
수 전² 이 망 기 조 ."

—소공 15년

---

1 籍談(적담):그의 고조 孫伯黶(손백염)은 진(晉)나라의 전적(典籍)을 관리해 국가의 큰
   일을 담당하는 일을 맡았다. 따라서 적씨(籍氏)라 했다.
2 典(전):전고, 역사(歷史)

▶ 적담(籍談)은 대답할 수 없었다. 빈객이 모두 나간 뒤 주천자가 말했다. "적부(籍父)에게는 아마 후손이 없을 것입니다. 여러 차례 전고(典故)를 얘기했지만 그 조상은 잊었나 봅니다."

노소공 15년, 진(晉)나라의 적담은 부사 신분으로 주나라 목후(穆后)의 장례식에 참석했다. 식이 끝난 뒤 주경왕(周景王)은 잔치를 열어 진나라 사절을 환대했다. 연회 중에 쓴 술병은 노나라에서 바친 것이었다. 진나라는 왜 예기(禮器)를 바치지 않는지 묻자 적담이 말했다.

"제후가 봉지를 받을 때는 왕실이 주는 이름난 그릇을 받고, 그들은 이기(彝器: 종묘에서 사용하는 제사용 그릇의 통칭)를 천자인 그대에게 바칩니다. 그렇지만 진나라는 깊은 산속에 있고 왕실과 거리가 멀어 주천자는 일찍이 우리에게 아무것도 주지 않았습니다. 또한 융적이 이웃하고 있어 우리는 융적을 복종시키는 일만 해도 틈이 없는데 어떻게 이기를 바치겠습니까?"

주경왕이 부끄러워하다 화를 내며 적담을 매섭게 꾸짖었다.

"숙부, 그대는 잊으셨군요. 당숙은 성왕의 친형제인데 아무 상도 내리지 않았겠습니까? 기록에 근거하면 왕실에서는 진나라에 세 차례 보물을 상으로 내렸습니다."

주경왕은 역사적 사실을 세세히 헤아린 뒤 다음과 같이 평했다.

"공로가 있는 일은 이기로 위로하고, 화려한 수레와 복식과 깃발로 표창하며, 문장으로 기록해 후대가 그 내용을 잊지 않게 해야 비로소 '복(福)'이라 할 수 있습니다. 만약 그 복을 잘 기록하지 않았다면 숙부이신 적담 그대의 마음은 어디로 가고 있는 것입니까?"

주경왕이 엄하게 말하자 적담은 대답하지 못했다. 손님들이 모두 나간 후 여전히 화가 난 주경왕은 심지어 이렇게 말했다.

"적부(籍父)에게는 아마 후손이 없을 것입니다. 여러 차례 전고를 얘기했지만 그 조상은 잊었나 봅니다."

이 말은 이후 고사성어 '수전망조(數典忘祖)'가 되었고 이는 사람이 근본을 잊었음을 의미한다.

역사를 사로잡은 명문장

● 적담은 정말로 주경왕이 말한 것처럼 조상의 가르침을 잊었던 것일까? 『좌전』은 이 일에 대한 진(晉)나라의 대부 숙향의 평가를 기록했다.

적담이 진나라에 돌아와 이 일을 숙향에게 보고하자 숙향이 말했다.

"주천자는 좋게 끝마치지 못할 것 같구나!"

더불어 말했다.

"주경왕은 같은 해에 왕후와 태자가 죽었으니 이치상 삼년상을 두 번 치러야 하는데, 조문하러 온 빈객과 술을 마시고 놀면서 이기를 바치라고 하니 이는 진실로 걱정 근심해야 할 때 즐기고 논 것이다."

주천자가 이치상 마땅히 슬퍼해야 하는 때에 빈객과 술을 마시며 즐겼으니 이는 예의에 맞지 않는다는 얘기다. 더욱이 적담에게 이기를 요구하기까지 했다. 이기는 공훈을 칭찬하는 등 즐거울 때 쓰이는 기구로 어찌 슬퍼하는 예의를 하는 때에 쓸 수 있겠는가? 숙향은 주경왕에 대해 다음과 같이 말했다.

"법도를 잊고 말을 많이 하고 전고를 들었으니 장차 어디에 쓸 것인가?"

말은 전고를 드러내기 위한 것이고, 전고는 경전의 규범을 기재하기 위해 사용한다. 이러한 경전 규범을 잊고 말을 많이 했고 어지럽게 전고를 들었으니 무슨 용도가 있겠는가? 더욱이 예는 천자가 받들어야 하는 중요한 규범이다. 결국 숙향의 평론에서 수전망조하는 사람은 적담이 아니라 상중에 연회를 베풀고 제후에게 이기를 바치라고 하는 주경왕임을 알 수 있다.

큰 나라가 만약 무례한 요구를 한다면
마땅히 그들을 꾸짖어야 한다

078

夫大國之人令於小國, 而皆獲其求,
부 대 국 지 인 령 어 소 국 , 이 개 획 기 구 ,

將何以給之? 一共一否, 爲罪滋大.
장 하 이 급 지 ? 일 공 일 부 , 위 죄 자 대 .

大國之求, 無禮以斥之, 何饜¹之有?
대 국 지 구 , 무 례 이 척 지 , 하 염¹ 지 유 ?

—소공 16년

---

1 饜(염): 만족하다.

▶ 큰 나라에 있는 사람이 작은 나라에 명령하면 작은 나라는 큰 나라의 요구를 반드시 들어주려 한다. 그 이후에는 어떤 것을 큰 나라에 줄 수 있겠는가? 한 번은 주고 한 번은 주지 못하면 큰 나라에게 얻는 죄는 크지 않겠는가? 큰 나라가 만약 무례한 요구를 한다면 곧바로 그들을 꾸짖어야 한다. 그렇지 않으면 어찌 하루라도 만족시킬 수 있겠는가?

진(晉)나라의 한기가 정나라를 방문했다. 한기는 옥 반지 한 쪽을 갖고 있었는데 나머지 한 쪽은 정나라 상인의 손에 있었다. 그가 정정공(鄭定公)에게 나머지 한쪽을 요구했지만 집정대신 자산은 그것이 공공의 물건이 아니라서 줄 수 없다고 했다. 대부 자대숙(子大叔)은 만약 한기에게 죄를 지으면 이는 진나라에 죄를 짓는 것과 같아 그 보복이 클 것을 걱정해 자산에게 말했다.

"한기는 단지 옥 반지 하나만 요구할 뿐이니 그에게 줍시다."

자산이 답했다.

"일부러 그들의 화를 돋우려고 그러는 것이 아닙니다. 반대로 저는 그들과 좋은 관계를 유지하기 위해 그에게 줄 수 없습니다."

자산은 큰 나라의 요구를 예의에 따라 거절하지 못하면 큰 나라는 끊임없이 욕심을 부릴 것이라고 생각했다. 이것이 반복되면 정나라는 진나라의 일개 도시일 뿐 독립적인 나라라고 할 수 없을 것이다. 나아가 그는 다음과 같이 설명했다.

"한기가 명을 받들어 정나라를 방문하면서 옥 반지를 요구하는 것은 개인적인 욕심을 드러낸 것입니다. 반지 한 쪽을 주면 정나라는 국가의 지위를 잃고 한기는 욕심 많은 사람으로 변할 것이니 이는 현명한 행동이 아닙니다."

이후 한기가 상인에게 억지로 구입하자 상인은 그 불공평함에 화를 내다가 자산에게 알렸다. 한기는 자산에게 융통성 있게 굴라고 부탁했지만 자산은 이렇게 말했다.

"그대는 우호적인 태도로 정나라에 와서 우리 보고 상인의 물건을 강탈해달라고 하십니까? 옥을 얻으면 제후의 맹우를 잃을 것입니다. 그대가 그렇게 하지 않았으면 합니다."

한기는 이 말을 듣고 옥 반지를 돌려주었다.

나라와 나라 사이뿐 아니라 모든 일에서 멋대로 주고받는 것에 응하면 안 된다. 제멋대로 놔두는 것은 다른 사람의 욕구를 무한으로 늘리게 하므로 신중해야 한다.

역사를 사로잡은 명문장

● 자산은 작은 나라 신하지만 행동과 말에서 나라의 주권과 독립을 지키려고 했다. 이는 충분히 존경받을 만한 태도다. 반면 송나라의 상술은 다음과 같이 말했다.

"큰 나라가 명령하면 작은 나라는 공손히 받드니 나는 공손히 받드는 것만 알 뿐이다(大國令, 小國共, 吾知共而已)."

작은 나라는 동서고금 어디에든 존재한다. 『한서』 「서역전(西域傳)」은 실크로드 개통으로 나날이 번성하지만 한나라와 흉노(匈奴) 사이에 끼어 있어 여러 가지로 힘든 누란(樓蘭)을 묘사했다. 한무제가 장건(張騫)을 서역으로 보낸 이후 사신의 왕래가 빈번해지자 누란은 사신의 음식과 교통 등의 편의를 제공하느라 시달렸다. 그러자 그들은 한나라의 사신을 살해하고 흉노와 우호관계를 맺었다. 한무제는 크게 화를 내며 군대를 보내 누란왕을 포로로 잡았다.

한데 누란이 한나라에 항복하면 흉노가 그냥 넘어가지 않을 것이므로 누란왕은 아들 하나는 한나라에 인질로 보내고 또 다른 아들 하나는 흉노로 보냈다. 한나라 장군 이광리(李廣利)가 누란왕을 잡아 그가 흉노와 가까이하는 것을 책망할 때 누란왕은 어쩔 수 없이 답했다.

"작은 나라가 큰 나라 사이에 끼어 있을 때 양쪽 나라에 다 속하지 못하면 스스로 편안할 수 없습니다."

약소국가가 강대국 사이에 끼어 있을 때 양쪽에 다 속하지 못하면 안전을 얻기가 어렵다. 사실상 작은 나라의 비애는 두 나라 사이에 끼어 있다는 것보다 양쪽에 속해도 여전히 스스로 안전을 얻기가 어렵다는 데 있다. 누란왕의 태도를 보면 큰 나라가 요구하는 것을 다 들어주지 않은 자산의 태도가 현명하다는 것을 알 수 있다.

관대함으로 사나움을 완성하고
사나움으로 관대함을 완성한다

079

唯有德者能以寬[1]服民, 其次莫如猛.
유 유 덕 자 능 이 관[1]복 민, 기 차 막 여 맹.

夫火烈, 民望而畏之, 故鮮死焉; 水懦弱,
부 화 열, 민 망 이 외 지, 고 선 사 언; 수 나 약,

民狎[2]而翫[3]之, 則多死焉, 故寬難.
민 압[2]이 완[3]지, 즉 다 사 언, 고 관 난.

—소공 20년

1 寬(관): 관용, 관대함.
2 狎(압): 거만하고 경솔하다.
3 翫(완): '玩(완)'과 통하며 '희롱하다'의 뜻이다.

▶ 덕이 있는 사람만 관용적인 정책으로 백성을 복종시킬 수 있으며, 그다음으로는 엄격한 규정이 낫다. 맹렬한 불은 백성이 보고 겁을 먹기에 아주 적은 사람만 죽는다. 반면 물은 부드럽고 약하기에 백성이 경솔하게 물에서 놀다가 많이 죽는다. 따라서 관용적인 정책으로 백성을 다스리는 것은 매우 어려운 일이다.

정나라의 집정대신 자산의 병이 위독해지자 그는 계승자인 자대숙에게 말했다.

"덕이 있는 사람만 관용적인 정책으로 백성을 복종시킬 수 있으며 그다음으로는 엄격한 규정이 낫다(唯有德者能以寬服民, 其次莫如猛)."

몇 개월 후 자산은 세상을 떠났고 자대숙은 자산이 말한 대로 정치를 했지만 차마 엄격히 하지 못해 인자하게 관용을 베푸는 정책을 펼쳤다. 그러자 나라 안에 도둑이 들끓었고 그들은 갈대숲이나 둑 등에 모여 있다가 길 가는 사람의 재물을 털었다. 자대숙은 후회하면서 말했다.

"내가 자산의 말을 들었다면 이런 일은 없었을 것이다."

그가 군대를 이끌고 모여 있던 도둑들을 모두 죽이자 상황은 점점 좋아졌다. 공자가 이 일을 다음과 같이 평가했다.

"훌륭하도다! 정책이 관대하면 백성은 오만해지고, 오만해지면 사나운 형태로 모이고, 사나워지면 백성은 잔인해지고, 잔인해지면 관대함 때문에 잘못하게 된다. 관대함으로 사나움을 완성하고 사나움으로 관대함을 완성하니 정치는 이렇게 해야 조화롭다(善哉, 政寬則民慢, 慢則糾之以猛, 猛則民殘, 殘則失之以寬. 寬以濟猛, 猛以濟寬, 政是以和)."

정치를 담당한 사람이 관대하게 관리하면 백성은 오만불손해진다. 백성이 오만불손해지면 정치를 담당한 사람은 엄격한 태도로 바로잡고자 한다. 그러나 너무 엄격하면 백성이 잔인해지니 이때는 관용적인 태도로 조절해야 한다. 다시 말해 정책을 펼칠 때는 관용과 엄격함이 병존해야 하며 그래야 비로소 국가가 안정을 찾고 평화로 워진다.

역사를 사로잡은 명문장

● 자산과 동시대를 산 공자가 형벌이 필요 없다고 주장한 적은 없지만 그는 예의로 다스리는 것을 더욱 중요하게 생각했다. 그가 말했다.

"정령(政令)으로 이끌고 형벌로 다스리면 백성은 여기에서 빠져나와도 부끄러워하지 않는다. 덕으로 이끌고 예의로 다스리면 백성은 부끄러움과 올바름을 갖는다(道之以政, 齊之以刑, 民免而無恥. 道之以德, 齊之以禮, 有恥且格)."(『논어』 「위정」)

정치로 백성을 인도하고 형벌로 백성을 다스리면 백성은 형벌을 피해 겉으로는 법령에 복종해도 마음속으로 복종하지 않기 때문에 부끄러움을 느끼지 못한다. 이 때문에 공자는 도덕으로 백성을 이끌어야 한다고 주장한다. 그는 백성을 진정 선량하게 만드는 것은 예의와 도덕이라고 보았다.

순자의 관념은 공자와 달리 자산 쪽에 가까워 '덕이 주체가 되고 형벌이 이를 보충하는(德主刑輔)' 것과 달리 '예의가 주체가 되고 형벌이 이를 보충하는(禮主刑輔)' 형태다. 순자는 인간의 본성은 본래 악하므로 예의로 도덕에 대한 감정을 제고하고 형벌로 백성의 마음에 경계심이 생겨 잘못에 이르지 않도록 힘써야 한다고 보았다.

순자가 말했다.

"예의를 밝혀 그들을 교화하고 법을 일으켜 다스리며 형벌을 무겁게 해서 금지하면 천하의 사람들을 모두 잘 다스리고 선에 들어맞게 할 수 있다(明禮義以化之, 起法正以治之, 重刑罰以禁之, 使天下皆出於治, 合於善也)."(『순자』 「성악(性惡)」)

예의로 백성을 감화하고 형법으로 백성을 다스려 금지시키면 천하를 올바른 길로 인도할 수 있다는 의미다.

"형벌로 죄를 잘 헤아리면 다스려지고, 잘 헤아리지 못하면 어지러워진다(刑稱罪則治, 不稱罪則亂)."(『순자』「정론(正論)」)

형벌은 그만둘 수 없을 뿐 아니라 너무 관대해서도 안 되고 반드시 적절히 엄격해야 한다. 만약 형벌이 관대하면 백성은 두려워하는 바가 없어 나라가 크게 어지러워진다. 반대로 형벌이 적절하면 나라는 태평해진다. 순자의 관점은 자산의 관점과 호응한다. 그들은 모두 성인 혹은 덕이 있는 사람이 백성을 감화하는 것을 바랄 수 없다면 명확한 법령으로 백성을 제약하는 것이 낫다고 보았다.

백성의 근심이 임금의 신상에 미치면
임금은 오랫동안 그 자리에 있을 수 없다

080

子大叔聞之曰:"楚王將死矣,使民不安其土,
자 대 숙 문 지 왈 : "초 왕 장 사 의, 사 민 불 안 기 토,

民必憂,憂將及王,弗¹能久矣."
민 필 우, 우 장 급 왕, 불¹ 능 구 의."

—소공 25년

---

1 弗(불):불(不)과 같다.

▶ 자대숙이 듣고 말했다. "초평왕은 곧 죽을 것입니다. 그는 백성이 자신의 땅에서 편안하게 지내지 못하게 했으니 백성은 반드시 근심스러울 것입니다. 근심이 임금의 신상에 미치면 임금은 오랫동안 있을 수 없습니다."

내란 중에 임금의 자리에 오른 초평왕은 백성이 생산에 힘쓰도록 해서 그들이 점점 부유해지게 했고 관대한 법률을 채택해 옥에 갇혀 있던 여러 죄인을 풀어주었다. 더불어 당초 초영왕이 협박해 먼 곳으로 이사하게 한 사람들을 각자 고향으로 보내주었다. 그런데 시간이 흐르면서 초평왕은 점점 아첨하는 신하를 총애하고 충신을 죽이며 태자건(太子建)과 오자서 등을 압박해 다른 나라로 도망가게 했다. 그뿐 아니라 후기에는 끊임없이 새로운 성곽을 지어 백성에게 나쁜 영향을 끼쳤다.

초평왕은 "원사(薳射)에게 주굴(州屈)에 성을 짓게 해 가(茄) 지방 사람들을 옮겼다. 구황(丘皇)에 성을 지어서는 자(訾) 지방 사람들을 옮겼다. 웅상매(熊相禖)를 보내 소(巢) 지방에 외성(外城)을 짓고는 계연(季然)이 권(卷) 지방에 외성을 짓게 했다(薳射城州屈, 復茄人焉. 城丘皇, 遷訾人焉. 使熊相禖郭巢, 季然郭卷)."

그 뜻은 다음과 같다.

"초평왕은 원사에게 주굴 지방에 성을 지어 가 지방 사람들을 거기에서 살도록 했고, 구황 성을 짓고는 자 지방 사람들을 옮겼다. 웅상매에게 소 지방 성 밖에 외성을 짓게 했고 계연이 권 지방에 외성을 짓도록 했다."

이런 조치를 본 자대숙은 '안토식민(安土息民: 땅과 백성을 편안하게 한다)'의 관점에서 초평왕이 정책을 잘못해 백성의 마음을 얻지 못하고 있음을 추측했다. 초평왕의 이런 행동은 초나라에 심각한 후환을 남겼고 그가 나라를 다스린 13년간 초나라의 국력은 나날이 쇠락했다.

역사를 사로잡은 명문장

● 중국 고대 사회는 농업을 기반으로 했는데 하나의 식량을 거두기 위해 그들은 얼마나 많은 단계를 거쳐야 했을까? 흙을 갈아엎고, 씨앗을 뿌리고, 잡초를 제거하고, 물을 대고, 벌레를 없애고 만약 홍수나 가뭄 등의 재앙이 있으면 손실을 최소화하기 위한 모든 방법을 동원했다. 그렇게 고통스러운 몇 달이 지난 후 고생의 성과를 수확했다. 그렇기에 풀 한 포기, 나무 한 그루 그리고 집을 구성하는 기와 한 조각도 모두 조상이 남긴 흔적이자 자신의 성장 기록이다.

『한서』「원제기(元帝紀)」는 다음과 같이 말한다.

"땅을 편안해하고 옮기는 일에 신중한 것은 백성의 본성이다. 부모형제와 가까이에서 사는 것은 인정상 바라는 일이다(安土重遷, 黎民之性. 骨肉相附, 人情所願也)."

고향 땅에서 오랫동안 살며 여러 감정이 쌓인 백성은 쉽게 이사하려 하지 않는다. 또한 정이 많이 든 부모형제와 서로 의지하고 사는 것은 백성이 바라는 일이다.

가의는 「과진론(過秦論)」에서 말했다.

"그 지역을 편안하게 해서 백성을 다스리고 다른 나라들이 잘못되기를 기다렸다(安土息民, 以待其敝)."

이는 국경 내의 토지를 편안하게 해 거기에서 백성이 잘살게 하면서 다른 나라의 쇠락을 기다렸음을 말한다. 가의는 진(秦)나라가 '안토식민' 정책을 잘 유지했다면 진나라 임금이 통일을 이루고 오랫동안 백성을 다스리면서 태평성대를 누렸을 것으로 보았다. 가의의 논리는 틀리지 않았지만 안타깝게도 진나라는 여섯 나라를 통일한 후 '백성이 자신의 고향에서 편안하게 지내도록' 하지 못해 방대한 제국이 한순간에 물거품이 되었다.

현대에도 전통적인 '안토중천(安土重遷)'의 관념은 완전히 바뀌지 않았으니 집정자는 사람들을 대규모로 이동시킬 때 반드시 신중하게 고려해야 한다.

예는 하늘의 규범이고 땅의 법도이며
하늘과 땅 사이의 도리이자 사람들이
따라야 하는 행위 준칙이다

081

禮之可以爲國也久矣. 與天地並¹.
예 지 가 이 위 국 야 구 의. 여 천 지 병 ¹.

君令. 臣共. 父慈. 子孝. 兄愛. 弟敬.
군 령. 신 공. 부 자. 자 효. 형 애. 제 경.

夫柔. 妻和. 姑²慈. 婦聽³ 禮也.
부 유. 처 화. 고 ² 자. 부 청 ³. 예 야.

―소공 26년

---

1 與天地並(여천지병): 예의 도리는 천지와 함께 나란히 생겼다.

2 姑(고): 시어머니

3 婦聽(식청): 며느리는 잘 따른다.

▶ 예로 나라를 다스리는 도리는 오래된 것으로 천지와 함께 나란히 생겼다. 임금이 명령을 내리면 신하는 공손히 따르고, 부모님이 자애로우면 자식들은 효성스럽게 섬기며, 형이 우애롭게 굴면 동생은 공손히 모시고, 남편이 부드럽게 나오면 부인도 부드럽게 따르며, 시어머니가 자상하게 대하면 며느리는 잘 따르니 이는 모두 예의의 도리에 맞는다.

제경공이 어느 날 갑자기 느끼는 바가 있어 말했다.

"이처럼 멋진 궁전은 이후 누가 갖게 될까요?"

안영이 듣고 제경공의 의견을 되묻자 제경공이 말했다.

"아마 덕이 있는 사람일 것입니다."

안영이 답했다.

"임금께서 말씀하신 것에 비춰보면 진씨일 것입니다. 진씨는 백성에게 베풀 줄 알기에 백성의 마음이 모두 그에게 향해 있습니다. 만약 그대의 후손이 조금이라도 게을러진다면 진씨가 이 나라를 가질 것입니다."

긴장한 제경공이 안영에게 해결방법을 물었다. 안영은 이 기회를 틈타 '예치(禮治)'의 개념을 제시했다. 나아가 왜 '예의로 나라를 다스리는 도리가 오래되어 천지와 나란한지' 그 이치를 설명했다. 안영이 생각하는 예는 사람 간의 도덕과 준칙이다. 사람들 각자는 다른 상황에 있고 신분 또한 다르기에 어느 때는 아버지가 되었다가 또 어느 때는 부하, 아들, 형제, 부부, 고부간이 된다. 각각의 역할에는 모두 다른 실천 규칙이 있어서 각자 하는 예의에 맞춰 사람들 사이의 관계가 화목해지고 사회질서가 유지되도록 한다.

계층성(階層性)이 있는 인간 사이의 관계는 태어나면서부터 만들어지는 것으로 예를 들면 부자와 형제가 있다. 따라서 인륜의 질서를 유지하는 예의도 자연적으로 만들어진 것이다. 이 때문에 안영이 말했다.

"선왕이 천지로부터 받은 것으로 백성을 다스렸으니 선왕은 그것을 가장 중요한 것으로 둔다(先王所稟於天地, 以爲民也, 是以先王上之)."

이것은 이전 왕들이 천지의 예를 계승해 백성을 보호하고 다스렸으니 선왕은 예의를 숭상한다는 의미다.

역사를 사로잡은 명문장

- 주경왕(周景王)이 죽었을 때 종법에 따르면 정부인이 낳은 세자 희경(姬敬)이 왕위를 이어야 한다. 그런데 주경왕은 생전에 정부인이 낳지 않은 장자인 희조(姬朝)를 세자로 세웠다. 이로 인해 주 왕실에 격렬한 왕위 쟁탈전이 벌어졌고 진경공은 제후국의 대표를 소집해 어떻게 할 것인지 논의했다. 노소공 25년, 회의 중 진(晉)나라의 조앙(趙鞅)이 정나라의 자대숙에게 무엇이 '예'인지 물었다. 자대숙은 자산의 말을 인용해 말했다.

  "예란 하늘의 큰 법도이고 땅의 뜻이며 백성이 행동하는 것이다(夫禮, 天之經也, 地之義也, 民之行也)."

  예는 하늘의 규범이고 땅의 법도이자 하늘과 땅 사이의 도리이며 동시에 사람들이 따라야 하는 행위 준칙이라는 의미다. 조앙은 이 대답에 만족스러워했고 더불어 그가 죽을 때까지 지켜야 할 원칙이라고 말했다. 다른 대표들 또한 이를 듣고 동의했다. 연이어 조앙은 각국의 대표가 경왕(敬王)을 지지할 것을 주장했고 끝내 진나라의 대부가 제후의 군대를 이끌어 경왕이 왕위 쟁탈전을 평정하도록 도왔다.

  『순자』 「예론(禮論)」은 '예의 세 가지 근본(禮之三本)'을 다음과 같이 확립했다.

  "천지는 삶의 근본이다. 조상은 무리의 근본이다. 임금은 통치의 근본이다. 따라서 예의는 위로는 하늘을 받들고 아래로는 땅을 받들며, 조상을 존중하면서 임금을 대접하는데, 이것이 예의 세 가지 근본이다 (天地者, 生之本也 ; 先祖者, 類之本也 ; 君師者, 治之本也. 故禮, 上事天,下事地 ; 尊先祖而隆君師, 是禮之三本也)."

공자나 맹자(孟子)와 달리 순자는 『좌전』에서의 '예주형보(禮主刑輔: 예의가 주고 형벌이 보조다)' 관념을 융합해 예에 더 많은 의미를 부여하고 법을 내포하는 개념을 확대해 예와 법을 대립적인 관계에서 상호보완의 관계로 바꿨다. 이로써 '법'과 순자의 '예'는 모두 개인 수양의 준칙이 되어 유학(儒學)의 범주를 확대했다.

인재를 발탁할 때는 좋은 사람으로 하되 친하고 친하지 않고에 좌우되어서는 안 된다

082

昔武王克商, 光有天下, 其兄弟之國者十有五人,
석 무 왕 극 상 . 광 유 천 하 . 기 형 제 지 국 자 십 유 오 인 .

姬姓[1]之國者四十人, 皆舉親也. 夫舉[2]無他,
희 성 [1] 지 국 자 사 십 인 . 개 거 친 야 . 부 거 [2] 무 타 .

唯善所在, 親疏一也[3].
유 선 소 재 . 친 소 일 야 [3] .

—소공 28년

---

1 姬姓(희성): 전하는 말로는 황제가 희수(姬水)에 거주하였기에 '희'를 성으로 삼았다.
    황제의 적자 후예가 희성이고 여기서 파생한 성씨는 주(周), 관(管), 채(蔡), 고(古), 풍(馮),
    모(毛), 온(溫), 곽(郭), 왕(王) 등이다.
2 舉(거): 발탁하다. 뽑다.
3 親疏一也(친소일야): 친밀하거나 소원하거나 모두 매한가지다.

▶ 이전에 무왕이 상(商)나라를 이긴 후 그는 천하를 나눠 모두 열다섯 명의 형제에게 봉국을 나눠주었는데, 이때 희(姬) 성으로 봉국을 가진 사람은 마흔 명이었다. 그는 자신의 친척 중에서 발탁했기에 기용하는 데 다른 방식은 없었고, 좋은 사람으로 하되 친하고 소원하고는 매한가지였다.

진(晉)나라의 한선자가 세상을 뜨고 집권한 위헌자(魏獻子)는 기(祁)씨의 토지를 일곱 개의 현(縣)으로 나누고, 양설(羊舌)씨의 토지를 세 개의 현으로 나눴다. 이 열 개의 현을 봉(封)할 때 위헌자는 가신(賈辛)과 사마오(司馬烏)는 일찍이 주 왕실을 위해 힘쓴 적이 있고 서오(徐吾), 조조(趙朝), 한고(韓固), 위무(魏戊)는 비록 적장자가 아니지만 자기 직분을 다하는 데 힘썼기에 그들을 발탁했다. 나머지 네 명은 능력 면에서 여러 사람이 긍정적으로 받아들이는 사람으로 발탁했다.

위무는 위헌자의 서자였기 때문에 위헌자는 다른 사람들이 그에 대한 분배에 어떤 불만이 있을지 걱정했다. 그는 성전(成鱄)에게 물었다.

"저는 현 하나를 위무에게 주려고 합니다. 다른 사람들이 혹시 같은 집안사람이라 일부러 편든 거라고 하지는 않을까요?"

성전이 말했다.

"어떻게 그러겠습니까? 위무의 사람됨은 어디서든 임금을 잊지 않고 또한 동료를 핍박하지 않으면서 이익을 볼 때도 예의를 생각합니다. 가난할 때도 자신의 성품을 지키고 항상 조심해서 지나친 일을 하지 않습니다. 이런 사람에게 왜 현 하나를 줄 수 없단 말입니까?"

이어 성전은 무왕이 여러 아들을 나눠 봉한 상황을 예로 들며 추천해서 기용하는 방법은 별다른 것이 아니며 친하고 소원한 것을 보지 않고 단지 우수한 인재를 발탁하는 것뿐이라고 설명했다. 위헌자의 처리는 합당할 뿐 아니라 문덕에 접근해 사회 풍속에 좋은 영향을 줄 것으로 여겨졌다.

『좌전』도 공자가 이 일을 평가한 것을 기록했다.

"가까운 사람 사이에서는 친척으로 실수하지 않고, 멀리 있는 사람 사이에서는 기용하는 데 실수하지 않았으니 의롭다고 할 수 있다(近不失親, 遠不失擧, 可謂義也)."

위헌자가 추천한 인재는 매우 적절해 친족 사이에서 실수하지 않았고 또 추천할 만한 사람 사이에서도 실수하지 않았으니 이를 통해 현명한 인재를 중시하고 인재가 정치에 참여할 기회를 더 많이 주었다.

역사를 사로잡은 명문장

● 『세설신어』 「언어(言語)」에 기록된 내용에 따르면 원랑(袁閬)은 영천(潁川) 출신인 순자명(荀慈明)을 만났을 때 영천에 어떤 이름난 선비가 있는지 물었다. 자명은 자신의 몇몇 형의 이름을 들었다. 원랑은 듣고 나서 비웃음을 멈추지 않았다.

"혹시 그대의 친척이라서 이름난 선비라 하신 겁니까?"

자명이 답했다.

"이전에 기해가 은퇴할 때 후계자를 추천하면서 단지 그 일에 적합한 사람인지만 보았지 그 사람의 아들인지 아니면 원수인지는 살피지 않았습니다.● 많은 사람이 그가 매우 공정하다고 보았지요. 주공이 「문왕(文王)」 시(詩)를 지을 때 요순의 공덕을 언급하지 않고 문왕과 무왕의 풍부하고 위대한 공적을 찬미했는데, 이 또한 그가 자신의 친족을 아껴서였습니다. 친족을 아끼지 않고 외부 사람을 아끼는 것은 오

● 본서 53편 참조

히려 도덕을 해치는 일이 아닙니까?"

　순자명은 교묘하게도 먼저 '기용하는 데 다른 방식은 없다. 친하고 소원하고는 매
한가지다(夫擧無他, 親疏一也)'라는 점으로 원랑에게 잽을 한 번 날린 후, 주공이 자
신의 친족을 아낀 점을 예로 들어 원랑이 할 말이 없게 만들었다.

소인의 생각으로
군자의 마음을 헤아린다

083

中置自咎曰: 豈將軍食之, 而有不足, 是以再嘆.
중 치 자 구 왈 : 기 장 군 식 지 , 이 유 부 족 , 시 이 재 탄 .

及饋[1]之畢, 願以小人之腹,
급 궤[1] 지 필 , 원 이 소 인 지 복 ,

爲君子之心, 屬厭而已[2].
위 군 자 지 심 , 속 염 이 이[2] .

—소공 28년

---

1 饋(궤) : 음식, 먹을 것
2 屬厭而已(속염이이) : 단지 먹는 것에 대한 만족을 위해서다.

▶ 반 정도 먹었을 때 스스로를 꾸짖었습니다. 장군께서 먹으라고 청한 밥인데, 먹을 만하겠지? 다시 한 번 한탄을 합니다. 음식이 모두 갖춰지면 우리는 소인의 배를 군자의 마음으로 삼고자 했으니 먹을것에 만족하기만 바랐을 뿐입니다.

위무가 경양(梗陽) 사람의 소송 일을 위헌자에게 올렸을 때 소송에 참가한 한쪽이 여성과 음악을 위헌자에게 뇌물로 보냈고 위헌자는 그것을 받으려 했다. 위무가 걱정스러워서 위헌자의 종속 대부인 염몰(閻沒)과 여관(女寬)에게 알렸다.

"위헌자는 뇌물을 받지 않는 것으로 제후들 사이에 명성이 높다. 이 상황에 대해 그대들 두 명은 반드시 가서 정중하게 권고하라."

염몰과 여관은 위헌자가 조정에서 퇴근하기를 기다렸고, 종이 밥을 내오자 위헌자는 두 사람에게 함께 먹자고 했다. 식사 중에 염몰과 여관은 내내 탄식했고 위헌자는 궁금해하면서 물었다.

"밥을 먹을 때는 근심 걱정을 잊어야 하는데 왜 그대들은 탄식을 그치지 않는가?"

두 사람은 이구동성으로 말했다.

"어떤 사람이 저희 두 사람에게 술을 주었습니다. 그 때문에 어제 저녁을 먹지 않았고 식사가 나왔을 때 우리는 양이 충분치 않을까 걱정스러워 한숨을 쉬었습니다. 반 정도 먹고 나서는 부족할 리 없다는 것을 알고 또한 탄식했습니다."

염몰과 여관은 마지막으로 말했다.

"소인의 배를 가지고 군자의 마음으로 삼고자 했으니 만족하기만 생각했을 뿐입니다(願以小人之腹爲君子之心, 屬厭而已)."

이 말은 다음과 같은 뜻이다.

"우리는 이미 가득 찬 배를 예로 들어 그대의 욕망 또한 만족함을 알기를 기대한 것입니다."

위헌자는 그들의 뜻을 알아듣고 곧바로 경양 사람이 뇌물로 보낸 여자와 악공을 사양했다.

역사를 사로잡은 명문장

● "소인의 배를 가지고 군자의 마음으로 삼고자 한다(願以小人之腹, 爲君子之心)"는 표현은 '소인의 마음으로 군자의 배를 헤아린다(以小人之心, 度君子之腹)'는 형태로 바뀌어 계속 사용해왔다. 즉, '심(心)'과 '복(腹)' 두 글자가 서로 바뀌고 동사가 '度(탁, 헤아리다)'으로 바뀌었다. 전자는 신하가 이미 배부른 자신의 배를 예로 들어 임금의 욕망도 만족할 때가 있음을 바란다는 뜻이고, 후자는 소인이 좁은 소견으로 군자의 넓은 마음을 헤아리는 것에 비유할 때 사용한다.

우리는 『세설신어』「아량(雅量)」에서 그 전환 과정을 볼 수 있다.

다른 사람을 모함에 빠뜨리기 좋아하는 유경손(劉慶孫)이라는 사람이 있었는데 유자숭(庾子嵩)은 그런 상황을 무시했고 유경손이 훼방을 놓을 만한 일도 없었다. 유자숭이 검소하지만 집안이 부유하다는 것을 알고 있던 유경손은 태부를 꼬드겨 그에게 돈을 빌리라고 했다. 유자숭이 태부를 거절하면 그 틈을 파고들 계획이었던 것이다.

어느 날 태부가 여러 사람 앞에서 유자숭에게 돈을 빌려달라고 했다. 유자숭은 당시 술에 취해 있었지만 당황하지 않고 답했다.

"저희 집에 돈이 2~3천만이 있습니다. 언제라도 와서 가져가십시오."

유경손은 할 말이 없었다. 이후 어떤 사람이 유자숭에게 이 일의 전말을 알려주자 유자숭이 말했다.

"소인의 생각으로 군자의 마음을 헤아리려 한 것이겠죠(可謂以小人之慮, 度君子之心)."

이것이 우리가 요즘 자주 말하는 '이소인지심, 탁군자지복(以小人之心, 度君子之腹)'의 전신(前身)이 아닐까 한다.

관리가 본분을 다하지 않으면
영물은 정체되어 자라지 않는다

084

夫物, 物有其官, 官修其方¹, 朝夕思之.
부 물, 물 유 기 관, 관 수 기 방 ¹, 조 석 사 지.

一日失職, 則死及之. 失官不食.
일 일 실 직, 칙 사 급 지. 실 관 불 식.

官宿其業, 其物乃至.
관 숙 기 업, 기 물 내 지.

若泯棄之, 物乃抵²伏, 鬱湮不育³.
약 민 기 지, 물 내 지 ² 복, 울 인 불 육 ³.

— 소공 29년

---

1 官修其方(관수기방): 관원은 관리 방법을 끊임없이 갈고닦는다.

2 坻(지): 그치다.

3 鬱湮不育(울인불육): 정체되어 자라지 않는다.

▶ 무릇 세상 사물에는 모두 그것을 관리하는 관리가 있다. 관리는 매일 아침저녁으로 그 사물의 관리 방법을 끊임없이 생각하고 조정한다. 일단 직위를 잃으면 바로 생명을 잃을 수 있다. 관직을 잃으면 당연히 공공단체의 월급도 사라진다. 관리가 자신의 일을 열심히 하면 비로소 용 같은 영물(靈物)이 올 수 있다. 만약 저버리면 영물은 정체되어 다시는 자라지 않는다.

진경공 13년 가을 전해지는 말에 따르면 진(晉)나라 도성 외곽에 용이 출현했다. 집정대신 위헌자는 사관 채묵(蔡墨)에게 물었다.

"제가 듣기로 용은 모든 동물 중에서 가장 지혜롭다고 합니다. 용은 사람에게 잡히지 않기 때문이라고 하던데 정말로 그렇습니까?"

채묵이 답했다.

"사실은 사람에게 지혜가 없는 것이지 용이 지혜로운 것은 아닙니다. 옛날에 환룡씨(豢龍氏)와 어룡씨(御龍氏)가 용을 기르는 책임을 맡았는데 그들은 용이 좋아하는 것을 먹일 줄 알았습니다. 그래서 용도 그들 주변에 모여 있길 좋아했습니다. 제요(帝舜)시대에는 대대로 용을 기르는 사람이 있었습니다. 하나라의 공갑(孔甲)은 천제에게 순종했고 천제는 수레를 끄는 용까지 선물했습니다."

위헌자는 호기심이 일어 다시 질문했다.

"왜 지금은 용이 없습니까?"

채묵은 '사물에는 그에 해당하는 관리가 있다(物有其官)'는 도리를 지적하면서 만약 관리가 본분을 다하지 않으면 영물은 정체되어 자라지 않는다고 설명했다. 예를 들어 오행(五行)에는 오관(五官)이 있다. 용은 물에서 자라는 동물인데 수관(水官)이 폐기되어 다시는 살아 있는 용을 잡을 수 없었다. 또한 채묵은 『주역(周易)』 「건괘(乾卦)」의 "가라앉아 있는 용은 쓰지 못한다(潛龍勿用)", "용이 밭에 나타났다(見龍在田)", "용이 하늘을 난다(飛龍在天)", "높이 날고 있는 용은 후회한다(亢龍有悔)" 등을 예로 들며 당시에 진짜 용이 없었다면 사람들이 어떻게 이런 묘사를 남겼겠느냐고 말했다.

위헌자가 진나라의 집정대신을 맡았을 때 진나라의 정치는 이미 쇠퇴기로 접어들었다. 사실 채묵은 "관리가 자기 일을 열심히 하면 그 사물은 나타난다. 만약 그렇지 않으면 그 사물은 정체되어 자라지 않는다(官宿其業, 其物乃至. 若泯棄之, 物乃坻伏, 鬱湮不育)"는 말로 은근히 당시의 정세를 지적한 것이다.

역사를 사로잡은 명문장

● 채묵은 용이 나타나는 것으로 어떻게 국가와 사직을 보호해야 하는지 설명했다. 즉, 관리가 자기 직분을 다하면 부국강병이 될 수 있다고 말했다. 그는 『주역』의 효사(爻辭)에 비유하며 위헌자가 자기 직분에 최선을 다하고 재능을 펼쳐 강력하게 개혁한 뒤 물러나야 할 때는 아쉬워하지 말고 물러날 것을 간언했다. 그중 '사물에는 그에 해당하는 관리가 있다(物有其官)'고 하는 것은 춘추시대에 '사물(物)'을 중요시해 그것을 전문적으로 담당하는 관직이 있었음을 보여준다.

『상서』 「요전」에서 말했다.

"희(羲)와 화(和)에게 명령하니 하늘을 공손하게 따라 해와 달, 별의 모습을 기록하고 사람들이 일해야 하는 때를 만들도록 하라(乃命羲, 和, 欽若昊天, 曆象日月星辰, 敬授人時)."

요제(堯帝)는 희씨와 화씨에게 하늘의 해와 달, 별의 운행을 관측해 역법을 제정하라고 명령하고 더불어 백성이 하늘의 때를 이용하도록 신중하게 백성을 인도할 것을 요구했다. 전하는 말에 따르면 희씨와 화씨는 황제 때부터 대대로 천문과 역법을 관장해 지위가 높고 자신들의 봉읍이 있었다.

그런데 『상서』 「윤정(胤征)」의 기록에 따르면 희씨와 화씨 두 집안은 하나라 태강(太康) 이후 술에 빠져 자기 임무를 게을리했고 그 탓에 역법이 혼란해지면서 백성이 일해야 할 때를 놓쳤다. 태강의 동생 중강(仲康)은 즉위한 후 윤(胤)나라의 임금을 희씨와 화씨의 봉읍으로 보내 토벌했다. 당시 '때를 앞서는 사람은 용서 없이 죽이고, 때에 미치지 못하는 사람도 용서 없이 죽인다(先時者殺無赦, 不及時者殺無赦)'. 즉, 역법을 수정하는 사람이 때의 순서와 계절에 맞는 명령의 앞뒤 차이를 어기면 그 죄는 용서받지 못한다는 법률로 역법을 담당하는 사람을 죽였다. 또한 희씨와 화씨의 다른 가족에게 알리길 과거 희씨, 화씨와 달리 오염된 악습을 버리고 스스로 새로워진다면 이전의 모든 과오를 묻지 않겠다고 했다.

희씨와 화씨의 예는 『좌전』에서 채묵이 말한 "관직을 잃으면 죽음에 이른다(一旦失職, 則死及之)"는 두려운 결과에 딱 들어맞는다.

예에 따른 인간관계는 존경과 양보를 바탕으로 한다

085

禮也者, 小事大, 大字[1]小之謂. 事大在共其時命,

에 야 자, 소 사 대, 대 자[1] 소 지 위. 사 대 재 공 기 시 명,

字小在恤[2]其所無. 以敝邑居大國之間,

자 소 재 휼[2] 기 소 무. 이 폐 읍 거 대 국 지 간,

共其職貢, 與其備御不虞之患, 豈忘共命?

공 기 직 공, 여 기 비 어 불 우 지 환, 기 망 공 명?

—소공 30년

---

1 字(자): 정성껏 기르다.
2 恤(휼): 불쌍하게 여기고 자상하게 돌보다.

▶ 예란 작은 나라는 큰 나라를 받들고 큰 나라는 작은 나라를 보살펴주는 것이다. 큰 나라를 섬길 때는 그의 명령을 때에 맞춰 공손하게 받드는 것이 중요하다. 작은 나라를 보살필 때는 그가 갖고 있지 않은 것을 불쌍히 여기고 자상하게 돌봐야 한다. 우리 나라는 큰 나라 사이에 있어서 때에 따라 그들이 필요로 하는 공품(貢品)을 바쳐야 하고 또한 임시에 대비해야 한다. 우리가 조상(弔喪)을 담당하고 예물을 보내는 예의를 어찌 잊을 수 있겠는가?

노소공 30년 여름, 진경공이 세상을 떠났다. 의례 제도에 따르면 제후의 상사(喪事)에는 사(士)를 보내 조문하고 대부가 송장(送葬: 관을 묻을 때 함께 참여함)에 갈 때는 적어도 두 명이 참석한다. 그런데 정나라는 대부 유길(游吉, 자대숙) 한 명만 보내 조문하고 송장에 참석했다. 이에 대해 진(晉)나라의 집정대신 위헌자가 매우 불쾌해하면서 사경백(士景伯)을 보내 유길에게 왜 그대 혼자 왔는지 물었다.

유길이 대답했다.

"제후들이 진나라에 의지하는 것은 진나라가 예의를 중시하기 때문입니다."

유길은 이렇게 먼저 진나라에게 '예'라는 모자를 씌우고는 "예는 작은 나라가 큰 나라를 섬기고 큰 나라가 작은 나라를 살펴주는 것을 말합니다"라고 했다. 작은 나라가 큰 나라에 일상적인 예의범절보다 더하면 작은 나라는 칭찬받을 수 있다. 반대로 작은 나라의 예의가 부족하면 큰 나라는 도울 수는 있어도 꾸짖을 수는 없다. 큰 나라는 작은 나라의 충성을 확실히 이해해 큰 체제를 갖추기만 하면 예의를 갖춘 것으로 넘어갈 수 있기 때문이다.

그에 덧붙여 유길은 옛날의 예를 들어 말했다.

"우리 나라가 안정적일 때 진나라에 상사가 있으면 이전 임금께서는 직접 오셔서 장례식에 참석하셨습니다. 주영왕(周靈王)이 병으로 세상을 떠나 해를 걸러 상을 치를 때, 우리 나라 임금인 간공(簡公)은 당시 초나라에 있었습니다. 집정대신 자전(子展)은 나라를 지켜야 해서 소경(少卿)을 보낼 수밖에 없었습니다. 천자의 관리는 이 일로 정나라에 어떠한 책망도 하지 않았는데, 이는 주천자가 작은 나라를 보살펴준 것입니다. 정나라는 작은 나라로서의 예의범절을 잊은 게 아닙니다. 하지만 진나라에 요구하길 우리 나라의 임금이 아직 어리기에 융숭한 예절을 갖춰 장례식에 참석할 수 없다고 했습니다. 그렇게 생략한 예절에 맞춰 대부인 제가 여기에 왔습니다. 그러니 잘 살펴주십시오."

전혀 빈틈이 없는 말에 사경백은 할 말을 잃고 유길을 질책하지 못했다.

역사를 사로잡은 명문장

● 주나라는 봉건제도를 시행하면서 다른 계급의 사람이 다른 행위규범을 적용하지 못하게 했다. 한 사람의 행동은 그 사람의 신분에 부합해야 비로소 예의에 맞는다고 할 수 있다. 비록 예의는 위아래, 귀하고 천한 각각의 계층에 대응하는 관계를 설정해놓았지만 이 관계는 분열과 다툼을 만들어내기 위한 것이 아니다. 오히려 예의는 존경과 양보를 포함하고 있다.

가령 예에 따르면 어린 사람은 나이 든 사람을 받들고 나이 든 사람은 어린 사람을 보살펴야 한다. 또한 『예기』 「예운」은 다음과 같이 말한다.

"사람은 혼자 그의 부모를 모실 수 없고, 혼자 그의 자식을 자식으로 살필 수 없으며, 노인에게는 돌아가실 곳이 있게 하고, 장정에게는 쓰이는 곳이 있게 하고, 홀아비·과부·고아·자식이 없는 사람과 장애가 있고 병에 걸린 사람은 모두 보살핌을 받아야 한다(人不獨親其親, 不獨子其子, 使老有所終, 壯有所用, 幼有所長, 鰥寡孤獨廢疾者, 皆有所養)."

예에 따른 인간관계는 존경과 양보를 장려하므로 냉랭한 관계가 아니고, 서로 좋은 점을 떠벌리거나 권리를 다투는 투쟁의 관계도 아니다. 한마디로 서로 공경하고 양보하며 용서하는 관계다. 다시 말해 예의가 있는 세상에서 서로 진실하게 상대하고 도우면 평화와 대동(大同)의 사회가 된다.

외롭지 않음을 감추고자
몰래 일을 도모해도
오히려 더욱 드러난다

086

君子曰: "名[1]之不可不慎也如是:
군 자 왈 : " 명[1]지 불 가 불 신 야 여 시 :

夫有所有名[2]而不如其已[3].
부 유 소 유 명[2]이 불 여 기 이[3].

以地叛. 雖賤. 必書地. 以名其人.
이 지 반 . 수 천 . 필 서 지 . 이 명 기 인 .

終爲不義. 弗可滅已[4]."
종 위 불 의 . 불 가 멸 이[4]."

—소공31년

---

1 名(명): 명성
2 夫有所有名(부유소유명): 어느 때 유명해지기도 한다.
3 而不如其已(이불여기이): 유명해지는 것이 오히려 유명하지 않을 때보다 못하다.
4 已(이): 확정적 어기를 나타낸다.

▶ 군자가 말했다. "명성에 신중하지 않을 수 없는 이치는 다음과 같다. 어느 때 유명해지는 것은 오히려 유명하지 않을 때보다 못하다. 영지(領地)를 가지고 나라를 배반하면 그 사람의 신분이 아무리 낮아도 반드시 그 지역의 명칭과 그의 이름을 기록한다. 이런 의롭지 않은 행동을 끝까지 없애기 위해서다."

노소공 31년, 주(邾)나라의 대부 흑굉(黑肱)이 주나라 영지인 남읍(濫邑: 지금 산둥성 등주시[滕州市] 동남쪽)을 가지고 노나라로 투항했다. 그의 신분은 미천했지만 『춘추』는 그의 이름을 기록하고 있는데 이는 땅을 중시했기 때문이다.

군자가 이 사건을 다음과 같이 평론했다.

"명성에 신중하지 않을 수 없는 이치는 다음과 같다: 명성이 있을 때가 이름이 나지 않을 때보다 못할 수 있다(名之不可不慎也如是: 夫有所有名而不如其已)."

그러므로 군자는 행동 하나하나에서 예의를 생각해야 하고, 일을 할 때는 의리를 고려해야 하며, 이익을 탐내 예의를 위반하는 일은 하지 않고 도의에 맞지 않아 양심에 가책을 느끼는 일도 하지 않아야 한다.

"명성을 원하지만 얻지 못하기도 하고 감추려고 하지만 드러나기도 하는데, 이는 의롭지 못한 것을 징벌하는 것이다(或求名而不得, 或欲蓋而名章[彰], 懲不義也)."

어떤 사람은 하루 종일 명성을 얻고자 해도 뜻대로 되지 않고 역사에 이름을 남기지도 못한다. 또 어떤 사람은 그 의롭지 않음을 감추고자 흑굉처럼 몰래 일을 도모해도 역사서에 오히려 그의 이름이 크게 기록된다. 이 모든 것은 의롭지 않은 일에 대한 징벌이다. 고사성어 '욕개미창(欲蓋彌彰: 감춰 덮으려 하지만 더욱 드러난다)'은 여기에서 나온 것이다.

영지를 가지고 배반한 흑굉만 역사서에 기록된 것은 아니다. 제표(齊豹)는 위나라의 대사구(大司寇)이자 대대로 이어온 대부지만 그가 의롭지 못한 일을 하는 바람에 '도둑(盜)'이라 기록되었다.* 두 사건은 제멋대로 한 행동을 징벌한 것으로 탐욕스럽고 의롭지 않은 무리를 책망하고 있다.

『춘추』는 역사적 사실을 기록할 때 그 내용은 은미(隱微)하지만 의의(意義)는 확연히 드러냈고 부드러우면서도 확실하게 판단하고 있다. 윗사람은 『춘추』의 큰 뜻을 드러내 좋은 사람은 격려하고 나쁜 사람은 경계했기에 이후 모두 『춘추』를 중시했다.

역사를 사로잡은 명문장

● 한 사람이 이름을 날리는 데는 두 가지 상황이 있다. 하나는 좋은 이름을 내는 것이고, 다른 하나는 나쁜 이름을 내는 것이다. 나쁜 이름을 내는 것은 '악명소장(惡名昭彰: 나쁜 명성이 뚜렷하다)', '성명낭자(聲名狼籍: 평판이 매우 나쁘다)' 등으로 이런 명성은 없느니만 못하다. 사람이 이름을 날릴 때는 좋게 날려야 한다. 그래야 비로소 '명수청사(名垂青史: 좋은 명성을 역사에 드리운다)', '유방백세(流芳百世: 향기로운 이름이 대대로 이어진다)'라고 할 수 있다.

『삼국지』「위서(魏書)·후비전(后妃傳)·문덕곽황후(文德郭皇后)」에 다음과 같은 내용이 있다.

● 소공 20년에 있었던 일

견후(甄后)가 죽은 후, 위문제 조비(曹丕)가 문덕곽황후를 새 황후로 세우고 싶어
하자 중랑(中郞) 잔잠(棧潛)이 곧바로 상소를 올렸다.

역대 제왕이 천하를 다스릴 때는 모두 밖으로는 현명한 대신의 보좌를 받고 안으
로는 현명하고 지혜로운 황후의 도움을 받았다. 예를 들어 누조(嫘祖)는 황제(黃帝)
와 짝을 이루고 아황(娥皇)과 여영(女英)은 순(舜)에게 시집을 갔기에 나란히 현명
함으로 그 이름을 남겼다. 반대로 하나라의 걸(桀)은 말희(妹喜)를 아껴 정치를 포
학하게 하고 법도가 없었으며, 상나라의 주왕은 달기를 아껴 끝내 나라가 멸망했다.

황후를 세울 때는 그 집안의 배경뿐 아니라 품덕과 현명함, 정숙함을 살피고 후궁
을 잘 관리할 수 있는 사람으로 뽑아야 한다. 그래야 제왕이 마음을 다해 천하를 다
스릴 수 있다.

임금과 신하의 자리는 일정하게
정해진 것이 아니다

087

魯君世從其失¹, 季氏²世修其勤, 民忘君矣.
노 군 세 종 기 실¹, 계 씨²세 수 기 근, 민 망 군 의.

雖死於外, 其誰矜³之? 社稷⁴無常奉,
수 사 어 외, 기 수 긍³지? 사 직⁴무 상 봉,

君臣無常位, 自古以然⁵.
군 신 무 상 위, 자 고 이 연⁵.

―소공 32년

1 從其失(종기실): '從(종)'은 종(縱)의 뜻으로 읽으며 멋대로 한다는 의미다. '失(실)'은 일(佚)의
  뜻으로 읽으며 안일하다는 의미다.
2 季氏(계씨): 노나라의 세족공경(世族公卿: 대대로 이어온 높은 벼슬의 귀족)이다.
3 矜(긍): 불쌍하게 여기다.
4 社稷(사직): 사(社)는 토지신(土地神)이고, 직(稷)은 오곡신(五穀神: 다섯 곡식을 관장하는
  신)이다. 사직에 제사를 주관하는 것은 곧 임금의 상징이다.
5 以然(이연): 이미 그러하다. 이미 이와 같다.

▶ 노나라 임금은 대대로 멋대로 굴고 안일하게 행동했지만, 계씨(季氏)는 대대로 부지런히 힘써 노력했기에 백성은 이미 그들의 임금을 잊었다. 나라 밖에서 죽더라도 누가 애석하게 여기겠는가? 사직에 변함없이 제사를 지내는 사람은 없으니 임금과 신하의 위치 또한 일정하게 고정된 것이 아니다. 옛날부터 이와 같았다.

노소공 32년 진(晉)나라의 정경 조간자(趙簡子)가 진나라 대부 사묵(史墨)에게 물었다.

"노나라의 공경 계씨가 그의 임금을 쫓아냈지만 백성은 잘 따르고 제후들 또한 그들과 친하게 지내려 합니다. 현재 임금인 노소공은 밖에서 죽었는데 오히려 누구도 계씨에게 죄를 묻지 않습니다. 왜 그렇습니까?"

사묵이 대답했다.

"사물의 존재는 그 특성이 있어 어느 때는 짝을 이루고 또 어느 때는 셋, 어느 때는 다섯이 보좌합니다. 하늘에는 삼신(三辰: 해, 달, 별)이 있고, 땅에는 오행(五行: 목, 화, 토, 금, 수)이 있으며, 몸은 좌우로 나뉘고 각자에게는 짝이 있습니다. 왕에게는 공(公)이 있고 제후에게는 경(卿)이 있으니 각각은 보좌하는 역할을 합니다. 계씨가 노나라 임금을 보좌한 지 오래되었으니 백성이 그를 따르는 것은 이치에 맞지 않습니까? 노나라 임금은 대대로 멋대로 굴고 안일하게 행동했지만 계씨는 대대로 부지런히 힘써 노력했기에 백성은 이미 그들의 임금을 잊었습니다. 그들의 임금이 처량하게 나라 밖에서 죽더라도 누가 그를 불쌍히 여기겠습니까? 사직은 특정한 누군가가 일정하게 받드는 것도 아니고, 임금과 신하의 자리 또한 일정하게 정해진 것도 아니니 옛날부터 그러하였습니다(社稷無常奉, 君臣無常位, 自古以然)."

이어 사묵은 『시경』 「소아·시월지교(十月之交)」를 인용했다.

"높던 언덕이 골짜기가 되고, 깊은 골짜기가 언덕이 된다(高岸爲谷, 深谷爲陵)."

높던 언덕이 변해서 강이 흐르는 골짜기가 되고, 깊었던 골짜기가 변해서 언덕이 된다. 이는 하물며 대지도 변하는데 사직을 받는 것과 임금과 신하의 지위가 어찌 영원히 변하지 않을 수 있겠느냐는 의미다. 계문자, 계무자 그리고 계평자(季平子) 3대가 나라의 정권을 담당했는데 당시 노나라 임금은 모두 어리숙하고 무능해 백성은 계씨가 있는 줄만 알지 노나라 임금이 있는 줄은 몰랐다. 이때부터 노나라 임금은 권력을 잃었고 정권은 계씨 손에 떨어졌다. 노소공까지 이미 4대가 흘러갔는데 백성은 임금을 알지 못하니 어떻게 나라의 정권을 지킬 수 있었겠는가?

사묵은 마지막으로 다음과 같이 말했다.

"임금은 국가 통치권을 상징하는 보기(寶器)와 지위를 신중히 다뤄야 하며 쉽게 다른 사람에게 빌려주면 안 된다."

역사를 사로잡은 명문장

● 『육도(六韜)』 「문도(文韜)」에서 말했다.

"천하는 한 사람의 천하가 아니고 천하 사람의 천하다(天下非一人之天下, 乃天下人之天下也)."

천하는 한 집안, 한 성씨의 천하가 아니라 모든 백성의 천하로 임금이 인자한 정치를 펼치고 백성을 사랑해야 백성 또한 임금을 받들어 모신다. 임금이 천하를 얻더라도 멋대로 향락에 빠지고 포악하게 정치를 하면 백성은 고통 속에 빠지니 이 경우에는 누구라도 그를 대신할 수 있다."

『자치통감』「위기(魏紀)」에도 비슷한 명언이 기록되어 있다.

대신 고당륭(高堂隆)이 위명제(魏明帝) 조예(曹叡)에게 상소를 올려 흥망의 길을 상세히 설명했다. 하늘은 한 사람 또는 한 집안만 아끼지 않으니 하늘은 덕이 있는 사람을 도울 뿐이다. 백성이 만약 정치를 담당하는 사람의 덕정(德政)을 좋아하면 하늘은 백성의 뜻을 따라 그 정권의 수명을 이어준다. 반대로 만약 집정자의 정책이 백성에게 원성을 사면 하늘은 그 정권을 끝내고 다시 현명하고 능력 있는 사람에게 정권을 준다. 이 점으로 미뤄보아 '천하는 천하의 천하지 임금의 천하만은 아니다(天下乃天下之天下, 非獨陛下之天下也).'

제6장

덕을 세울 때는 끊임없이
길러주고 재앙을 없앨 때는
완전히 소탕해야 한다

큰일에서 의리를 어기면
반드시 재난이 따른다

088

將建天子, 而易位以令, 非義也. 大事奸義,
장 건 천 자, 이 역 위 이 령, 비 의 야. 대 사 간 의.

必有大咎¹. 晉不失諸侯, 魏子其不免乎!
필 유 대 구¹. 진 불 실 제 후, 위 자 기 불 면 호!

— 정공(定公) 원년

1 咎(구): 화, 재난.

▶ 천자를 위해 성을 쌓자고 하고는 자신의 지위를 넘어 명령을 내리는 것은 의리에 맞지 않는 행위다. 중대한 사안에서 도의를 어기면 반드시 큰 재난이 따른다. 진나라가 제후들을 잃지 않고자 한다면 위서(魏舒)는 곤란함을 피하기 어려울 것이다.

노정공(魯定公) 원년, 진(晉)나라의 여섯 경(卿) 중 하나인 위서와 제후의 대부들은 적천(狄泉)에서 회합해 주천자의 성을 증축하려 했다. 예법에 따르면 주천자의 신하가 성을 만드는 사안을 이끌어야 하는데, 진나라는 위서가 정권을 쥐고 있었기에 그 일을 주관했다. 위서가 자신의 지위를 넘어 제후에게 명령하는 것에 대해 위나라 대부 표혜(彪傒)가 이런 의견을 냈다.

"주천자의 성을 짓는 것은 큰 일로 위서는 '지위를 바꿔 명령하였으니(易位以令)' 이는 일을 실행하는 법칙을 어긴 것이므로 '의리에 맞지 않는다(非義也).'"

또한 그는 더불어 다음과 같이 평론했다.

"큰일에서 의리를 어기면 반드시 큰 재난이 따른다(大事奸義, 必有大咎)."

이후 위서는 작업을 모두 진나라의 경 한불신(韓不信)과 주나라 대부 원수과(原壽過)에게 맡기고 사냥을 다니다가 등에 화상을 입고 돌아와 죽었다. 진나라의 경 범헌자(范獻子)가 말했다.

"그의 백곽을 제거했다(去其柏椁)."

춘추시대 상례(喪禮) 때 관을 만드는 나무로 임금은 소나무 곽(松椁)을 쓰고, 대부는 측백나무 곽(柏椁)을 쓰고, 사(士)는 여러 나무를 섞은 곽(雜木椁)을 썼다. 위서는 측백나무로 만든 바깥쪽 곽을 제거당했는데 이는 그가 경의 대우를 받지 못했음을 의미한다. 그가 명을 받들지 않고 사냥을 하러 다녔기 때문이다.

역사를 사로잡은 명문장

● '지위를 바꿔 명령하는 것(易位以令)'과 유사한 사례가 『전국책』 「진책(秦策)」에 나온다. 『전국책』은 당시 유세객의 활약으로 분열하던 정치적 주장과 청산유수인 유세 의론을 기록한 것이다. 그중 "사마조(司馬錯)가 촉을 정벌하는 것을 논했다(司馬錯論伐蜀)"는 흥미로운 부분이 있다.

진(秦)나라의 장수 사마조는 사마천의 8대조로 그는 진혜문왕(秦惠文王) 때 조당에서 진나라의 군사 확장에 대해 장의(張儀)와 논쟁을 벌였다. 당시 진왕은 파촉(巴蜀)의 전란을 틈타 촉을 공격하려 했는데, 뜻밖에 한나라가 진나라를 침범하려고 했다. 그러자 진혜왕은 사마조와 장의에게 각자의 의견을 얘기하게 했다.

사마조는 촉을 정벌하자고 했고, 장의는 한나라를 치고 군대를 주나라의 수도 외곽에 두어 주천자를 협박하는 것이 낫다고 했다. 장의의 논점은 '구정(九鼎: 천자를 상징하는 아홉 개의 솥)을 차지하고, 지도와 호적을 살피며, 천자를 끼고 천하를 호령하면 천하는 감히 따르지 않을 수 없다(據九鼎, 按圖籍, 挾天子以令天下, 天下莫敢不聽)'는 것이었다. 그리고 촉나라를 공격하는 것은 '군대를 피폐하게 만들고 여러 사람을 수고롭게 하면서도 이름을 날리기에는 부족하다고 여겼다. 즉, 그 땅을 얻어도 이득으로 삼기에는 부족하다(敝兵勞衆, 不足以成名 ; 得其地, 不足以爲利)'고 보았다.

사마조는 반박했다.

"그렇지 않다. 진나라는 땅이 좁고 백성은 가난하기에 지금 한나라를 공격하는 것은 천자에게 겁을 주는 셈이다. 천자를 겁주는 것은 이름만 더럽힐 뿐 이익이 되지 않는다. 오히려 의롭지 못하다는 이름을 얻는다. 천하가 하고자 하지 않는 것을 공격하는 것은 위태롭다!(今攻韓, 劫天子 ; 劫天子, 惡名也, 而未必利也, 又有不義之名 ; 而攻天下之所欲, 危!)"

천자를 협박한다고 천하를 호령할 수는 없으며 오히려 나쁜 명성만 남길 수 있고, 의롭지 못한 행동은 다른 국가의 불만을 불러일으켜 자신을 험한 곳에 빠뜨릴 것이라는 얘기다. 진혜문왕은 고민 끝에 사마조에게 촉을 공격하게 했다. 진나라는 촉나라를 평정한 후 더 많은 토지의 이익과 물자를 얻어 이후 부국강병의 기초로 삼았다.

동한 말년 황건(黃巾)의 난이 일어났을 때 조정은 외척과 환관의 투쟁이 최고조에 이르렀다. 성품이 흉악하고 잔인한 동탁이 빈틈을 타고 들어와 소제(少帝)를 폐하고 새롭게 유협(劉協)을 헌제(獻帝)로 세웠다. 더불어 낙양(洛陽)에서 공포 정치를 실시했다. 이후 '천자를 끼고(挾天子)' 장안(長安)으로 천도해 동한은 이름만 있을 뿐 실제로는 망한 상황이었다. 동탁이 정치를 어지럽힌 일로 각 지방에서 할거하던 장군들의 토벌이 일어났고, 끝내 왕윤(王允)과 여포가 암살을 기획해 동탁을 죽였다. 이는 '큰일에서 의리를 어기면 반드시 큰 재난이 따른다(大事奸義, 必有大咎)'를 생동감 있게 묘사한 것이다.

사람은 만족을 알지 못해 고통을 당한다

089

薛徵[1]於人, 宋徵於鬼, 宋罪大矣. 且己無辭,
설 징[1] 어 인 . 송 징 어 귀 . 송 죄 대 의 . 차 기 무 사 .

而抑我以神, 誣我也. 啟寵納侮[2], 其此之謂矣.
이 억 아 이 신 . 무 아 야 . 계 총 납 모[2] . 기 차 지 위 의 .

必以仲幾爲戮.
필 이 중 기 위 륙 .

—정공원년

---

1 徵(징):검증, 증명.
2 啟寵納侮(계총납모):총애와 믿음을 주고 오히려 모욕을 초래하다.

▶ 설(薛)나라는 인간의 전고와 역사를 증거로 삼고 송나라는 귀신으로 증명했으니 송나라의 죄가 더 크다. 더구나 그들은 할 말도 없으면서 신을 갖고 우리를 협박했으니 이는 모함에 해당한다. 총애와 믿음을 주고 오히려 모욕을 초래했다는 것은 이런 상황을 가리킨다. 반드시 엄격하게 중기(仲幾)를 징벌해야 할 것이다.

진(晉)나라는 주나라의 성을 증축하는 일로 제후를 소집해 땅을 다지는 일을 시작했다. 그런데 송나라 대부 중기는 공사 업무를 꺼리면서 말했다.

"등(滕), 설, 예(郳) 세 나라는 모두 우리가 귀속해 관리하겠습니다."

중기가 세 나라가 송나라를 도와 성을 수리해야 한다고 하자 설나라의 대신이 말했다.

"우리는 수시로 송나라에 복종했습니다. 그렇지만 진문공은 천토(踐土)의 결맹을 주재하며 말했습니다. '우리의 동맹으로 모두가 옛날의 직위를 회복하시오.' 우리는 천토의 결맹에 복종해야 합니까, 아니면 송나라에 복종해야 합니까? 어느 쪽이든 명을 따르겠습니다."

사실 설나라는 그들이 계속 송나라의 명령을 듣지 않아도 된다는 것을 진나라가 당부를 해주길 바랐던 것이다. 중기가 강력하게 말했다.

"천토의 맹약은 본래 설나라가 송나라에 복종하게 한 것이다."

설나라의 대신은 역사적 사실을 나열하며 말했다.

"설나라의 선조 혜중(奚仲)은 설 지방에 살면서 하나라의 거정(車正)을 담당했고, 이후 혜중이 비(邳) 지방으로 옮겨가고 중훼(仲虺)가

설 지방에 살면서 탕(湯)의 좌상(左相)을 담당했습니다. 만약 옛 직위
를 회복하라는 말이라면 우리는 천자의 관직을 받아야 합니다. 그렇
다면 우리가 왜 제후에게 복종해야 합니까?"

중기는 여전히 설나라는 송나라에 복종해야 한다고 고집했다. 이
때 진나라의 대부 사미모(士彌牟)가 나서서 중기에게 말했다.

"진나라의 집정자는 신인이므로 그대는 먼저 공사 임무를 맡고 우
리가 돌아가 옛 문서를 살펴보는 것을 기다리시지요."

진나라의 새로운 주사자(主事者)인 범헌자(范獻子)가 예상치 못하
게 죽은 위서를 방금 대체했기에 아직 상황을 충분히 이해하지 못했
던 것이다. 중기가 말했다.

"그대가 잊었더라도 산천의 귀신들은 잊을 수 있겠습니까?"

이에 사미모가 화를 내며 한간(韓簡)에게 말했다.

"총애와 믿음을 주고 오히려 모욕을 초래했다는 말은 이런 상황을
가리키는 것이겠지요. 중기를 반드시 엄벌에 처해야 합니다(啟寵納
侮, 其此之謂矣. 必以仲幾爲戮)."

그는 중기를 잡아 진나라로 돌아갔고 얼마 지나지 않아 그를 경사
로 보냈다.

역사를 사로잡은 명문장

● '계총납모(啟寵納侮)'라는 말은 원래 「상서」「열명(說命)」에 나온다.

명나라 만력(萬曆) 17년(1589년), 대리시평사(大理寺平事) 낙우인(雒于仁)이 「주
색재기사함소(酒色財氣四箴疏)」라는 상소(上疏)를 지었다. 그는 황제의 몸이 좋지
않고 종종 조회에 나오지 않는 원인이 '주색재기(酒色財氣)'에 있다고 보았다. 그중
「색잠(色箴)」에서 말했다.

"농염한 저 어린 여자 옆에서 자고 눕네. 총애로 시작해 모욕으로 끝나니 아름다움을 다투면서 나라를 망치네(艶彼妖姬, 寢興在側, 啟寵納侮, 爭妍誤國)."

만력 황제가 이 글을 읽고 몹시 화를 내며 낙우인을 여러 차례 쳐 죽이지 못한 것을 한스러워했다. 다행히 재상 신시행(申時行)의 간언으로 낙우인은 벼슬을 빼앗기는 벌을 받았다.

'계총납모'는 '득촌진척(得寸進尺)*', '등롱망촉(得隴望蜀)**', '이득을 보고 잘난 체까지 한다(得了便宜還賣乖)'의 의미와 비슷하다. 그중에서 '득롱망촉'의 전고는 다음과 같다.

동한 시기 유수(劉秀)가 군대를 이끌고 왕망에 반대했는데 그는 그의 대장에게 말했다.

"사람이 고생하는 것은 만족을 알지 못해서입니다. 농 지방을 평정하였는데 또 촉 지방을 바랍니다(人苦不知足, 既平隴, 復望屬)."

이는 "사람은 만족을 알지 못해 고통받는다. 농서(隴西) 지방을 공격해 함락했는데, 또 서촉(西屬)으로 군대를 나아가게 한다"는 뜻이다. 이후 유수는 농서 지방과 서촉 지방을 거두고 천하를 통일해 한나라 왕실을 회복했고 '광무중흥(光武中興)'이라는 대업을 완성했다.

그가 말한 "농서 지방을 평정하니 또 촉 지방을 바라는구나(既平隴, 復望屬)"는 고사성어 '득롱망촉'으로 변해 욕심이 많고 만족을 모르는 것에 비유하는 말로 쓰인다.

---

* 한 마디를 얻고 한 척(尺)을 나아간다.

** 농(隴) 지방을 얻고서도 촉(蜀) 지방을 탐낸다.

승리하려면 상황을 냉정하게 파악해 참고 기다렸다가 가장 적당한 때에 공격해야 한다

090

夫槩王[1]曰: "困獸猶鬪, 況人乎?
부 개 왕[1] 왈 : "곤 수 유 투 , 황 인 호 ?

若知不免而致死[2], 必敗我.
약 지 불 면 이 치 사[2] , 필 패 아 .

若使先濟者知免[3], 後者慕之,
약 사 선 제 자 지 면[3] , 후 자 모 지 ,

蔑[4]有鬪心矣. 半濟而後可擊也."
멸[4] 유 투 심 의 . 반 제 이 후 가 격 야 ."

從之, 又敗之.
종 지 . 우 패 지 .

—정공 4년

1 夫槩王(부개왕): 오나라 임금 합려의 동생
2 致死: 목숨을 내걸다.
3 知免(지면): 도망갈 수 있음을 알다.
4 蔑(멸): 없다.

▸ 오나라 왕 합려의 동생 부개왕(夫◻王)이 말했다. "곤경에 빠진 짐승도 한번 겨루려고 하는데 하물며 사람은 어떻겠습니까? 만약 죽음을 피하지 못할 것을 알고 목숨을 내걸고 겨루면 우리를 반드시 무찌르려 할 것입니다. 그들 중 먼저 건너는 사람에게 도망갈 기회가 있음을 안다면 뒤에 건너는 사람은 그들을 부러워하면서 싸우고자 하는 뜻을 버릴 것입니다. 그 후 강을 건너는 사람이 절반을 넘을 때 공격하면 됩니다." 그의 의견을 따라 오나라는 또 한 번 초나라 군대를 무찔렀다.

노정공 4년, 오와 초 두 나라의 군대가 백거(柏擧: 초나라의 지명. 지금의 호북[湖北] 마성[麻城]의 동북쪽) 지방에서 서로 대치하고 있었다. 오왕 합려의 동생 부개왕은 이른 아침 합려에게 지시를 청했다.

"초나라의 영윤 자상이 인자하지 못해 그의 부하들이 목숨 바쳐 싸우지 않을 것이므로 오나라 군대가 먼저 공격하면 초나라의 병사들은 반드시 도망갈 것입니다. 오나라의 대군이 계속 그들을 추격하면 반드시 이길 수 있습니다."

합려가 동의하지 않자 부개왕이 또다시 말했다.

"이른바 '신하가 의롭게 행동할 때는 명령을 기다리지 않는다(臣義而行, 不待命)'는 말은 이런 경우를 가리킵니다. 지금 제가 죽더라도 초나라에 들어갈 것입니다."

"신하는 도리에 맞으면 곧바로 행동할 뿐 명령을 기다리지 않는다"는 말은 그들이 지금 당면한 상황이다. 부개왕은 오왕의 의견을 고려하지 않고 목숨 걸고 싸워 초나라의 영도(郢都)로 공격해 들어갔다. 부개왕이 5천 명의 부하를 거느리고 자상의 병사를 공격하자 초나라 군대는 사방으로 흩어졌고 오나라 군대는 승리를 거뒀다. 그들이 계속 추격해 청발하(淸發河: 운수[溳水]로 지금의 호북[湖北] 안륙[安陸] 지방) 근처에 이르자 부개왕이 말했다.

"곤경에 빠진 짐승도 한번 겨루려고 하는데 하물며 사람은 어떻겠는가?"

승리하려면 상황을 냉정하게 파악해 참고 기다렸다가 가장 적당한 때에 공격해야지, 단순하게 사람을 막다른 길로 몰아넣어 적이 대들 결심을 하게 해서는 안 된다. 그는 부하들에게 적군의 절반 정도가 강을 건널 때를 기다려 뒤에 건너는 병사가 앞에 건넌 사람에게 죽음을 피할 기회가 있음을 부러워해 전투 의지가 꺾일 때까지 기다린 뒤 공세를 펼치라고 명했다. 부하들은 부개왕의 말을 따랐고 오나라 군대는 또 한 번 초나라 군대를 크게 무찔렀다. 이후 다섯 차례의 전투를 치르면서 오나라 군대는 계속 승리해 끝내 초나라의 수도 영성(郢城)에 이르렀다.

한석주(韓席籌)가 편주한『좌전분국집주(左傳分國集註)』「권12진오월오지입영(卷十二秦吳越吳之入郢)」은 부개왕을 다음과 같이 묘사하고 있다.

"적의 정세를 꼼꼼히 따져 미세한 틈을 찾아내고, 일에 닥쳐서는 조심하면서 계략을 잘 세워 성공한다. 또한 부개왕은 지혜와 용기를 겸비한 사람이다(揣摩敵情入微, 臨事而懼, 好謀而成, 夫槩王亦知勇兼備人也)."

이 말은 헛된 소리가 아니다. 부개왕은 '적의 정세를 꼼꼼히 따져 미세한 틈을 찾아냈기(揣摩敵情入微)'에 초나라의 영윤 자상이 평소 인자하지 못해 그 부하들에게 목숨 걸고 싸울 투지가 없음을 알아냈다. 이에 따라 그는 '신하가 의롭게 행동할 때는 명령을 기다리지 않

는다'는 태도를 지킬 수 있었고, 국가의 이익을 개인의 생사보다 위에
두어 전쟁의 정당성을 얻음으로써 승리를 예측했다. 다른 한편으로
부개왕은 '일에 닥쳐서는 조심하면서 계략을 잘 세워 성공하는' 신
중한 성격이었고, '곤경에 빠진 짐승도 한번 겨루려고 하는데 하물며
사람은 어떻겠는가?'라는 이치를 알아 상황을 잘 헤아려 용기와 지
혜를 발휘했으니 어찌 승리하지 않겠는가?

역사를 사로잡은 명문장

● 『사기』「항우본기(項羽本紀)」에 기록된 내용에 따르면 진이세(秦二世) 3년, 진(秦)나
라의 대군이 조나라를 공격해 거록(鉅鹿) 지방을 포위했다. 조나라 측에서는 밤을
새워 달려가 초회왕(楚懷王)에게 구원을 청했다. 이때 회왕은 송의(宋義)를 상장군
으로, 항우를 차장(次將)으로 군대를 보내 포위를 풀게 했다.

송의는 진나라 군대가 강하다는 말을 듣고 두려운 마음에 군대가 안양(安陽)에
도달하자 진군을 멈추고 46일 동안 머물렀다. 항우가 반발하며 송의에게 물었다.

"현재 진나라군이 거록을 포위하고 있으니 우리는 신속히 강을 건너 조나라군과
안팎으로 힘을 합쳐 진나라군을 물리쳐야 합니다. 왜 여기서 머물러 있는 겁니까?"

송의가 반박했다.

"그렇게 하면 안 된다. 만약 진나라군이 조나라군을 무찌르면 우리는 진나라군이
지친 틈을 타서 그들을 공격할 수 있다. 그런데 조나라군이 진나라군을 이기면 우리
가 가서 포위를 풀 필요가 없다. 정예부대와 부딪쳐 진(陣)을 함락하는 것은 그대가
잘하지만, 모략을 세우는 것은 그대가 나보다 낫지 않을 것이다."

거록이 이미 위태로운 지경이라 화가 치민 항우는 송의를 죽이고 군대를 이끌어
강을 건넜다. 일단 강을 건넌 항우는 모든 배를 가라앉히고 밥 짓는 솥을 부수게 했
고, 근처의 집을 불태운 후 각각의 병사에게 사흘치 식량만 주고 배수일전(背水一
戰)의 결심을 드러냈다. 항우는 거록성 아래에서 진나라군과 아홉 번 싸웠고 진나
라군이 패하면서 조나라의 위기는 해결되었다. 이것이 역사상 유명한 '거록의 전투

(鉅鹿之戰)'이자 고사성어 '파부침주(破釜沈舟)'의 출처다.

항우는 오직 전진만 있을 뿐 후퇴는 없다는 기세를 드러내어 병사의 의지를 다짐으로써 승리를 얻어냈다. "곤경에 빠진 짐승은 오히려 겨룬다(困獸猶鬥)"와 "솥을 부수고 배를 가라앉힌다(破釜沈舟)"는 모두 사람이 절망적인 상황에 이르면 목숨을 구하려는 의지를 드러낸다는 것을 의미한다.

각자 역할이 다르고 서로 최선을
다할 책임이 있다

091

初,伍員與申包胥友,其亡也,
초,오원여신포서우,기망야,

謂申包胥曰:"我必復¹楚國!"
위신포서왈:"아필복¹초국!"

申包胥曰: "勉之! 子能復之,我必能興之."
신포서왈: "면지! 자능복지,아필능흥지."

—정공 4년

---

1 復(복):'覆(복)'과 통해 '뒤집다'는 뜻이다.

▶ 이전에 오자서와 신포서는 좋은 친구였다. 오자서가 도망갈 때 신포서에게 말했다. "나는 반드시 초나라를 뒤집을 것이오." 신포서가 말했다. "힘을 다하시오. 그대가 초나라를 뒤집으면 나는 반드시 부흥시킬 것이오."

노소공 19년 즉위한 초평왕은 오자서의 아버지 오사를 태자건의 사부로 임명했고 비무극을 소사(少師)로 삼았다. 태자건은 비무극을 좋아하지 않았고 비무극은 초평왕에게 태자를 모함했다. 그리고 일부러 태자를 위해 진(秦)나라에 약혼을 요청해놓고 초평왕에게는 그 미모의 여자를 스스로 아내로 삼을 것을 권했다.

이후 비무극은 초평왕에게 태자건과 오사가 초나라를 배반하려 한다고 말했다. 초평왕은 이 말을 믿고 오사에게 물었다. 오사는 임금이 한 번 저지른 과오가 이미 엄중한데, 왜 또다시 모함을 믿느냐고 했다. 초평왕은 오사를 체포한 뒤 사람을 보내 태자를 죽였다. 그때 비무극이 초왕에게 말했다.

"오사의 아들들은 재주가 있어 외부에 두면 반드시 걱정거리를 남길 것입니다. 그들의 아버지를 사면해준다는 핑계로 그들을 부르십시오. 그들은 효성스럽고 우애가 있어 반드시 올 것입니다."

초평왕이 이 말을 받아들여 사람을 보내 그들에게 궁으로 오라고 했다. 오상(伍尙)이 동생 오자서에게 말했다.

"너는 오나라로 가거라. 나는 가서 죽도록 하겠다. 내 재주와 지혜는 너만 못하기에 나는 죽어도 괜찮지만 너는 복수할 수 있다. 지금 아버지를 풀어준다고 하니 누군가는 돌아가야 한다. 일가족이 살육을 당하면 이 원수를 갚을 수가 없다. 돌아가서 아버지와 함께 난리를 당하는 것은 효도이고, 원수를 갚을 것을 고려한 후 행동하는 것은 인자함이고, 원수를 갚기 위해 오나라로 가는 것은 지혜로움이고, 죽을 것을 알고도 돌아가는 것은 용기라 할 수 있다. 우리 오씨 집안의 명예를 없앨 수 없으니 너는 노력해야 한다. 너와 내가 각자 선택하고 억지로 하지는 말자."

오상은 돌아가서 아버지와 함께 죽임을 당하는 길을 선택했고 오자서는 도망갔다. 도망가는 길에 초나라 대부 신포서를 만난 오자서가 말했다.

"나는 반드시 초나라를 무너뜨릴 것이다."

신포서가 말했다.

"힘을 다하시오. 그대가 초나라를 뒤집는다면 나는 그것을 되살릴 것이오."

이 대목은 각자 역할이 다르고 서로 최선을 다할 책임이 있음을 반영하고 있다. 오자서가 "반드시 초나라를 무너뜨리겠다(必復楚國)"고 말한 것은 초왕이 아버지를 죽인 원수이기 때문이다. 이때 신포서가 오자서에게 힘을 다하라고 한 것은 좋은 친구의 입장에서 격려한 것이다. 그렇지만 신포서에게 초왕은 충성을 바쳐야 하는 임금으로, 오자서가 초나라를 뒤집더라도 신포서는 반드시 초나라를 부흥시켜야 할 입장이었다.

역사를 사로잡은 명문장

● 『사기』 「관안열전(管晏列傳)」에 나오는 관자와 포숙아는 각자 주인을 섬겼지만 서로 우의를 잃지 않았다. 관중과 포숙아는 둘 다 제희공(齊僖公)의 신하로 관중은 공자

규(公子糾)의 선생이고, 포숙아는 공자 소백(公子小白)의 선생이었다. 제희공이 죽은 후, 장자인 제아(諸兒)가 자리를 이어 제양공이 되었는데 제양공이 황음무도해 제나라는 장차 내란이 일어날 듯했다. 이때 포숙아는 공자 소백을 데리고 거나라로 갔고, 관중도 공자 규를 데리고 노나라로 떠났다.

오래지 않아 제양공은 피살당했고 관중은 노나라에 군대를 청해 공자 규를 호위해서 제나라로 돌아가게 하고 자신은 공자 소백을 추격했다. 그가 공자 소백을 따라잡아 화살 한 발을 쏘았지만 그 화살은 정확히 허리띠 장식을 맞혔다. 죽은 척하며 수레 위에서 떨어진 공자 소백은 관중이 떠날 때까지 기다렸다가 지름길로 제나라에 돌아가 즉위했으니 그가 바로 제환공이다.

제환공은 원래 포숙아를 상(相)으로 올리려 했으나 포숙아는 받기를 원치 않으며 말했다.

"소신의 능력은 관중보다 못하고 또한 폐하께서 천하를 제패하고자 한다면 관중을 쓰지 않고는 불가능할 것입니다."

처음에 환공은 이해하지 못하고 자신이 관중의 화살에 죽을 뻔했는데 어떻게 원수를 상으로 임명할 수 있는지 물었다. 포숙아가 답했다.

"그때는 관중이 자신의 주인을 위해 그리한 것이니 이상하게 생각할 것 없습니다."

대의에 밝은 포숙아는 극력으로 권했고 환공은 결국 관중을 상으로 임명했다. 제나라는 관중이라는 걸출한 인물의 보좌 아래 나날이 발전했고 환공이 첫번째 패주가 되면서 천하는 40여 년간 안정을 이뤘다.

스스로 할 수 있는 일과
할 수 없는 일을 구별해야 한다

092

子西¹曰: "不能², 如辭³. 城不知高厚, 小大何知?"
자서¹왈: "불능². 여사³. 성부지고후, 소대하지?"

對⁴曰: "固辭不能, 子使余也.
대⁴왈: "고사불능, 자사여야.

人各有能有不能. 王遇盜於雲中,
인각유능유불능, 왕우도어운중,

余受其戈, 其所⁵猶在."
여수기과, 기소⁵유재."

―정공 5년

---

1 子西(자서): 초나라 공자신(公子申)으로 초평왕의 서장자(庶長子)다.
2 不能(불능): 처리할 능력이 없다.
3 如辭(여사): 응당 거절하고 하지 않아야 한다.
4 對(대): 대답한 사람은 왕손유우(王孫由于)로 오유우(吳由于)라고도 하는데, 초나라의
   왕족이다.
5 其所(기소): 그것은 임금을 위해 창을 막은 상처다.

▶ 자서(子西)가 말했다. "네겐 처리할 능력이 없으므로 애초에 그 일을 거절했어야 했다. 성을 쌓으면서 성벽의 높이와 두께를 알지 못하니 어찌 성의 크고 작음을 알겠는가?" 유우(由于)가 대답했다. "저는 본래 제가 할 수 없다고 말했습니다. 임금께서 이렇게 하도록 시킨 것입니다. 사람에게는 각자 할 수 있는 일과 할 수 없는 일이 있습니다. 임금께서 운중(雲中) 지방에서 강도를 만났을 때 저는 강도의 창을 받아 여기에 이렇게 상처를 입었습니다."

노정공 5년 초소왕이 영도로 돌아왔다. 『좌전』에서는 전투가 끝난 후의 몇몇 일을 기록함으로써 초소왕의 도량이 넓고 초나라 충의정절(忠義貞節)이 두드러짐을 묘사했다. 예를 들어 초소왕이 초공자 자서의 설득으로 피난 갈 때, 초소왕은 처자와 아이만 돌보고 임금에게 강을 건널 배를 주지 않은 남윤미(藍尹亹)를 죽이지 않았고 그의 본래 관직을 회복시켜주었다. 또한 신포서는 진(秦)나라에 군대를 빌리러 간 것은 개인이 아닌 국가를 구하기 위한 것이므로 초소왕의 상을 단호하게 받지 않았다.

초소왕이 난리를 피해 수나라에 이르렀을 때 자서는 초나라 왕의 거마(車馬)와 복식을 본떠 만든 것으로 흩어진 사람들을 모아 보호했고 더불어 나라의 수도를 건립했다. 초소왕의 행방을 듣자 그는 곧바로 수나라로 갔다. 초소왕은 왕손유우에게 균(麇: 초나라 지명, 지금의 호북[湖北] 운현 서쪽) 지방에 성을 쌓으라 했고 유우는 돌아와 결과를 보고했다. 자서는 유우에게 완성한 성의 높이와 폭이 어떻게 되는지 등 자세한 항목을 물어보았다. 유우가 제대로 답하지 못하자 자서는 유우에게 능력이 부족하면 일하기 전에 왜 거절하지 않았는지 물었

다. 유우는 "사람에겐 할 수 있는 것과 할 수 없는 것이 있습니다(人各
有能有不能)"라며 옷을 벗어 등의 옛 상처를 드러내며 다음과 같이 말
했다.

"나라의 수도를 세우고 떠도는 백성을 모으는 것, 성을 쌓는 것은
그대가 할 수 있는 일이고 나로서는 할 수 없는 일입니다. 그렇지만
초소왕이 강도를 만났을 때 내가 몸으로 창을 막아 임금을 보호한
일을 그대는 할 수 없을지도 모릅니다."

유우의 이 말은 두 사람의 다른 성격 및 재능을 나타내는 동시에
사람에게는 각자 할 수 있는 일과 할 수 없는 일이 있다는 '인각유능
유불능(人各有能有不能)'의 도리를 보여준다.

역사를 사로잡은 명문장

● 서한의 유향이 편찬한 『설원』 「잡언(雜言)」에는 다음과 같은 이야기가 나온다.

제나라에 사신으로 가던 감무(甘戊)는 큰 강가 옆에 도달하자 뱃사공의 도움을
받을 수밖에 없었다. 뱃사공이 비웃었다.

"강을 건널 실력도 없는데 어떻게 제나라 왕을 유세할 수 있을까요?"

감무는 반박했다.

"사물에는 각각 장단점이 있으니 착실한 사람은 임금을 보좌할 수 있지만 군대를
거느리고 승리를 얻어낼 수는 없소. 천리마는 하루에 천 리를 가지만 집 안의 쥐를
잡을 때는 작은 고양이만 못하오. 보검 간장(干將)은 천하의 대단한 보물이지만 목
수가 나무를 벨 때는 도끼보다 낫지 않소. 이러한 도리는 그대와 내 관계와 같으니,
강 위에서 배를 움직이는 것은 내가 그대보다 못하오. 그러나 각 국에 사신으로 가
서 임금에게 유세하는 것은 그대가 나보다는 못할 것이오."

뱃사공은 아무 말 없이 감무에게 배를 타라고 한 후 강을 건너 주었다.

'물각유단장(物各有短長)'과 '인각유능유불능'은 천지만물이 본래 고유의 특성

을 지니고 있는 것으로 사람에게 각자 잘하는 일이 있는 것과 같으니 서로 비웃거
나 부러워할 필요가 있겠는가.

지금의 작은 분노로 과거의 은덕을 덮어서는 안 된다

093

公叔文子老矣, 輦¹而如²公. 曰: "尤³人而效之, 非禮也.
공 숙 문 자 로 의. 연 ¹ 이 여 ² 공. 왈: "우 ³ 인 이 효 지. 비 례 야.

昭公之難, 君將以文之舒鼎⁴, 成之昭兆⁵, 定之鞶鑑⁶,
소 공 지 난. 군 장 이 문 지 서 정 ⁴. 성 지 소 조 ⁵. 정 지 반 감 ⁶.

苟⁷可以納之, 擇用一焉. 公子與二三臣之子,
구 ⁷ 가 이 납 지. 택 용 일 언. 공 자 여 이 삼 신 지 자.

諸侯苟憂之, 將以爲之質⁸, 此群臣之所聞也.
제 후 구 우 지. 장 이 위 지 질 ⁸. 차 군 신 지 소 문 야.

今將以小忿蒙⁹舊德, 無乃不可乎? 大姒之子, 惟周公,
금 장 이 소 분 몽 ⁹ 구 덕. 무 내 불 가 호? 대 사 지 자. 유 주 공.

康叔爲相睦¹⁰也, 而效小人以棄之, 不亦誣¹¹乎?"
강 숙 위 상 목 ¹⁰ 야. 이 효 소 인 이 기 지. 불 역 무 ¹¹ 호?"

—정공6년

1 輦(연): 사람의 힘으로 끄는 수레
2 如(여): 가다. 이르다.
3 尤(우): 책망하다. 탓하다.
4 舒鼎(서정): 정(鼎)의 이름. 정은 옛날에 음식을 끓이고 찌는 데 쓰던 솥이다.
5 昭兆(소조): 귀한 거북
6 鞶鑑(반감): 옛날에 동경(銅鏡: 구리로 만든 거울)으로 장식한 가죽 띠
7 苟(구): 만약
8 質(질): 인질
9 蒙(몽): 덮다.
10 惟周公, 康叔爲相睦(유주공, 강숙위상목): 노나라 조상인 주공과 위나라 조상인 강숙은 형제로 서로 화목하다. 惟(유)는 발어사(發語詞)로 뜻이 없다.
11 誣(무): 기만하다. 속이다.

391

▶ 이미 은퇴한 공숙문자(公叔文子)가 사람의 힘으로 끄는 수레를 타고 위영공을 찾아가 말했다. "다른 사람을 꾸짖으며 그를 본받는 것은 예의가 아닙니다. 노소공이 위기를 맞았을 때 그대는 소공이 나라로 돌아갈 수 있도록 돕고자 문공의 서정(舒鼎), 성공의 귀한 거북(寶龜), 정공의 가죽 띠 중에서 하나를 바치려 했고 제후들이 의심할까 봐 위나라의 공자와 여러 신하의 자식을 인질로 바치려 했습니다. 이 일은 여러 신하가 들었습니다. 지금 작은 분노로 과거의 은덕을 덮고자 한다면 어찌되겠습니까? 태사(大姒)의 아이들인 주공과 강숙(康叔)은 서로 화목하였습니다. 현재 양호(陽虎)라는 소인을 본받아 서로간의 좋은 감정을 잃는다면 이것은 사기당하는 것과 같지 않겠습니까?"

노정공 6년 2월, 노정공은 군대를 보내 정나라를 공격할 때 위나라에 길을 빌리지 않았다. 그들이 돌아올 때를 기다려 노나라의 권신 양호가 일부러 노나라의 세경(世卿)인 계환자(季桓子)와 맹의자(孟懿子)가 위나라에 드나들게 해 그들이 위나라에 죄를 짓게 했다. 과연 위영공은 이 무례한 행동에 화를 내며 아끼는 신하 미자하(彌子瑕)를 보내 노나라 군대를 추격하게 했다.

위나라에서 이미 퇴직한 대신 공숙문자가 이 얘기를 듣고 위영공에게 간언했다.

"위와 노 두 나라의 조상은 일찍이 사이가 돈독한 형제입니다. 이전 노소공이 나라 안의 대부 계씨에게 쫓겨나 초나라로 갔을 때, 임금께서는 보물을 아까워하지 않고 심지어 자신의 공자를 인질로 하여 노소공을 도왔습니다. 위나라와 노나라는 본래 관계가 좋습니다. 만약 한때의 분노로 두 나라의 좋은 관계를 깨뜨린다면 이는 양호라는 소인에게 속는 것이 아니겠습니까?"

위영공은 공숙문자의 말이 일리가 있다고 생각했다. 공숙문자는 그 여세를 몰아 또 말했다.

"양호의 극악무도한 날이 반드시 올 것입니다. 왕께서는 잠시 기다리십시오."

결국 위영공은 군대를 내라는 명령을 거둬들였다.

역사를 사로잡은 명문장

● 진(晉)나라 공자 중이는 나라가 어지럽자 다른 나라로 떠나 19년간 풍파를 겪었는데, 이때 개지추(介之推)가 한결같은 마음으로 따라다녔다. 『한시외전』에 따르면 식량이 떨어졌을 때 개지추는 몰래 자신의 허벅지를 베어내 중이에게 먹게 했다고 한다.

이후 중이가 즉위하자(진문공) 이전에 중이를 따라 망명한 몇몇 신하가 중이에게 보상을 요구했고 중이 또한 각 개인의 공적에 따라 일일이 보상했지만 개지추는 빠뜨렸다. 개지추도 중이에게 과거의 공로를 드러내지 않았다. 개지추의 어머니가 물었다.

"너는 왜 다른 사람들처럼 임금에게 벼슬을 요구하지 않느냐?"

개지추가 대답했다.

"잘못된 것을 알면서 따라 하는 것은 죄가 더 큽니다(尤而效之, 罪又甚焉)."

그는 상을 요구하는 사람들을 천하게 보면서 자신이 똑같이 하면 죄가 더 클 거라고 본 것이다. 개지추의 어머니가 또 물었다.

"관직을 요구할 것이 아니라면 너는 임금이 네 사정을 알게 할 것이냐?"

개지추는 자신의 공로를 드러내고 싶어 하지 않았고 개지추의 어머니는 그와 함께 은거했다. 어느 날 문득 중이는 개지추를 떠올렸지만 도무지 그를 찾을 수가 없었다.

일설에 중이는 개지추가 나오도록 하기 위해 산에 불을 질렀지만 개지추는 오히려 죽음을 선택했다고 한다. 끝내 개지추와 그 어머니의 불에 탄 시체를 산속에서 발견했고, 중이는 후회와 슬픔에 휩싸여 개지추가 은거하던 지방을 개지추에게 봉지로 주어 자신의 잘못을 뉘우치는 동시에 충성과 품성이 고결한 신하를 기렸다.

'다른 사람을 꾸짖으며 그를 본받는 것은 예의가 아니다'는 어떤 행동을 꾸짖으면서 자신이 똑같은 일을 하는 것은 더 나쁜 일임을 의미한다. 다른 사람의 잘못을 알면 자신은 그런 잘못을 하지 않아야 한다. 좋지 않은 일임을 알면서도 행하면 자신의 시비지심(是非之心)과 원칙을 어기는 셈이다.

고사성어 '군기효우(群起效尤)'와 '기이효우(起而效尤)'는 『좌전』에 나오는 것으로 대중이 각자 모방한다는 의미다. 특히 '효우(效尤)'는 부정적인 뜻으로 좋지 않은 일에 쓰인다는 점에 주의해야 한다.

팔이 세 번 부러지면
좋은 의사를 알게 된다

094

二子¹將伐公. 齊高彊²曰:"三折肱知爲良醫³.
이 자 ¹ 장 벌 공. 제 고 강 ² 왈 : " 삼 절 굉 지 위 량 의 ³.

唯伐君爲不可. 民弗與也.
유 벌 군 위 불 가 . 민 불 여 야 .

我以伐君在此矣."
아 이 벌 군 재 차 의 ."

—정공 13년

1 二子(이자): 범길사●와 중항순인을 가리킨다. 두 사람은 모두 진(晉)나라의 여섯 경(卿)에
   속한다.
2 齊高彊(제고강): 자는 자량(子良)이다. 본래 제나라 종족(宗族)으로 노소공 10년 노나라로
   도망쳤고 이후 진(晉)나라로 갔다.
3 三折肱至爲良醫(삼절굉지위량의): 肱(굉)은 팔이다. 이 문장은 옛날 사람들의 상용어로
   오늘 날의 "오랜 병치레로 좋은 의사가 된다(久病成良醫)"는 말과 비슷하다. 어떤 일에
   풍부한 경험이 있어 스스로 조예가 깊어짐을 비유한다.

● 범길역이라고 발음하기도 한다.

395

▶ 범길사(范吉射)와 중항순인(中行荀寅) 두 사람은 진(侯)나라 임금을 공격하려 했다. 제나라에서 온 고강(高彊)이 말했다. "팔이 세 번 부러지면 좋은 의사를 알게 됩니다. 임금을 공격하면 안 됩니다. 백성이 찬성하지 않습니다. 저는 임금을 공격했기에 여기에 처박혀 있는 것입니다."

노정공 13년, 진(晉)나라 내부에 갈등이 일어나기 시작했다.『좌전』에 이 일이 상세히 기록되어 있는데 이후 세 집안이 진나라를 나눠 갖는 윤곽을 주로 묘사하고 있다.

우선 진나라의 육경 중 하나인 조앙과 진나라 대부 한단오(邯鄲午) 사이에 발생한 갈등으로 범씨와 중항씨(中行氏)가 조씨를 공격하면서 조앙은 진양(晉陽: 진나라 읍의 명칭. 조앙의 채읍[采邑]으로 지금의 산서 태원[太原] 서남쪽)으로 도망갔다. 그다음은 범씨의 측실이 낳은 아들 범고이(范皋夷), 진나라 대부 양영보(梁嬰父), 지문자(知文子), 한간자(韓簡子), 위양자(魏襄子) 다섯 명과 범씨·중항씨와의 갈등으로 진정공(晉定公)을 따르는 지씨·한씨·위씨 세 집안이 범씨와 중항씨를 공격했다.

이후 범씨와 중항씨는 고강(高彊)이 말한 "팔이 세 번 부러지면 좋은 의사를 알게 됩니다. 임금을 공격하는 것은 안 됩니다. 백성이 따르지 않습니다(三折肱知爲良醫. 唯伐君爲不可, 民弗與也)"라는 만류를 듣지 않았다. 범씨와 중항씨는 군사를 일으켜 진정공을 공격했는데 결과적으로 진나라 사람들과 세 집안이 함께 범씨와 중항씨를 공격해 두 사람은 조가(朝歌: 본래 위나라의 도성으로 지금의 하남[河南] 기현[淇縣])로 도망갔다. 결국 조앙은 한간자와 위양자의 요청으로 강도(絳都)로 돌아와 진정공과 맹세를 했다.

● "팔이 세 번 부러지면 좋은 의사를 알게 된다. 임금을 공격하는 것은 안 된다. 백성이 따르지 않는다"의 본래 뜻은 '삼절굉지위량의(三折肱知爲良醫)'를 '불가벌군, 민불여야(不可伐君, 民弗與也)'에 비유한 것이었다. 이후 '삼절굉지위량의'만 쓰이고 있는데 이는 한 사람이 숱한 좌절을 겪어도 노력하고 익히면 그것이 쌓여 그 속에서 무언가를 깨닫고 끝내 성공한다는 뜻이다. 원문의 부정적인 상황과는 다르다.

송나라의 황정견(黃庭堅)에게는 시 「황기복에게 부친다(寄黃幾復)」가 있는데 이 것은 송나라 신종(神宗) 원풍(元豐) 8년(서기 1085년)에 지은 것이다. 그 당시 황정견은 산동 덕주(德州) 덕평진(德平鎭)에 있었고 어린 시절 고향 친구인 황기복은 광동(廣東) 사회현(四會縣)에 현령으로 있었기에 두 사람은 10년 동안 만나지 못했다. 황정견은 이 시를 지어 친구에 대한 생각을 드러냈는데 시 속에서 그는 다음과 같이 말했다.

"집을 지탱하는 것은 단지 네 군데 서 있는 벽으로, 병을 치료하는 데 팔이 세 번 부러지기를 바라지 마라(持家但有四立壁, 治病不蘄三折肱)."

이것은 친구가 그 재능에 기대 팔이 세 번 부러지는 것을 경험한 좋은 의사처럼 하지 않아도 되니 여러 차례 쫓겨나는 일을 겪지 않더라도 국가의 좋은 신하가 되어 백성의 고통을 치료하라는 의미다. 황정견은 시구를 통해 옛 친구 황기복을 격려하며 그 재주를 자연스럽게 드러내는 것을 긍정적으로 보고 너무 많이 단련해 기를 필요가 없다고 한 것이다.

교만한 사람은
반드시 멸망한다

史鰌[1]曰: "無害. 子臣, 可以免. 富而能臣,
사 추 [1] 왈 : " 무 해. 자 신, 가 이 면. 부 이 능 신,

必免於難. 上下同之. 戌[2]也驕, 其亡乎!
필 면 어 난. 상 하 동 지. 술 [2] 야 교, 기 망 호!

富而不驕者鮮[3], 吾唯子之見.
부 이 불 교 자 선 [3], 오 유 자 지 견.

驕而不亡者, 未之有也. 戌必與焉."
교 이 불 망 자, 미 지 유 야. 술 필 여 언."

―정공 13년

---

1 史鰌(사추) : 자는 자어(子魚)로 사어(史魚)라고도 한다. 위나라의 대부다.
2 戌(술) : 공손술(公孫戌)을 가리키며 공숙문자의 아들이다.
3 鮮(선) : 적다. 드물다

▶ 사추(史鰌)가 말했다. "괜찮다. 공숙문자 그대는 내내 신하의 예절을 신중하게 지켜 재앙을 피했다. 부유하지만 신하의 예절을 지키는 사람은 재앙을 피할 수 있다. 신분이 높든 낮든 이 도리는 모두에게 적용된다. 그렇지만 그대의 아들 술(戌)은 교만하여 이후에 망할 것이다. 부유하면서도 교만하지 않은 인간은 매우 적으니 나는 그대가 그러한 것만 보았을 뿐이다. 교만하면서 망하지 않는 사람을 세상에서 본 적이 없다. 술은 그중 한 명이 될 것이다."

공숙문자와 사추는 모두 춘추시대의 이름난 사람으로『논어』「위령공」에 일찍이 공자가 사추를 평가한 내용이 기록되어 있다.

"곧도다, 사어는. 나라에 법도가 있어도 화살같이 곧고, 나라에 법도가 없어도 화살같이 곧다(直哉, 史魚. 邦有道如矢(箭), 邦無道如矢)."

사추가 이처럼 정직한 사람이기 때문에 공숙문자의 의견을 듣고자 한 것이다.

『좌전』「정공13년(定公十三年)」의 기록 중 부유한 공숙문자는 임금인 위영공에게 호화로운 집안 잔치에 참여해달라고 요청했다. 그런데 말을 마치자마자 그는 타당하지 않음을 알고 사추에게 어떻게 하는 것이 좋을지 물었다. 사추는 이렇게 말했다.

"부유하지만 교만하지 않은(富而不驕) 태도를 유지한다면 재난을 피할 수 있을 것이다."

그러나 그의 아들 술은 매우 교만해 나중에 살해당하는 화를 초래할 거라고 알려주었다. 과연 공숙문자가 세상을 떠난 후 위영공은 술이 부유하면서 교만하다는 점 때문에 그를 싫어했다. 이후 공숙술이 위영공 부인의 패거리를 제거하려 하자 부인이 위영공에게 참언을 했다.

"공숙술이 반란을 일으키려고 합니다."

위영공은 기회를 틈타 공손술을 쫓아냈고 술은 노나라로 도망갔다.

북송의 사마광은 「훈검시강(訓儉示康)」에서 공숙문자의 예를 인용해 설명하길 사치는 몸과 명성을 망치게 한다고 했다. 그가 말했다.

"군자가 욕심이 많으면 부귀를 탐내며 부러워하고 도리를 어기면서 화를 앞당긴다. 소인이 욕심이 많으면 많이 요구하고 멋대로 써버리다 패가망신한다(君子多欲則貪慕富貴, 枉道速禍 ; 小人多欲則多求妄用, 敗家喪身)."

또한 말했다.

"사치로 자신을 망친 사람이 이루 다 헤아릴 수 없다(以侈自敗者, 不可遍數)."

이는 사추가 말한 '부이불교자선(富而不驕者鮮)'과 '교이불망자, 미지유야(驕而不亡者, 未之有也)'를 증명한다.

역사를 사로잡은 명문장

● 부귀가 재난을 부르는 것일까, 아니면 교만한 태도가 사람들에게 반감을 불러일으키는 것일까? 『논어』 「학이」에서 자공이 공자에게 물었다.

"가난하지만 아첨하지 않고 부유하지만 교만하지 않은 것은 어떻습니까?(貧而無諂, 富而無驕, 何如?)"

공자가 답했다.

"괜찮다. 그러나 가난하지만 즐거워하고 부유하지만 예의를 좋아하는 것만 못하다(可也, 未若貧而樂, 富而好禮者也)."

가난하지만 즐겁게 살고 부유할 때도 좋은 예절을 지켜내는 것만 못하다는 얘기다. 자공은 경제적으로 성공해 역사상 이름난 부자였다. 이 때문에 그는 다른 제자보다 더 부(富)에 관심이 많았다. 한데 자공은 공숙문자처럼 '부유하지만 교만하지 않았을 뿐'이라 공자는 자공이 '부유하지만 예의를 좋아할' 수 있기를 바랐다. 여기서 말하는 '예'란 더욱 겸손하고 다른 사람에게 공손한 태도를 의미한다.

소크라테스(Socrates)가 말했다.

"부유한 사람이 재산을 믿고 교만할 경우 그가 재산을 어떻게 사용할지 알기 전에는 그를 칭찬하지 마라."

부유한 것은 죄가 아니지만 재산을 대할 때 교만하거나 예의 있는 태도를 지켜내지 못하면 죄를 짓는 것이며 재앙을 초래한다. 이러한 도리는 동서고금에 모두 적용된다.

덕을 세울 때는 끊임없이 쌓고
재앙을 제거할 때는
완전히 소탕해야 한다

096

越子以甲楯¹五千保于會稽².
월 자 이 갑 순¹ 오 천 보 우 회 계².

使大夫種³因吳大宰嚭⁴以行成⁵. 吳子將許之.
사 대 부 종³ 인 오 태 재 비⁴ 이 행 성⁵. 오 자 장 허 지.

伍員⁶曰: "不可. 臣聞之: '樹德莫如滋⁷.
오 원⁶ 왈: "불 가. 신 문 지: '수 덕 막 여 자⁷.

去疾莫如盡.'"
거 질 막 여 진.'"

—애공(哀公) 원년

---

1 甲楯(갑순): 갑옷을 입고 방패를 든 병사를 가리킨다. 楯(순)은 '盾(순)'과 통한다.
2 會稽(회계): 산 이름으로 지금의 절강(浙江) 소흥(紹興) 동남쪽
  이다.
3 種(종): 대부 문종(文種)
4 大宰嚭(태재비): 태재(太宰) 백비(伯嚭)를 가리킨다.
5 行成(행성): 화해를 구하다.
6 伍員(오원): 자는 자서(子胥)다.
7 滋(자): 배양하다. 기르다.

▶ 오왕 부차가 월나라를 무찌르자 월나라 왕 구천(句踐)은 갑옷을 입고 방패를 든 5천 명의 병사를 데리고 회계산(會稽山)으로 물러났다. 동시에 대부 문종(文種)을 시켜 오나라의 태재(太宰) 백비(伯嚭)를 통해 화해를 구했다. 오왕이 허락하자 오자서가 말했다. "안 됩니다. 신이 듣기에 '덕을 세울 때는 끊임없이 쌓고 재앙을 제거할 때는 완전히 소탕해야 한다'고 합니다."

춘추 만기(晚期)에 오나라와 월나라의 국력이 나날이 강해져 두 나라 사이에 교전이 빈번하게 일어났다. 노정공 14년, 오왕 합려는 군대를 이끌고 월나라를 공격했다가 중상을 입고 사망했다. 그를 이어 즉위한 부차는 3년간 국력을 길러 아버지의 원수를 갚았다. 그때 부차는 월나라를 한 번에 섬멸하지 못하고 월나라가 화해를 요청하자 허락하려 했다.

오자서는 소강(少康)이 하 왕조의 중흥을 이끈 역사를 들어 부차가 '덕을 세울 때는 끊임없이 쌓고, 재앙을 제거할 때는 완전히 소탕해야 한다(樹德莫如滋, 去疾莫如盡)'는 이치를 깨닫기를 바랐다. 오자서가 말했다.

"유과(有過)나라의 요(澆) 임금은 하나라의 임금 하후상(夏后相)을 멸망시켰습니다. 하후상의 부인은 당시 임신 중이었는데 그녀는 친정으로 도망가 소강을 낳았지요. 20년 후 어른이 된 소강은 요의 수색을 피해 유우(有虞)나라로 도망갔습니다. 유우나라의 임금은 두 딸을 그에게 시집보내고 그에게 윤읍(綸邑) 사방 10리 토지와 장정 5백 명을 주었습니다. 소강은 곧바로 나라를 되찾을 계획을 세웠습니다. 그는 하 왕조의 남은 부락을 모아 관직을 나눠주었고, 첩자를 요(澆)

에게 보냈으며, 요의 동생이 통치하던 과(戈)나라를 속였습니다. 결국 그는 유과나라와 과나라를 멸망시키고 하우의 공적을 되찾았습니다."

오자서는 더불어 다음과 같이 지적했다.

"오나라는 유과나라보다 못하고 월나라는 소강보다 강대합니다. 만약 월나라가 강력해지면 어찌 오나라의 재앙이 되지 않겠습니까? 구천은 사람에게 은혜를 베풀고 공이 있는 사람은 잊지 않습니다. 월나라와 오나라의 땅은 서로 이어져 있어 대대로 원수입니다. 이런 상황에서 오나라가 월나라를 전쟁으로 이기고도 그들이 계속 존재하게 한다면 이는 하늘의 뜻을 어기고 원수를 강력하게 하는 것이니 이후 후회해도 소용없을 것입니다."

역사를 사로잡은 명문장

● 오자서가 오나라의 부차를 타이르기 위해 쓴 "수덕막여자, 거질막여진(樹德莫如滋, 去疾莫如盡)"이라는 문장은 『상서』 「태서하(泰誓下)」에서 나오는 것으로 본래 "수덕무자, 제악무진(樹德務滋, 除惡務盡)"으로 되어 있다.

『전국책』 「진책 3」에 이런 대목이 나온다.

진(秦)나라에 조(造)라는 객경(客卿)이 있었는데 그가 진나라의 양후(穰侯) 위염(魏冉: 진소왕[秦昭王]의 장인)에게 말했다.

"진나라가 도읍을 양후에게 주고 천하를 억제한 지 이미 여러 해가 되었다. 만약 제나라를 공격해 이길 수 있다면 도읍은 만량(萬輛)의 병거(兵車)를 보유한 큰 나라가 될 것이다. 반면 실패하면 도읍은 재난을 초래해 의지할 곳을 잃을 것이다. 제나라를 공격하는 것은 도읍의 입장에서 존망의 열쇠다. 지금이 군대를 이끌어 제나라를 공격하기에 좋은 기회로 연(燕)나라를 유세해 함께 제나라를 토벌해야 한다."

이어 진나라의 객경 조가 말했다.

"덕을 세울 때는 끊임없이 쌓고 재앙을 제거할 때는 완전히 소탕해야 한다. 오나라가 월나라를 멸망시키지 않았으니 월나라는 오나라를 반드시 멸망시켜야 했다. 제나라가 연나라를 멸망시키지 않았기에 연나라는 제나라를 멸망시킬 뻔했다. 제나라가 연나라에 멸망당할 뻔하고 오나라가 월나라에 멸망당한 것은 모두 해로움을 제거할 때 철저히 하지 않아서다."

그렇지만 진소왕은 끝내 범수(范雎)가 제시한 '원교근공(遠交近攻: 먼 나라와는 교류하고 가까운 나라는 공격한다)' 책략을 선택했고 결과적으로 유세에 성공하지 못했다.

자만하면
반드시 부서진다

097

弗聽. 退而告人曰: "越十年生聚¹, 而十年教訓²,
불청. 퇴이고인왈: "월십년생취¹, 이십년교훈²,

二十年之外, 吳其爲沼³乎!"
이십년지외, 오기위소³호!"

—애공 원년

---

1 生聚(생취): 인구가 늘고 재산이 불어나다.
2 敎訓(교훈): 백성을 교육하고 훈련시키다.
3 沼(소): 호수, 늪지.

▸ 오나라 임금 부차는 말을 듣지 않았다. 오자서는 물러나면서 다른 사람에게 말했다. "월나라는 10년간 인구가 늘고 재산이 불어나며, 10년간 백성을 교육하고 훈련시킬 것이다. 20년 후 오나라의 궁전이 호수로 변할까 걱정이다."

오나라 임금 부차가 부초(夫椒: 지금의 강소[江蘇] 소주[蘇州] 서남쪽 태호[太湖] 부근)에서 월나라 군대를 무찔러 아버지 합려의 원수를 갚았다. 그후 그는 아예 월나라를 멸망시키라는 오자서의 말을 듣지 않고 구천 부부와 범려 등이 오나라에서 오나라 임금의 노비가 되게 했다.

『오월춘추(吳越春秋)』는 이를 상세히 기술했다.

"구천은 합려의 묘 옆에 있는 석방(石房)에서 부차를 대신해 말을 기르고 몰며 모욕을 받았다. 그렇지만 그는 불편한 기색을 드러내지 않고 3년 동안 열심히 일해 월나라로 돌아갈 기회를 얻었다."

월나라로 돌아간 구천은 뼈를 깎는 노력으로 몰래 나라를 정돈했다. 스스로 깊은 원한을 잊지 않기 위해 그는 백성과 동고동락하며 잘 때는 땔나무 더미 위에서 자고, 매일 밥을 먹을 때는 집 안에 걸려 있는 쓸개를 먼저 맛보았다. 고사성어 '와신상담(臥薪嘗膽)'은 여기에서 유래한 것이다. 구천은 인구 증가를 장려하는 정책을 펴서 7년간 세금을 걷지 않았고, 전국의 백성이 모두 검소한 생활을 해서 몇 년 만에 인구가 두 배로 늘어나는 동시에 백성은 풍족해졌다.

오나라와 월나라가 맞붙은 부초의 전투 이후, 오자서가 부차에게 간언한 대로 '10년간 인구를 늘리고 재산을 불리며, 10년간 가르치고 훈련시킬 것(十年生聚, 十年敎訓)'이라는 예언은 들어맞았다. 오자서는 죽기 직전 그의 무덤에 재질이 치밀해 흔히 관에 쓰는 개오동나무를 심어달라고 부탁하며 말했다.

"오나라는 반드시 3년 후에 쇠락해지기 시작해 결국 멸망할 것이다."

자만하면 반드시 부서진다는 것은 자연의 이치다.

역사를 사로잡은 명문장

● '십년생취, 십년교훈(十年生聚, 十年敎訓)'은 아무리 좌절이 닥쳐도 굴욕을 참고 이겨내면 나라를 다시 일으킬 수 있음을 의미한다. 이는 범수의 이야기인 "한 그릇 밥을 준 덕은 반드시 보상하고 사소한 원망도 반드시 복수한다(一飯之德必償, 睚眦之怨必報)"와 '모욕을 참고 큰 일을 해낸다'는 말을 잘 설명해준다.

사마천은 『사기』 「범수채택열전(范睢蔡澤列傳)」에서 다음과 같이 기록했다.

"범수의 자는 숙(叔)으로 위나라 사람이다. 그는 본래 위(魏)나라의 대부 수가(須賈)의 문하에서 가신(家臣)으로 있었다. 어느 날 수가를 따라 제나라에 갔는데 제양왕(齊襄王)이 범수의 말재주에 감탄해 그를 제나라의 객경(客卿)에 임명하려 했다. 그래서 사람을 몰래 보내 범수에게 황금과 술과 안주를 주었다. 범수는 황금은 거절하고 단지 술과 안주만 남겼다.

수가가 이를 알고 노발대발했다. 그는 범수가 위나라의 정보를 제나라에 알려주고 선물을 받은 것으로 오해해 위나라에 돌아가자마자 이 일을 상국(相國)인 위제(魏齊)에게 알렸다. 위제는 크게 화를 내며 범수를 엄하게 고문했고 끝내 거적에 둘둘 말아 화장실 옆에 두었다. 그날 마침 위제가 손님들과 잔치를 벌였는데 빈객들은 화장실에 갈 때 일부러 범수의 몸에 오줌을 누었다.

이후 범수는 수위를 매수해 탈출한 후 진(秦)나라로 도망갔고 이름을 장록(張祿)으로 바꿨다. 진소왕은 그를 매우 아껴 상(相)에 임명했다. 범수는 '원교근공' 책략을 제시해 제나라 군대를 공격하지 말고 중간에 끼어 있는 위나라와 한나라를 공격하게 했다. 위안희왕(魏安釐王)은 이를 알고 급히 수가를 제나라에 보내 장록을 만나 화의(和議)를 청하게 했다. 범수는 이 기회를 틈타 당시 수가가 모함한 원수를 갚았을 뿐 아니라 이후 위제가 자살하도록 압박했다."

『사기』는 '일반지덕필상, 애자지원필보(一飯之德必償, 睚眦之怨必報)'를 써서 범수가 은혜와 원수에 분명한 성격이었음을 드러내고 있다.

국가가 멸망할 때에는
백성을 썩은 흙과 풀처럼 여긴다

098

臣聞: "國之興也, 視民如傷[1], 是其福也;
신 문 : "국 지 흥 야 . 시 민 여 상[1] . 시 기 복 야 :

其亡也, 以民爲土芥[2], 是其禍也."
기 망 야 . 이 민 위 토 개[2] . 시 기 화 야 ."

—애공원년

---

1 如傷(여상): 다친 사람과 같다.
2 土芥(토개): 흙과 풀이다.

▶ 신하인 제가 이런 말을 들었습니다. "국가가 발전할 때는 백성이 다치기라도 한 듯 불편해하는 것이 없도록 잘 보살핀다. 이는 그 국가의 복이다. 국가가 멸망할 때는 백성을 썩은 흙과 풀처럼 여긴다. 이는 그 국가의 재난이다."

노애공 원년 오나라가 군대를 일으켜 진(陳)나라를 침범했다. 이는 11년 전 진나라와 쌓은 원한을 풀기 위해서였다. 그 상황은 다음과 같다.

노정공 4년 오나라는 채나라, 당나라와 연합해 초나라를 공격했고 백거 싸움에서 초나라 군대를 크게 무찔러 영도로 진입했다. 당시 오나라 임금 합려는 진회공(陳懷公)에게 사람을 보내 진나라가 오나라에 종속될 것을 요구했다. 진회공은 조중대부(朝中大夫)를 불러 의견을 물었고 대부 봉활(逢滑)이 진회공에게 말했다.

"국가의 흥기는 복 때문이고 국가의 멸망은 재앙 때문입니다. 현재 오나라에는 복이 없고 초나라에는 재앙이 없습니다. 초나라는 포기할 수 없고 오나라는 따를 수 없습니다."

덧붙여 진(晉)나라가 맹주이므로 진나라를 핑계로 대라고 했다. 진회공이 물었다.

"초나라가 다른 나라에 패배해 임금이 도망갔는데 이것이 재앙이 아니면 무엇입니까?"

봉활이 대답했다.

"이런 일을 겪은 나라는 매우 많습니다. 회복하지 못할 이유가 없습니다. 하물며 작은 나라들도 회복하는데 큰 나라는 어떻겠습니까?"

더불어 그는 '국가가 발전할 때는 백성이 다치기라도 한 듯 불편해하는 일이 없도록 잘 보살핀다. 이는 그 국가의 복이다. 국가가 멸망할 때는 백성을 썩은 흙과 풀처럼 대한다. 이는 그 국가의 재난이다'의 이치를 들려주며 다음과 같이 설명했다.

"비록 초나라 왕이 덕을 쌓은 일은 없지만 그 백성을 죽이지도 않았습니다. 오나라는 전쟁으로 나날이 황폐해지고 모든 들판에 시체가 잡초처럼 널브러져 덕을 쌓는 어떠한 행동도 볼 수 없습니다. 하늘이 초나라에는 교훈을 준 것이고 오나라에는 조만간 재난이 닥칠 것입니다."

진회공은 봉활의 말을 따랐다. 이후 부차가 월나라를 공격한 뒤 진(陳)나라를 침략한 것은 당초 진나라와 쌓은 이때의 원한을 풀기 위한 것이었다.

역사를 사로잡은 명문장

● 『맹자』 「이루하(離婁下)」에는 "임금이 백성을 흙과 풀처럼 대한다(君之視民如土芥)"와 "문왕은 백성을 다친 사람처럼 대했다(文王視民如傷)"는 말이 나온다. 맹자가 제선왕(齊宣王)에게 말했다.

"임금이 신하를 수족처럼 여기면 신하는 임금을 뱃속의 심장같이 소중히 여길 것입니다. 임금이 신하를 개와 말처럼 여기면 신하는 임금을 나와 상관없는 일반인처럼 여길 것입니다. 임금이 신하를 흙과 풀처럼 여기면 신하는 임금을 도적과 원수처럼 여길 것입니다(君之視臣如手足, 則臣視君如腹心 ; 君之視臣如犬馬, 則臣視君如國人 ; 君之視臣如土芥, 則臣視君如寇讐)."

이는 군신관계가 상대적임을 나타낸다. 또한 맹자는 이렇게 말했다.

"문왕은 백성을 다친 사람처럼 대했고 바른 도리를 추구하되 아직 못 본 듯이 했다(文王視民如傷, 望道而未之見)."

이것은 주문왕이 안정적으로 살아가는 백성을 다친 사람처럼 대해 더욱 아끼고 보호하며 감히 수고롭게 하지 않았음을 의미한다. 즉, 바른 도리를 추구하되 그것에 영원히 끝이 없는 것처럼 스스로 만족하지 않았다는 얘기다.

백성은 국가의 기초로 높은 자리에 있는 사람이 만약 나라를 오랫동안 안정적으로 다스리고자 한다면 백성의 복지를 최우선으로 고려해야 한다. 『좌전』과 『맹자』의 사상 및 주장이 준 영향은 역대로 매우 깊었다. 명나라의 황종희(黃宗羲)는 『명이대방록(明夷待訪錄)』의 「원군(原君)」에서 "옛날에는 천하를 주인으로 삼았고 임금은 손님이었다(古者以天下爲主, 君爲客)"라며 "지금은 임금을 주인으로 삼고 천하가 손님이다(今也以君爲主, 天下爲客)"라는 말로 이상적인 임금은 백성의 편안함과 안정을 최우선시한다고 보았다.

백성은 자신과 동고동락하고
진심으로 돌보는 군주를 위해 목숨도
아까워하지 않는다

099

子西曰: "勤恤其民, 而與之勞逸,
자 서 왈 : "근 휼 기 민, 이 여 지 로 일,

是以民不罷¹勞, 死知不曠²."
시 이 민 불 파¹로, 사 지 불 광²."

—애공 원년

---

1 罷(파): '疲(피)'와 같다. 피로하다.
2 曠(광): 비다. 헛되다.

▶ 자서가 말했다. "그는 백성을 부지런히 돌보고 그들과 동고동락했다. 그 때문에 백성은 피곤한 줄 모르고 수고하며 나라를 위한 죽음을 헛되지 않은 것으로 알았다."

노애공 원년 오나라 군대가 진(陳)나라에 주둔하자 초나라 대부들이 두려워하면서 분분하게 논의를 했다. 이전에 오나라 임금 합려의 전술 전략 운용이 적절해 백거 전투에서 초나라 군대가 크게 패배했기 때문이다. 이후 초소왕은 도망가고 대부 신포서가 진(秦)나라에 구원을 요청하면서 진나라 조정에서 7일 밤낮을 울었다. 결국 진애공이 군대를 보내주어 초나라는 간신히 망하지 않았다. 이제 초나라 대부들은 오나라 임금 합려의 계승자가 그보다 훨씬 더 위험하다는 소문을 듣고 모두들 두려워했다.

초나라 공자 자서는 그렇게 생각하지 않았다. 그는 대부들이 단결한다면 오나라의 습격을 걱정할 필요가 없다고 보았다. 또한 그는 합려와 부차의 사람됨과 나라를 다스리는 점에 차이가 있음을 알아냈다.

합려는 의식주가 모두 검소해 질박한 그릇을 썼고, 화려한 의복을 좋아하지 않았으며, 실용적인 것을 중요시했다. 또한 나라 안에 재난이 발생하면 직접 순시에 나서 고아나 자식을 잃은 사람을 위로하며 그들이 필요로 하는 것을 주었다. 군대에서는 익힌 음식을 먼저 병사들이 먹고 난 후에야 비로소 먹었다. 만약 좋은 음식이 있으면 병사들과 함께 나눴다. 합려에 대해서는 다음과 같은 평가도 있다.

"그는 백성을 부지런히 돌보고 그들과 동고동락했다. 그 때문에 백성은 피곤한 줄 모르고 수고하며 나라를 위한 죽음을 헛되지 않은 것으로 알았다(勤恤其民, 而與之勞逸, 是以民不罷勞, 死知不曠)."

이는 초나라의 이전 영윤 자상과 천양지차로 오나라가 이기고 초나라가 진 원인이다. 자서가 듣기로 지금의 부차는 안일하고 향락을 탐내 백성을 도와야 한다는 것을 이해하지 못하고 하루 종일 부리고 있었다. 그가 스스로 실패하고 있는데 어떻게 다른 사람을 이길 수 있겠는가?

역사를 사로잡은 명문장

● 자서는 초나라와 오나라의 백거 전투를 분석하면서 오나라 임금 합려가 백성을 부지런히 돌보고 그들과 동고동락한 덕분에 이겼고, 초나라의 와(瓦, 자상의 이름)는 인자하지 못해 그의 신하들에게 죽을 각오가 없었다(楚瓦不仁, 其臣莫有死志)'고 보았다.

도대체 초나라 영윤 자상은 어떻게 인자하지 못했던 것일까?

노정공 3년 채소후(蔡昭侯)가 옥패(玉佩)와 가죽옷을 가지고 초나라에 와서 초소왕에게 바쳤다. 자상이 옥패와 가죽옷을 보고 마음이 흔들려 자기가 갖고 싶어 했으나 채소후는 따르지 않았다. 자상은 채소후를 초나라에 3년 동안 붙잡아놓았다. 이후 당성공(唐成公)이 초나라에 올 때 준마(駿馬)를 가져오자 자상이 그것을 보고 매우 좋아했다. 그렇지만 당성공은 아끼는 준마를 자상에게 주고 싶어 하지 않았다. 결국 당성공도 똑같이 3년간 붙잡혀 있었다.

나중에 채소후와 당성공은 기회를 틈타 자기 나라에 돌아간 뒤 오나라 왕 합려에게 군대를 내 초나라를 공격할 것을 부탁했다. 전쟁 초기 세 나라 연합군은 물을 거슬러 서쪽으로 나아갔다. 오나라의 대장 손무가 육로로 가자고 제의하자 오자서가 이해하지 못하고 물었다.

"오나라는 수전(水戰)을 잘하는데, 왜 배를 버리고 육지에 오르려 합니까?"

손무가 대답했다.

"군대는 신속해야 합니다. 적군이 생각하지 못한 길로 나아가면 허점을 공격할 수 있습니다. 만약 계속 물을 거스르며 배로 나아가면 진군 속도가 늦어지고 초나라 군대는 방비를 더 강하게 할 것입니다."

며칠 지나지 않아 오나라 군대는 한수(漢水) 동쪽 언덕에 도달했고, 초소왕은 초나라 영윤 자상과 좌사마(左司馬) 심윤술(沈尹戍)을 보내 막게 했다. 심윤술은 자상이 초나라 군대의 주력을 거느리고 한수 서쪽 언덕에서 막고, 자신은 나머지 병력을 거느리고 북쪽으로 올라가 오나라 군대의 뒷길을 끊은 뒤 다시 함께 오나라를 협공하자고 건의했다. 이는 좋은 계책이었지만 초나라 장군 무성흑(武城黑)이 자상에게 말했다.

"만약 심윤술이 움직인 후 우리가 그제야 공격하면 전쟁의 공로가 심윤술에게 갈 것입니다."

자상이 이 말에 일리가 있다고 생각해 서둘러 강을 건넜다. 손무는 이 상황을 보고 매우 기뻐하며 오나라 군대에 거짓으로 후퇴했다가 기회를 봐서 초나라 군대를 포위해 소탕하라고 명령했다. 결국 초나라 군대가 패하면서 심윤술은 전쟁터에서 죽었고 자상은 군대를 버리고 정나라로 도망갔다. 장수가 이처럼 자신의 이익을 꾀하며 병사를 돌보지 않는데 어찌 부하들이 충성심을 불태우며 목숨을 바치겠는가?

병사들을 하나로 모아 지도자에 대한 믿음과 충성을 얻는 것이 전쟁에서 가장 중요하다

100

公宴於五梧, 武伯爲祝, 惡郭重, 曰: "何肥也?"
공 연 어 오 오, 무 백 위 축, 오 곽 중, 왈: "하 비 야?"

季孫曰: "請飲¹歂也! 以魯國之密邇仇讎²,
계 손 왈: "청 음¹ 체 야! 이 로 국 지 밀 이 구 수²,

臣是以不獲從君, 克免於大行³,
신 시 이 불 획 종 군, 극 면 어 대 행³,

又謂重也肥?"
우 위 중 야 비?"

公曰: "是食言多矣, 能無肥乎?"
공 왈: "시 식 언 다 의, 능 무 비 호?"

—애공 25년

---

1 飲(음) : 벌주(罰酒)

2 密邇仇讎(밀이구수) : 원수와 긴밀하게 인접하다. 제나라와 노나라가 사이도 좋지 않으면서 서로 인접해 있음을 가리킨다.

3 大行(대행) : 먼 길을 가다.

▶ 노애공이 오오(五梧)에서 잔치 자리를 마련했을 때 맹무백(孟武伯)이 앞으로 나아가 축배를 들었다. 그때 곽중(郭重)을 미워한 맹무백이 곽중에게 말했다. "그대는 왜 그렇게 뚱뚱한가?" 계강자(季康子)가 말했다. "체(彘, 맹무백의 이름)에게 벌주를 내리시지요. 노나라는 원수와 긴밀하게 인접하고 있어 우리는 임금을 따를 수 없고, 멀리까지 나아갈 수 없습니다. 그는 어떻게 수고로이 동분서주하는 곽중이 뚱뚱하다고 말할 수 있습니까?" 애공이 말했다. "그는 자신의 말을 많이 먹었다. 어찌 살찌지 않을 수 있겠는가?"

노애공 25년 6월, 애공이 월나라에서 노나라로 돌아오자 대부 계강자와 맹무백은 오오에서 공손히 기다렸다가 그를 영접했다. 애공에게는 총애하는 신하가 있었는데 그가 곽중이다. 그는 임금을 위해 수레를 몰고 오다가 멀리에 있는 계강자와 맹무백 두 대부를 보자 머리를 돌려 애공에게 말했다.

"그들이 악담을 많이 했습니다. 임금께서는 만나면 하나하나 따지십시오."

계강자와 맹무백은 애공에게 신용을 잃은 '전과(前科)'가 있었기에 곽중이 이처럼 고자질하자 그는 진심으로 염두에 두었다. 그러니 술자리에서 맹무백이 예의에 어긋나게 곽중의 체형에 대해 뭐라고 했을 때 애공이 얼마나 불쾌했을지는 알 만하다. 계강자가 급히 부드럽게 풀어보려 했지만 애공은 이렇게 빈정댔다.

"말을 많이 먹었으니 어찌 살찌지 않을 수 있겠는가?(是食言多矣, 能無肥乎)"

표면적으로는 그가 맹무백의 말을 이어 곽중을 비웃는 것으로 보이지만, 계강자와 맹무백은 이 말이 마음에 걸렸다. 이는 분명 그들의 말을 믿을 수 없음을 완곡하게 꾸짖은 것이다. 그 탓에 연회에서 술을 마시던 사람들은 모두 심기가 편치 않았다. 이때부터 애공과 대부 사이에 악감정이 생겼다.

역사를 사로잡은 명문장

- 이 말은 이후 '식언이비(食言而肥)'로 줄어들어 자기가 한 말을 지키지 않음을 가리킨다. 또한 '배혜식언(背惠食言)'으로 확대되기도 했는데 이는 은혜를 저버려 신용을 잃음을 의미한다.

  '식언(食言)'의 어원은 『상서』로 거슬러 올라간다. 『상서』 「탕서(湯誓)」에는 이런 말이 나온다.

  "너희는 나를 보좌해 하늘이 내리는 벌을 실행하라. 나는 너희에게 큰 선물을 내릴 것이다. 너희는 불신을 없애라. 나는 식언을 하지 않는다. 너희가 맹세를 따르지 않으면 나는 너희의 처자까지 죽여 용서하지 않을 것이다(爾尚輔予一人, 致天之罰, 予其大賚汝! 爾無不信, 朕不食言. 爾不從誓言, 予則孥戮汝, 罔有攸赦)."

  이는 상나라의 탕이 하나라의 걸을 정벌하기 전에 백성에게 선포한 맹세의 말이다. 대략 탕이 혁명을 일으킨 것은 위로는 하늘의 뜻에 따르는 것이고, 아래로는 백성의 뜻을 따르는 것이라는 의미다. 하나라의 걸은 덕을 잃고 나쁜 행동을 했고 탕은 이때가 걸을 토벌할 시기라고 여겨 큰 소리로 말한 것이다.

  전쟁에서 가장 중요한 것은 병사들을 하나로 모아 지도자에 대한 믿음과 충성을 얻는 일이다. 장수가 식언을 하지 않으면 병사들은 그를 믿는다. 그러면 싸움에서 절반은 이기고 들어갈 수 있다.

선진(先秦) 사학(史學)의 최고 성취, 『좌전』

『좌전』의 전체 명칭은 『춘추좌씨전(春秋左氏傳)』 또는 『좌씨춘추(左氏春秋)』로 이는 역사서이자 『춘추』의 미언대의(微言大義) 사상을 풀이한 저작이다. 『춘추』는 노나라 은공 원년(기원전 722년)부터 애공 14년(기원전 481년)까지 240여 년간의 역사적 사실을 기재한 편년사로 공자가 손을 봤다고 전해져온다. 이러한 『춘추』는 중국 최초의 편년체 역사서인데 개괄적인 역사를 간결하게 기록한 까닭에 그 세밀한 뜻과 역사적 사실을 쉽게 파악하기 어렵다.

그런데 『좌전』은 완전한 구조와 상세한 서사 및 생생한 필법으로 『춘추』를 해석한다. 『좌전』과 『공양(公羊)』, 『곡량(穀梁)』을 삼전(三傳)이라고 하는데, 그 내용은 주로 『춘추』의 경문(經文) 해설이다. 때로 역사 서사에 치우치는 『좌전』도 『공양』이나 『곡량』과 마찬가지로 경문의 뜻을 설명한다. 한마디로 『좌전』은 '역사로 경을 전한다(以史傳經)'와 '뜻으로 경을 전한다(以義傳經)'는 특징이 결합되어 있다.

1. 『좌전』의 저자

『좌전』의 저자에 대해서는 지금까지 많은 논의가 있었지만 크게 두 가지 방식으로 설명할 수 있다. 하나는 사마천이 지은 『사기』를 이어받은 노나라의 좌구명(左丘明)이라는 설이다. 반고(班固), 두예(杜預)

같은 한(漢)나라와 위(魏)나라 때의 사람 중 누구도 이 설명에 대해 별다른 말이 없었다.

그런데 당대(唐代)에 이르러 『좌전』의 저자가 좌구명이라는 설에 반대하는 관점이 나타나기 시작했다. 먼저 당의 조광(趙匡)이 『좌전』은 『사기』에서 말하는 좌구명이 지은 것이 아니라고 의심했다. 그는 좌구명을 공자 이전의 현인으로 주문왕 때의 사관 사일(史佚)이나 상나라 때의 현사(賢史) 지임(遲任) 같은 사람으로 보았다.

송(宋)의 정초(鄭樵)는 『좌전』이 진(晉)나라와 초나라의 사정을 상세히 서술한 것으로 보아 좌구명은 초나라 사람이지 노나라 사람은 아니라고 했다. 유정섭(俞正燮), 유사배(劉師培), 장태염(章太炎) 등 청나라의 여러 유학자는 좌구명이 『좌전』을 지었다고 주장했다. 그런데 요내(姚鼐)는 『좌전』이 한 사람의 손에서 나온 것이 아니며 오기(吳起)와 관련이 있다고 보았다. 이후 전목(錢穆)도 오기가 『좌전』을 지었다는 설을 지지했다.•

근대 학자들은 이 문제에 대해 여전히 의견이 나뉘어져 있다. 어떤 사람은 『좌전』에서 위(魏)나라에 대한 서술과 예언이 들어맞는 점, 진(秦)나라와 관련된 서술이 줄어들었다는 점을 들어 『좌전』을 전국 초기 위나라 사람의 작품으로 보았다. 또 어떤 사람은 『좌전』의 저자를 『논어』에 나오는 좌구명도 아니고, 또 다른 좌구명도 아니라고 보았다.

『좌전』의 저자는 공자에게 영향을 받았지만 유가의 또 다른 파로 "공자께서는 해괴한 일, 포악한 일, 어지러운 일, 불가사의한 일에 대

• 장병린과 장태염은 같은 인물이다. 본래 이름이 장태염이었지만 이후 장병린으로 바꿨다.

해 말하지 않았다(子不語怪、力、亂、神)"에서 유래한 것이다. 어떤 사람은『사기』에서 좌구명과 관련된 기록을 유력한 반증으로 내세우기 전에 고전을 과도하게 의심해서는 안 된다고 했다. 이것은 문헌자료를 취급하는 기본 원칙이다.

20~30년 전에 출토된 문헌이 증명하듯 실제로 옛 책의 전파 과정 중에 후대 사람들이 첨가 혹은 수정한 부분이 있으므로 전통적인 오랜 설명을 의심해서는 안 된다.

2.『좌전』의 성서(成書) 연대

『좌전』의 성서 연대도 설명이 분분한데, 크게 춘추와 전국 시기로 나눠볼 수 있다. 사마천의 설명에 동의하는 사람들은 대부분『좌전』이 춘추 시기에 쓰였다는 것을 받아들인다. 반면『좌전』의 저자가 좌구명이라는 것에 반대하는 사람들은 그 성서 연대를 전국 시기로 본다.

근대 학자 중 어떤 사람은『좌전』의 내용에 근거해『좌전』이 약 기원전 4세기 초에 쓰였다고 판단한다. 이 시기에 위(魏)나라는 강대해지기 시작했고, 조나라는 아직 내란을 평정하지 못했으며, 진(秦)나라는 동방의 여러 나라와 끊어져 있었다. 또 어떤 사람은 예언이 사실로 증명된 것은 저자가 직접 본 것이고 예언이 들어맞지 않은 것은 직접 보지 못했음을 의미한다며『좌전』이 쓰인 시기를 기원전 403년, 즉 위사(魏斯)가 제후가 된 이후로 본다. 어떤 사람은『좌전』의 문법과 전국 시기, 한(漢)나라 초기 서적의 문법을 비교해 기원전 468년에서 기원전 300년 사이에 쓰였다고 판단하기도 한다.

『좌전』의 성서 시기는 저자의 문제와 마찬가지로 다음과 같이 이해할 수 있다.

『좌전』은 좌구명이 썼지만 이후 다른 사람들이 끊임없이 추가했다. 따라서 좌구명 한 사람이나 한 시기의 작품이라고 보기 어렵다.

3. 『좌전』의 사상 내용

『좌전』 전체를 관통하는 주요 내용은 덕(德)과 예(禮)다. 또한 그 속에서 숭덕중례(崇德重禮: 덕을 숭상하고 예를 중시한다), 민본(民本) 사상의 중요성도 엿볼 수 있다. 장공(莊公) 32년(기원전 662년)에는 다음과 같은 내용을 제시했다.

"나라가 장차 흥하려 할 때는 신께서 내려오셔서 그의 덕을 관찰합니다. 장차 망하려 하면 신께서 또 내려와 그의 잘못된 점을 관찰합니다. 고로 신을 얻어 흥할 수도 있고 망할 수도 있습니다. 우, 하, 상, 주 모두 그런 일이 있었습니다(國之將興, 明神降之, 監其德也; 將亡, 神又降之, 觀其惡也. 故有得神以興, 亦有以亡, 虞, 夏, 商, 周皆有之)."

이 말은 나라의 흥망을 좌우하는 신의 출현은 단지 하나의 계기일 뿐 중요한 것은 '덕'의 유무이며, 주나라가 '덕'에 의의를 부여하고 있음을 반영한다. 나아가 하늘의 보살핌과 연계해 만약 덕을 공경하고(敬德) 덕을 닦으면(修德) 천명과 함께하고(配命) 백성을 보호할(保民) 수 있음을 피력한다. 서주 초기에는 덕을 숭앙하는가 아닌가가 옳고 그름을 판단하는 기준이었다. 다음과 같은 말도 있다.

"나라가 흥하는 것은 백성에게 듣습니다. 망하는 것은 신에게 듣습니다. 신은 총명하고 정직하며 오로지 사람들의 뜻에 기대어 움직입니다(國將興, 聽於民; 將亡, 聽於神. 神, 聰明正直而壹者也, 依人而行)."

만약 백성을 중심으로 삼지 않으면 끝내 멸망을 초래하는데, 이는 총명하고 정직한 신(神)이 다른 사람의 도덕에 의거해 내리는 결정에 근거한다는 얘기다. 이것이 바로 서주 초기 이후 '백성을 근본으로 하는(以民爲本)' 민본 사상의 계승과 발전이다.

"예는 나라를 다스리고 사직의 안정을 도모하며 백성에게 질서를 부여하고 이후 세대에게 이익을 준다(禮, 經國家, 定社稷, 序民人, 利後嗣 者也)."(은공 11년)

'예'는 국가와 사회질서의 지주로 각 개인의 생명과 연계된다. 또한 예는 포괄적인 도덕규범으로 그 안에 인(仁), 효(孝), 충(忠), 의(義), 신(信) 등이 담겨 있다.

『좌전』은 서사 속에서 덕과 예를 자주 강조한다.

양공(襄公) 7년(기원전 566년), 위나라의 손문자가 노나라를 빙문(聘問: 예를 갖춰 방문함)하는 동시에 감사 인사를 위해 계무자가 위나라를 빙문했을 때의 일이다.

이전 손환자와 노나라가 결맹한 우호관계를 되새기고자 빙례(聘禮)할 때, 노양공이 뜰 앞 계단에 오르자 손문자도 올라섰고 둘은 어깨를 나란히 한 채 올라갔다. 이에 대해 목숙(穆叔)이 말했다.

"손문자는 반드시 망한다. 신하가 임금처럼 굴려고 하니 잘못을 고치려 하지 않는 것은 망하는 근본이다(孫子必亡. 爲臣而君, 過而不悛, 亡之本也)."

이는 손문자가 낮은 직위의 신하임에도 불구하고 다른 나라의 임금과 어깨를 나란히 하는 무례를 저질렀음을 의미한다. 이후 반드시 멸망할 것이라고 표현하고 있다.

예가 있고 없고는 항상 덕이 있는가 없는가를 판단하는 근거였다. 잘못이 있으면서도 고쳐야 한다는 것을 알지 못하면 이는 멸망의 근본 원인이다. '덕은 예의 근본이고, 예는 덕의 잣대다', '덕을 숭상하고 예를 중요하게 생각한다'는 점은『좌전』의 중요 사상이자 중국 고대의 주요 사상이다.

4.『좌전』의 가치 및 후세에 미치는 영향

『좌전』은 세밀한 편년체 역사서로 이처럼 역사적 사건을 연결해서 배열하면 동일한 시기 각각의 역사적 사건에 대한 관계를 반영할 수 있다. 시간순으로 역사적 사실을 기재하는 방식은 후대 편년체 사서(史書)의 본보기가 되었다.

　『좌전』은 다섯 패자와 제후·충신·난적(亂賊)을 대상으로 하는데 그 서술 범위가 넓어 각종 전설, 예의풍속, 사물 및 경제, 천문지리를 모두 다룬다. 이는 이후 세대에 나온 본기(本紀), 세가(世家), 열전(列傳), 서지(書志) 등의 원류라고 할 수 있다. 결국『좌전』은 사학적 가치뿐 아니라 경학, 제자학, 문학 방면에서도 대단한 가치가 있으며 후세에 미치는 영향도 깊다.

1)『좌전』은 육경(六經)을 보충 및 증명한다

『좌전』은 사건을 기술할 때 항상『시』,『서』,『역(易)』등의 경서를 인용하고 고대 선배 철학자의 사상을 융합함으로써 깊고 두터운 역사 문화를 풍부히 보여준다. 즉,『좌전』은 중국 고전인『시』,『서』,『역』,『예』,『악(樂)』,『춘추』의 내용을 자주 인용해 육경의 간략하고 심오한 내용을 쉽게 이해하도록 돕는다. 후대 사람들은『좌전』이 육경을 보충 및 증명한다고 말한다.

　예를 들어 성공(成公) 2년(기원전 589년) 초장왕이 진(陳)나라를 공격했을 때, 진나라의 하희가 포로로 잡혀 초나라로 왔다. 하희의 미모에 빠진 초장왕이 그녀를 첩으로 들이려 하자 초나라의 대부 신공무신(申公巫臣)이 『주서』의 "덕을 밝히고 벌을 신중하게 하라(明德愼罰)"는 문구를 인용해 아름다운 덕을 숭상하는 데 힘쓰고 형벌을 신중하게 해야 한다는 옛 가르침을 피력했다. 초장왕이 음탕한 죄명을 남기지 않도록 하희를 첩으로 받아들이려는 생각을 없애기 위해 힘써 권한 것이다.

『주서』의 '명덕신벌'은 초장왕 같은 사례 덕분에 옛 가르침이 우리에게 전달하고자 하는 뜻을 더욱 명백히 전해주고 있다.•

2) 『좌전』은 제자백가 사상 인식을 돕는다

이미 『좌전』에서 싹을 틔운 제자백가 사상 중 몇 가지는 『좌전』의 역사적 진술을 통해 사람들이 제자백가 사상을 이해하는 데 도움을 준다. 『좌전』에서 사건을 기술 및 기록하는 데 쓰는 말은 대부분 유가도덕을 기준으로 삼는데, 예를 들면 '양보(讓)' 같은 개념이 있다.

제(齊)나라에서 내란이 발생하자 이 틈을 타서 진씨와 포씨 두 집안이 난씨와 고씨의 재산을 나누려 했다. 이후 안영이 진환자(陳桓子)에게 재산은 임금에게 주어야 한다며 다음과 같이 말했다.

"양보는 덕의 주된 내용이다(讓, 德之主也)."

겸양은 덕행의 주된 내용이라는 의미다.

"다른 사람에게 양보하는 것을 미덕이라 한다. 일반적으로 혈기가 있는 사람은 모두 다투려는 마음이 있어서 이익을 억지로 취할 수 없으며 의로운 생각이 다른 사람을 이긴다(讓之謂懿德. 凡有血氣, 皆有爭

• 본서 46편 참조.

427

心, 故利不可强, 思義爲愈). 의로움은 이익의 근본이다(義, 利之本也)."

안영의 말을 들은 진환자는 난씨와 고씨의 재산을 제경공(齊景公)에게 바쳤고, 늙었다는 핑계를 대고 퇴임해 거(莒) 지방에 머물렀다. 물질 앞에서의 다툼을 대하며 안영은 겸양과 도의로 경대부(卿大夫)의 개인적인 욕심을 없애고 결과적으로 국가의 이익을 지켜냈다.

『논어』「이인(里人)」편에도 이런 말이 나온다.

"예양(禮讓)으로 국가를 다스리지 못한다면 예의는 무슨 소용인가?(不能以禮讓爲國, 如禮何?)"●

3) 『좌전』은 서사문학의 본보기다

『좌전』의 서사적 언어는 전쟁 서술, 인물 형상, 외교사령의 설명뿐 아니라 후세의 서사문학의 본보기가 되었다.

① 전쟁 서술

『좌전』은 전쟁에서 사람의 핵심적인 위치를 중요시했고 여기에 근거해 전쟁의 결과를 미리 보여주는 것은 물론 매번 전쟁의 독특한 서사적 면모를 드러냈다. 가령『좌전』은 희공 28년 진(晉)나라와 초나라의 성복 전투를 그리듯 묘사했고, 특히 초나라 통수 초자옥(楚子玉)의 사람됨이 교만해 병사를 포악하고 강압적으로 대했음을 적지 않게 기록했다. 희공 33년 진(秦)나라와 진(晉)나라의 효(殽) 지방 전투에서는 진(秦)나라가 남의 위태로움을 틈타 해를 끼친 일과 먼 곳을 공격함으로써 군사를 수고롭게 해 건숙(蹇叔)이 슬퍼했음을 두고 전쟁에서 패

● 본서 57편 참조.

할 거라는 결과를 예시했다. 또한 진목공이 소복을 입고 교외에 머물며 자신의 과오를 후회하는 태도를 통해 진목공의 대업이 아직 끝나지 않았음을 나타냈다.**

② 인물 형상

예를 들어 언(鄢)에서 정백이 단(段)을 무찌른 일을 서술할 때, 대신인 제중과 공자려가 여러 차례 권하는 장면 묘사로 정장공이 노련하게 계획하고 깊이 계산하는 성격임을 드러냈다. 제중은 정장공의 동생 단이 경(京) 지방의 땅을 요구한 것은 법도에 어긋난다며 단을 덩굴에 비유하면서 서둘러 제거할 것을 요구했다. 정장공은 표면적으로는 효자인 척하며 감히 어머니의 뜻을 거스를 수 없다고 했지만, 단의 의도를 확실히 알고 또 '장차 그것을 갖고자 하면 반드시 먼저 그것을 준다(將欲取之, 必先予之)'는 도리도 알았기에 제중에게 말했다.

"옳지 않은 일을 많이 하면 반드시 스스로 망합니다. 그대는 잠시 기다리시오(多行不義, 必自斃. 子姑待之)."

이때 '대(待)'는 그의 마음속에 이미 계책이 서 있음을 반영한다. 공자려가 격렬하게 자극을 주며 곧바로 단을 제거해야 한다고 역설하자 정장공이 말했다.

"소용없소, 장차 스스로 이르게 될 것이오(無庸, 將自及)."

두번째 간언을 할 때 정장공이 대답했다.

"의롭지 못한 일은 사사로이 할 수 없으니 장차 무너질 것이오(不義, 不暱, 厚將崩)."

●● 본서 35편 참조.

이미 단을 어떻게 대할지 계산한 정장공이 더 큰 것을 잡아 한 번에 섬멸하고자 일부러 놓아주는 방식으로 단이 스스로 무너지기를 기다린 것이다. 만약 너무 일찍 단에게 무력을 행사한다면 단이 경계해 경거망동을 하지 않을 테고, 군대를 동원할 명분이 없을 경우 성공하기는 쉽지 않았을 터다.* 이처럼 『좌전』은 말과 행동 등 몸가짐을 꿰뚫어 인물의 형상을 선명하고 생동감 있게 묘사한다.

③ 외교사령

사령(辭令)은 '응대하는 말'을 가리키는 것으로 외교사령은 외교관계에서 나아가고 물러날 때 여러 요소를 고려해 마땅히 해야 하는 표현 방식을 의미한다. 『좌전』은 외교사령에서의 성공적인 방식을 적지 않게 서술하고 있는데, "촉지무가 진(秦)나라 군대가 물러가게 했다(燭之武退秦師)"도 그중 하나의 예다.

희공 30년, 이전에 진문공이 외국에서 유랑할 때 정(鄭)나라 임금이 예의로 대하지 않았고 성복 전투 때 정나라가 병사를 내 초나라에 협조한 것 때문에 진(晉)나라는 진(秦)나라와 연합해 정나라를 포위했다. 몸놀림이 유연하고 말을 잘하는 정나라의 대부 촉지무는 진목공에게 정나라가 멸망하는 것은 진(秦)나라에 백해무익하다고 조목조목 분석해서 들려주었다. 결국 진목공은 정나라 포위를 포기했고 오히려 정나라와 맹약을 체결해 정나라를 지켜주었다. 상황에 따라 세력과 이익의 관점을 층층이 분석한 촉지무의 뛰어난 외교사령 덕

---

* 본서 1편 참조.

** 본서 34편 참조.

분에 정나라는 재난을 피할 수 있었다.** 이처럼『좌전』은 외교사령에서 빼어난 부분을 보여주고 있다.

근대학자 양계초는 말했다.

"문학적 지식 습득을 목적으로 한다면『좌전』을 정독해야 한다.『좌전』은 2000년 전의 귀중한 역사적 자료다."

당대 사학계의 빼어난 학자인 전목도 이렇게 말했다.

"고대 중국사를 읽어야 한다면『좌전』을 하나의 연구 기준으로 삼아야 한다."

이처럼『좌전』은 앞선 시대에 관한 중요한 사학 저작으로 우리가 여러 번 읽어야 할 만큼 그 가치가 충분하다.

좋은 문장은 썩지 않고 이어져 옵니다

이 책은 대만 상주출판사(商周出版社)의 중문경전100구(中文經典100句) 시리즈 중에서『좌전(左傳)』을 번역한 것입니다.

역자가『좌전』을 처음으로 꼼꼼히 읽은 것은 대학원에 입학하면서였습니다. 그땐 두 권을 같이 읽었는데, 두림합주(杜林合注)로 구성된 보경문화사의『춘추좌씨전(春秋左氏傳)』과 그 유명한 중화서국(中華書局)에서 나온 양백준(楊伯峻) 편저의『춘추좌전주(春秋左傳注)』였습니다. 희공(僖公) 28년의 유명한 성복지전(城濮之戰)이 한참 벌어지는 장면부터 합류했는데, 그 앞부분을 따라 읽고자 입학 전 방학동안 은공(隱公) 11년까지 독학으로 급히 보았던 기억이 납니다.『좌전』을 원문으로 읽고자 하는 분들께는 위의 두 권을 추천합니다.

이 책은『좌전』에서 유명한 구절 백 개를 추려 내놓은 것입니다. 따라서 이 책은 완역이 아니지만 커다란 장점들을 지니고 있습니다. 그 중에서도 역자가 가장 높게 여기는 것은 바로 여기서 선정된 명문장이 이후 어떠한 식으로 계승, 발전하여 왔는지를 보여준다는 것입니다. 예를 들어 본서 003의 '믿음이 마음 속에서 나온 것이 아니라면'(신불유중[信不由中])이라는 구절은 이후 위진남북조 양나라의 유협(劉勰)이 쓴『문심조룡(文心雕龍)』의 '신불유충'(信不由衷, 信不由中과 같은 뜻.)이라는 구절로 이어져 내려왔습니다. 이는 좋은 문장은 썩지 않고 이어져 온다고 하는 삼불후(三不朽, 본서 259쪽 참조) 중 하나로서,『좌전』이 가지고 있는 힘을 보여줍니다. 또한 중국 문헌이 가지고 있는 유구한 시간의 힘을 보여주는 것이라고 생각합니다.

이 책은 동일한 문장이 어떻게 동시대의 문헌 속에서 등장하는지를 보여주는데, 이는 앞에서 제시한 계승, 발전만큼 중요합니다. 경전은 경전 단독으로 존재하지 않습니다. 여러 경전 사이에서 서로를 비춰주면서 증명하는 부분이 있기 때문입니다. 이러한 점 때문에 이 책은『좌전』자체의 이해뿐만 아니라『좌전』이 속한 경전, 중국 문헌 및 문학, 더 나아가 중국 문화를 이해하는 데에 작으나마 보탬이 될 것이라고 생각합니다.

따라서 이 책은『좌전』이라는 경전 및 역사서에 관심은 있지만 통독하기에는 그 분량이 부담되는 사람에게 추천할 만합니다. 또한 단편적인 역사적 사실만이 아닌 중국 및 동아시아 역사에서 꾸준히 사랑 받는『좌전』의 유명한 구절이 중국 문화 속에서 어떻게 새롭게 살아남는지 궁금해 하는 사람에게도 도움이 되겠습니다.

역자는 이전의 문장이 어떻게 계승, 발전되는지를 이해하기 위해 등장했던 원문을 다시 찾아본 후 앞뒤의 맥락도 함께 이해하여 번역하고자 노력했습니다. 번역 작업 중에서 가장 신경이 쓰인 부분은 중국어를 한국어로 바꾸는 작업이 아닌, 바꾸어 놓은 한국어를 읽었을 때 충분히 이해가 될 수 있는지 여부였습니다. 번역에 사용된 언어는 최대한 쉽고 간결하게 하고자 했습니다. 그렇지만 어디 항상 의도하는 대로 될 리가 있겠습니까? 그렇지만 여러 차례 검토와 수정을 거쳐 그나마 볼 수 있는 글은 되었다고 생각합니다. 그렇지만 이 책에서 언급하고 있는 모든 분야에 통달하지 못한 관계로 오해나 실수가 발생할지도 모르겠습니다. 그 부분에 대해서는 강호제현(江湖諸賢)의 따끔한 질정을 기다리겠습니다.

역자의 난삽한 번역 원고를 검토하고 깔끔하게 다듬어주신 이재두 선생님과 도서출판 눌민의 노고가 매우 컸습니다. 이 자리를 빌어 감사를 표하고자 합니다. 좋은 문장은 썩지 않고 이어져 번역될 것입니다.

2015년 6월
관악산 밑에서
역자 신원철

신원철 　서울대학교 언어학과 학사, 동대학원 중어중문학과 석사, 박사. 관심분야는 언어
　　　　학적 관점을 기반으로 하는 중국 고대 어학 전반, 문자학, 음운학, 훈고학과 그에
　　　　대한 자료로서의 '경학'이며, 특히 십삼경(十三經)과 제자서(諸子書)에서 음과 의
　　　　미 사이의 관계[音義關係]와 관련이 있는 인성구의(因聲求義)에 주목하고 있다. 청
　　　　대(淸代) 학자, 특히 대진(戴震)과 그의 제자인 단옥재(段玉裁), 왕념손(王念孫), 그
　　　　리고 그의 아들이자 제자인 왕인지(王引之) 등의 어학적 성과를 연구하고 있다. 저
　　　　서로는 『《경전석사》에 나타난 인성구의 연구』, 『문헌과 주석』(공저), 논문으로는
　　　　「'仁'字에 대한 因聲求義的研究」, 「『經傳釋詞』에서 다루는 '經'의 범위와 그 성
　　　　격」 등이 있다.

온고지신 인문학 역사 1

원칙과 실용이 어우러진 고전의 본보기
좌전 명문장 100구

1판 1쇄 찍음 2015년 10월 22일
1판 1쇄 펴냄 2015년 11월 2일

지은이 문심워크숍
옮긴이 신원철
펴낸이 정성원 · 심민규
펴낸곳 도서출판 눌민

출판등록 2013. 2. 28 제2013-000064호
주소 서울시 마포구 양화로 156, 1624호 (121-754)
전화 (02) 332-2486　　　팩스 (02) 332-2487
이메일 nulminbooks@gmail.com

한국어판 ⓒ 도서출판 눌민 2015

Printed in Seoul, Korea

ISBN 979-11-956464-1-8 04140
　　　 979-11-956464-0-1 (set)

이 도서의 국립중앙도서관 출판예정도서목록(CIP)은 서지정보유통지원시스템 홈페이지
(http://seoji.nl.go.kr)와 국가자료공동목록시스템(http://www.nl.go.kr/kolisnet)에서
이용하실 수 있습니다. (CIP제어번호: CIP2015028281)